电子商务类专业
创新型人才培养系列教材

U0734511

内容策划与制作

AI + 微课版

李淑苹 谢珍君 王国龙◎主编

马利兵 耿乔科 郭琳◎副主编

人民邮电出版社

北 京

图书在版编目（CIP）数据

内容策划与制作：AI+微课版 / 李淑苹，谢珍君，
王国龙主编. -- 北京：人民邮电出版社，2025.
（电子商务类专业创新型人才培养系列教材）. -- ISBN
978-7-115-66559-1

Ⅰ. F713.365.2

中国国家版本馆 CIP 数据核字第 2025Z93K15 号

内 容 提 要

本书系统地介绍了内容策划与内容制作的相关知识，首先从内容编辑和内容策划的基础知识入手，
然后分别介绍文案、图片、视频、直播等不同形式内容的创作，最后介绍内容传播与数据分析和优化
的方法。本书通过项目任务讲解相关知识点，以创作各种形式的内容为例，带动读者理解理论知识，
掌握内容制作的实际操作，以全面提升读者的创意与创作能力。

本书既可作为高等职业院校网络营销与直播电商、新闻采编与制作、融媒体技术与运营、数字出
版、数字媒体技术等专业相关课程的教材，也可供内容运营相关岗位的职场人士参考。

- ◆ 主　　编　李淑苹　谢珍君　王国龙
  副 主 编　马利兵　耿乔科　郭　琳
  责任编辑　侯潇雨
  责任印制　王　郁　彭志环
- ◆ 人民邮电出版社出版发行　　北京市丰台区成寿寺路 11 号
  邮编　100164　电子邮件　315@ptpress.com.cn
  网址　https://www.ptpress.com.cn
  北京市艺辉印刷有限公司印刷
- ◆ 开本：787×1092　1/16
  印张：13.25　　　　　　　　　　2025 年 5 月第 1 版
  字数：297 千字　　　　　　　　　2025 年 8 月北京第 2 次印刷

定价：54.00 元

读者服务热线：(010)81055256　印装质量热线：(010)81055316
反盗版热线：(010)81055315

前言

随着移动互联网的普及和大数据技术的深入应用，内容的传播变得更加精准、高效，内容的传播效果也变得越发重要。如今，内容不仅是传播信息的载体，更是连接品牌与用户的桥梁，其质量、创意直接影响品牌的宣传效果以及用户的观感。因此，如何创作出既符合用户需求又触动人心的高质量内容，成为品牌亟待解决的问题。

随着用户对高质量内容的需求日益增长，社会对内容编辑人才的要求也不断提高。党的二十大报告明确提出"培养什么人、怎样培养人、为谁培养人是教育的根本问题"，因此，培养充分满足国家和社会发展所需要的内容编辑人才至关重要。本书从内容策划与制作的基础知识出发，系统、全面地介绍了各种形式内容的创作知识，以期帮助读者进行各种内容的创作，适应不同平台的创作需要。同时，鉴于 AI（Artificial Intelligence，人工智能）技术广泛渗透于各行各业，本书结合当下的行业发展趋势，灵活融入各类 AI 工具相关内容，旨在培养读者成为具备深厚知识基础、强大专业技能以及能够适应社会发展需要的人才。

本书的编写具有以下特点。

1. 情景代入，贯穿全书

本书立足于职场工作场景，以新员工进入公司工作的情景引入各项目教学主题，并贯穿任务实施过程，让读者了解相关知识点在实际工作中的应用情况。本书设置的情景及人物角色如下。

公司：北京野途有限公司（以下简称"野途"），主营各类户外运动产品。

人物：小赵——内容编辑岗位实习生；老李——内容编辑团队主管。

2. 任务驱动，实操演练

本书采用项目任务式写法，将每个项目划分为具体的任务，通过任务引入相应的知识点，同时设置了"任务演练"板块，让读者能够通过实操演练应用各种操作方法和技巧，在教中学、学中做，强化读者的实际动手能力。

同时，本书还在项目末尾设置了"综合实训""巩固提高"板块，引导读者自主学习，加强其对理论知识的理解和运用。

3. 板块丰富，内容翔实

本书注重培养读者的思考能力和动手能力，设计了多种类型的小栏目，以帮助读者做到"学思用贯通"与"知信行统一"相融合。

- **知识拓展**：补充介绍与正文相关的其他知识点，以拓展读者的知识面。
- **素养小课堂**：以党的二十大精神为指引，重在提升读者的个人素养。
- **提示**：补充介绍相关的技巧、注意事项或经验。
- **技能练习**：巩固所学知识，锻炼读者的实践能力。

4. 融入 AI 技术，与时俱进

随着 AI 技术在各个领域大放异彩，本书紧跟 AI 技术的发展趋势，将 AI 工具应用于内容策划与制作中，通过各种任务培养读者借助各种 AI 工具解决实际问题的能力，帮助读者更好地理解新技术、应用新技术。

5. 资源丰富，辅助教学

本书提供 PPT、微课视频、课程标准、电子教案、题库等教学资源，用书教师可通过人邮教育社区（www.ryjiaoyu.com）免费下载。

由于编者能力有限，书中难免存在不足之处，欢迎广大读者批评、指正。

编者

2025 年 2 月

目录

项目一　初识内容编辑 ……… 1

学习目标 ……………………… 1

项目导读 ……………………… 1

任务一　了解内容编辑 ………… 2

一、内容的表现形式 …………… 2

二、内容变现 …………………… 3

三、内容编辑的新技术 ………… 5

四、内容编辑的发展趋势 ……… 8

任务演练：对比不同平台内容的
特点 ……………… 9

任务二　了解内容编辑岗位 …… 11

一、内容编辑岗位的工作内容 … 11

二、内容编辑岗位的能力要求 … 12

三、内容编辑岗位的素养要求 …… 14

任务演练：制订内容编辑岗位技能
提升计划 ………… 15

综合实训：调研内容编辑岗位 …… 17

巩固提高 …………………… 17

项目二　内容策划 ………… 18

学习目标 …………………… 18

项目导读 …………………… 18

任务一　内容策划前的准备 … 19

一、内容策划的要素 ………… 19

二、内容策划的流程 ………… 19

任务演练：探索内容策划的实用
工具 …………… 20

任务二　用户定位 ………… 22

一、了解用户信息 …………… 23

二、收集用户信息 …………… 24

三、分析用户信息 …………… 26

四、构建用户画像 …………… 30

任务演练1：设计和制作用户调查
问卷 …………… 31

任务演练2：为户外运动品牌构建
用户画像 ……… 34

任务三　内容定位 ………… 36

一、确定内容选题 …………… 36

二、规划内容结构 …………… 37

三、确定内容类型 …………… 39

四、选择内容风格 …………… 40

五、构思内容创意 …………… 41

任务演练：为户外运动品牌制定
内容策略 ……… 42

综合实训 …………………… 43

实训一　为家居品牌构建用户
画像 …………… 43

实训二　为家居品牌制定内容策划
方案 …………… 44

巩固提高 …………………… 45

项目三　文案写作 ………… 46

学习目标 …………………… 46

项目导读 …………………… 46

任务一　文案写作准备 …… 47

一、文案的常见类型 ………… 47

二、文案的创意方法 ………… 50

任务演练1：使用九宫格思考法
生成冲锋衣的产品
文案创意 ……… 52

任务演练 2：使用头脑风暴法生成
户外运动品牌的品牌
故事文案创意 …… 53

任务二　产品文案写作 …… **54**
一、提炼产品卖点 …… 54
二、产品标题文案的写作 …… 55
三、产品主图文案的写作 …… 56
四、产品详情页文案的写作 …… 57
任务演练 1：提炼冲锋衣的卖点 …… 59
任务演练 2：为冲锋衣写作产品标题
文案 …… 60
任务演练 3：为冲锋衣写作产品主图
文案 …… 61
任务演练 4：为冲锋衣写作产品
详情页文案 …… 61

任务三　品牌文案写作 …… **62**
一、品牌故事文案的写作 …… 62
二、品牌公关文案的写作 …… 65
任务演练 1：为户外运动品牌写作
品牌故事文案 …… 67
任务演练 2：为户外运动品牌写作
危机公关文案 …… 68

任务四　新媒体文案写作 …… **69**
一、微信文案的写作 …… 70
二、微博文案的写作 …… 72
三、小红书文案的写作 …… 73
任务演练 1：为冲锋衣写作微信
公众号文案 …… 75
任务演练 2：为冲锋衣写作微博
文案 …… 76

任务五　使用 AIGC 工具生成文案 …… **77**
一、常见的文案生成类 AIGC
工具 …… 77

二、文案生成类 AIGC 工具的使用
思路 …… 79
任务演练：使用文心一言写作
冲锋衣的小红书"种草"
文案 …… 80

综合实训 …… **81**
实训一　为服装品牌的防晒衣写作
产品详情页文案 …… 81
实训二　使用通义为大米品牌写作
品牌新闻文案 …… 82
实训三　为零食品牌的热卖产品
写作小红书文案 …… 83

巩固提高 …… **84**

项目四　图片编辑与制作 …… **86**
学习目标 …… **86**
项目导读 …… **86**
任务一　图片处理与设计 …… **87**
一、图片处理与设计的原则 …… 87
二、图片处理与设计的工具 …… 90
三、图片的基本处理 …… 92
四、图像修饰与合成 …… 97
任务演练 1：处理运动鞋产品
图片 …… 100
任务演练 2：设计运动鞋产品竖版
海报 …… 103

任务二　图文排版 …… **106**
一、图文排版规范 …… 107
二、图文排版的常用工具 …… 109
任务演练 1：使用 135 编辑器排版
推广新品的微信
公众号文案 …… 111
任务演练 2：使用秀米编辑器设计
公众号文案封面 …… 114

任务三 使用 AIGC 工具生成图片……118
一、图片生成类 AIGC 工具………119
二、使用 AIGC 工具生成图片的
　　方法………………………121
任务演练：使用创客贴 AI 生成
　　　　　徒步鞋的宣传海报……121

综合实训…………………………123
实训一 设计运动手表网页横幅
　　　　广告………………………123
实训二 使用 AI 排版介绍水果的
　　　　微信公众号文案………124
实训三 使用创客贴 AI 生成活动
　　　　倒计时海报………………125

巩固提高…………………………126

项目五 视频拍摄与制作…127
学习目标…………………………127
项目导读…………………………127
任务一 视频的拍摄……………128
一、视频拍摄的设备……………128
二、视频拍摄的技巧……………129
三、撰写视频脚本………………131
四、拍摄视频……………………133
任务演练 1：撰写登山包的分镜头
　　　　　　脚本………………134
任务演练 2：拍摄登山包宣传
　　　　　　视频………………135

任务二 视频剪辑与制作………137
一、视频剪辑的工具……………137
二、视频剪辑的方法……………139
三、视频剪辑的流程……………140
任务演练：剪辑登山包宣传视频…141

**任务三 使用 AIGC 工具生成
　　　　音视频……………………147**

一、音频生成类 AIGC 工具………147
二、视频生成类 AIGC 工具………148
任务演练：使用剪映生成溯溪鞋
　　　　　营销视频……………150

综合实训…………………………154
实训一 撰写血橙宣传视频的
　　　　分镜头脚本……………154
实训二 拍摄和剪辑血橙的宣传
　　　　视频……………………155
实训三 使用剪映生成血橙的营销
　　　　短视频…………………155

巩固提高…………………………156

项目六 直播内容写作……158
学习目标…………………………158
项目导读…………………………158
任务一 撰写直播脚本…………159
一、撰写整场直播脚本…………159
二、撰写单品直播脚本…………161
任务演练 1：为户外运动品牌撰写
　　　　　　整场直播脚本………161
任务演练 2：为软壳衣撰写单品直播
　　　　　　脚本………………163

任务二 设计直播话术…………165
一、设计直播开场话术…………165
二、设计引关注话术……………166
三、设计推销话术………………167
四、设计催付话术………………168
五、设计直播结束话术…………169
任务演练 1：设计抓绒外套的推销
　　　　　　话术………………170
任务演练 2：设计抓绒外套的催付
　　　　　　话术………………171

任务三 写作直播宣传文案·········172
　一、直播宣传文案的类型·········173
　二、直播宣传文案的写作技巧·········174
　任务演练：使用文心一言为户外
　　　　　　运动品牌写作直播预告
　　　　　　文案·········175

综合实训·········176
　实训一　为粮油品牌设计整场直播
　　　　　脚本·········176
　实训二　为扫地机器人设计单品
　　　　　直播脚本·········177
　实训三　为行李箱设计推销话术···178
　实训四　使用文心一言为美妆
　　　　　品牌的直播写作直播
　　　　　回顾文案·········179

巩固提高·········180

项目七　内容传播与数据分析
和优化···········182

学习目标·········182
项目导读·········182

任务一 内容分发与传播·········183
　一、常见的内容分发渠道·········183
　二、内容的传播方法·········187
　三、内容的传播技巧·········189
　四、内容分发的注意事项·········191
　任务演练：为户外运动品牌制定
　　　　　　内容分发与传播方案···191

任务二 内容数据分析与优化·········193
　一、内容数据分析指标·········193
　二、内容数据分析方法·········194
　三、优化内容数据·········195
　任务演练1：分析不同渠道的内容
　　　　　　　数据·········196
　任务演练2：制定内容传播的优化
　　　　　　　策略·········201

综合实训·········202
　实训一　为日用品品牌选择合适的
　　　　　内容分发平台·········202
　实训二　分析内容数据并优化·····203

巩固提高·········204

项目一

初识内容编辑

● 学习目标

【知识目标】

1. 了解内容的表现形式。
2. 掌握内容的变现方式。
3. 知晓内容编辑的发展趋势。

【技能目标】

1. 能够胜任内容编辑岗位。
2. 能够使用新技术辅助内容编辑。

【素养目标】

1. 具备敏锐的洞察力，善于捕捉热点。
2. 树立社会责任感，创作和传播正能量内容。

● 项目导读

　　随着数字化浪潮的到来，内容已成为企业连接用户、塑造品牌形象、促进销售增长的关键力量。在这个信息化的时代，如何创作出既具创意又富有价值的内容，发挥内容在营销与运营中的作用，成为企业面临的重大课题。随着户外运动热潮的到来，越来越多的人开始关注健康和自然的生活方式。野途作为一个户外运动品牌，一直致力于提供高品质的户外装备和相关服务。为进一步提升品牌形象和吸引更多户外运动爱好者，野途决定强化内容的编辑与制作，借助高质量内容赋能品牌运营。为此，公司增设内容编辑团队，任命老李为团队主管，并招聘了一名实习生小赵。小赵就读于某传媒学院，是一名户外运动爱好者。在公司的安排下，老李将带领小赵深入了解内容编辑的相关知识。

任务一　　了解内容编辑

任务描述

在与小赵沟通的过程中，老李发现小赵虽然具备一定的创作能力，但内容编辑的基础知识比较薄弱。为此老李决定帮助小赵夯实基础，并制定了任务单（见表1-1）。

表1-1　任务单

任务名称	了解内容编辑	
任务背景	为确保创作出高质量且吸引人的内容，小赵需要做好知识准备，熟悉内容编辑的基础知识，并知晓内容编辑领域的新变化	
任务阶段	■准备阶段　　□实施阶段　　□收尾阶段	
工作任务		
任务内容		任务说明
任务演练：对比不同平台内容的特点		首先选择对比的平台，然后选择对比的内容，最后分析内容，总结不同平台内容的特点
任务总结：		

知识准备

一、内容的表现形式

内容具有多种表现形式，主要包括文字、图片、视频、音频、H5（Hyper Text Markup Language 5，第5代超文本标记语言）、直播等，它们的特点和适用场景各不相同。

（1）文字。文字是直接且广泛使用的内容表现形式，适用于传达详细、深入的信息，如新闻报道（见图1-1）、专业解读、故事叙述等。同时，文字的写作方法多样，不同的写作方法可以产生不同的效果，如采用直接叙述的写作方法预告智能手表上市，用户能有效接收产品上市的消息；而采用制造悬念的写作方法则能充分激发用户的好奇心，促使用户产生一探究竟的想法。需要注意的是，长篇幅的文字内容需确保描述准确、用语简洁且段落适中，以免用户感到阅读疲劳和反感。为提升用户的阅读体验，可以在长篇幅的文字内容中适当配图或将其分段，减轻用户的阅读压力。

（2）图片。图片通常包含文字、图形等多种元素。相比于文字，图片具有更强的视觉冲击力，视觉效果好，可在展示内容的同时给予用户一定的想象空间。图片的类型多样，如微信公众号中的文章封面图、品牌的产品宣传图（见图1-2）等。

（3）视频。视频是目前较为主流的内容表现形式，它能够生动、形象地展现内容，具有很强的吸引力。品牌宣传、产品演示、教育培训等内容大多以视频的形式进行展示。

（4）音频。音频也是一种比较常用的内容表现形式。当需要创造特定氛围、传达情感时，可以选用音频呈现内容，拉近与用户的距离。

今年上半年我国环境质量总体持续改善

人民日报 | 2024年7月30日 06:40:36

原标题：我国环境质量总体持续改善

本报北京7月29日电 （寇江泽、张舒卉）7月29日，生态环境部举行例行新闻发布会。今年上半年，我国环境空气质量和地表水环境质量总体持续改善，受污染耕地和重点建设用地安全利用得到有效保障。

在环境空气质量方面，上半年，339个地级及以上城市6项主要污染物指标"四降一升一平"，其中，PM2.5平均浓度为33微克/立方米，同比下降2.9%；PM10、二氧化硫、二氧化氮平均浓度同比均下降；臭氧平均浓度为147微克/立方米，同比上升0.7%；一氧化碳平均浓度为1.1毫克/立方米，同比持平。

339个地级及以上城市平均空气质量优良天数比例为82.8%，同比上升1.4个百分点；平均重度及以上污染天数比例为1.5%，同比下降1.1个百分点。

从重点区域来看，汾渭平原13个城市PM2.5平均浓度同比下降8.3%，平均优良天数比例同比上升1.6个百分点，平均重度及以上污染天 数比例同比下降4.0个百分点；京津冀及周边地区"2+36"城市、长三角地区31个城市PM2.5平均浓度同比分别上升2.1%和8.3%；平均优良天数比例同比分别下降1.3和1.9个百分点；平均重度及以上污染天数比例同比分别下降2.8和0.6个百分点。

图 1-1　新闻报道

图 1-2　产品宣传图

（5）H5。H5 集文字、图片、音乐、视频、链接等多种形式于一身（见图1-3），多用于邀请函、产品宣传网页、品牌形象宣传网页和招聘网页等的制作。

（6）直播。直播是一种实时性、互动性较强的内容表现形式，能够通过互联网将正在进行的活动、表演等实时传达给用户。产品发布会、直播带货（见图1-4）、娱乐表演、专业讲座等大多通过直播的形式进行呈现。

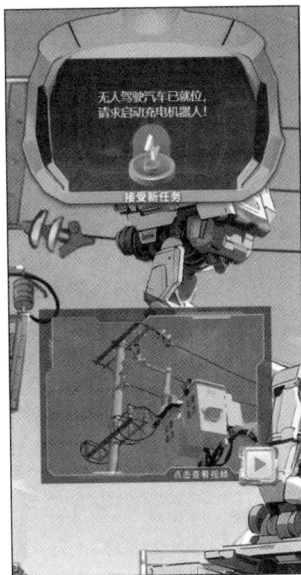

图 1-3　H5 页面

图 1-4　直播带货截图

二、内容变现

内容变现是指通过创造有价值的内容获取经济收益。内容变现的方式较为多样，具体包括以下 4 种。

（一）知识付费变现

知识付费变现指通过提供高质量的付费内容获取收益，可以细分为以下3种变现方式。

（1）内容打赏变现。当发布的内容质量较高，获得用户喜爱时，用户会给予赞赏以表达支持。这种变现方式依赖于内容的价值和用户的认可度。图1-5所示为打赏优质微信公众号文章的页面。

（2）演讲培训变现。通过开设讲解专业领域知识的课程进行变现。

（3）咨询顾问变现。利用自身知识和经验，为个人或企业解答困惑，从而获得收入。

（二）电商变现

许多内容平台已经集成了电商功能，这意味着内容编辑人员可以直接在其创作的文章、视频或其他形式的内容中嵌入产品链接。用户若对内容中的某个产品感兴趣，只需点击链接即可跳转至相应的产品页面完成购买。图1-6所示为电商变现。

（三）平台奖励变现

很多内容平台都会设立激励机制，鼓励创作者生产更多优质内容，创作者达到一定要求，即可获得奖励。例如，抖音的全民任务（见图1-7）、快手的星火计划、哔哩哔哩的创作激励计划等。

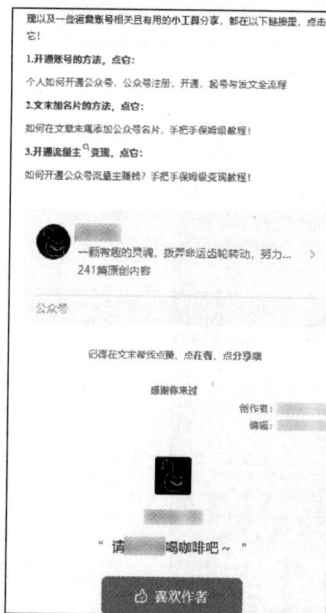

图1-5　内容打赏变现　　　图1-6　电商变现　　　图1-7　平台奖励变现

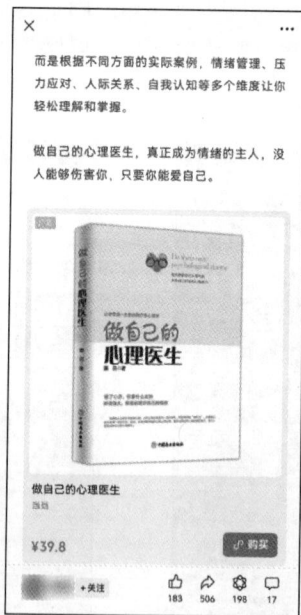

（四）广告变现

广告变现是通过在内容中插入广告获得收入的变现方式。广告变现主要有直接插入广告和间接插入广告两种方式。

（1）直接插入广告。直接插入广告即在内容中直接推广产品或品牌（见图1-8），这种方式简单直接，容易引起用户的注意，但可能影响用户的阅读体验。

（2）间接插入广告。间接插入广告即通过撰写具有引导性的文案间接推广产品或品牌（见图1-9），这种方式更加自然，对用户体验的影响较小，但需要内容编辑人员具备较强的内容创作能力。

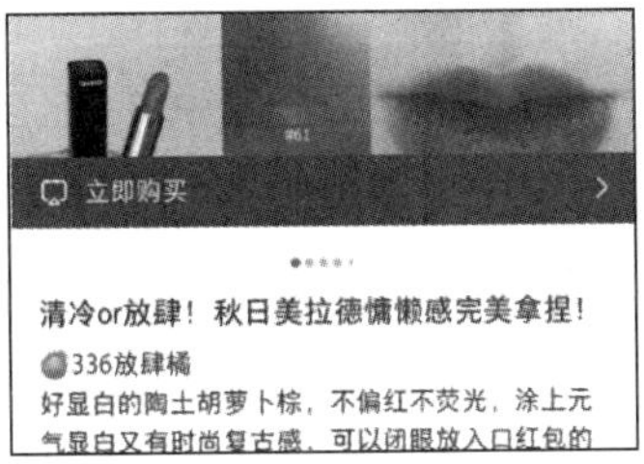

图 1-8   直接插入广告

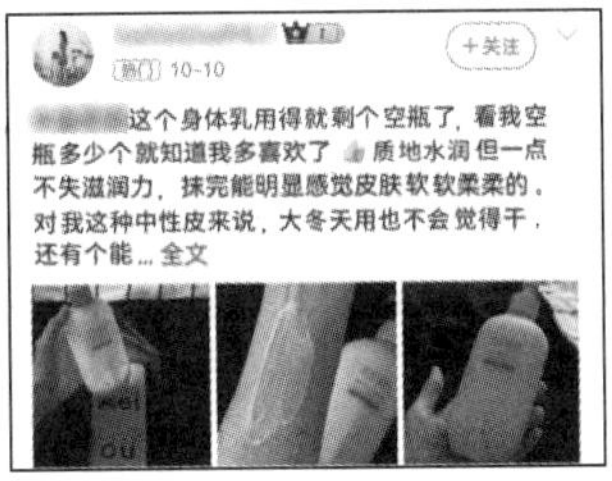

图 1-9   间接插入广告

三、内容编辑的新技术

近年来，多种新技术在内容编辑领域得到广泛应用，这些新技术不仅简化了内容创作的流程，而且提升了内容的互动性和吸引力，同时也为内容编辑人员提供了更多创意表达的可能性。

（一）AI

AI（Artificial Intelligence，人工智能）既是一门技术，也是一门科学，旨在研究、开发用于模拟、延伸和扩展人的智能的理论、方法、技术及应用系统。AI 在内容编辑领域具有广泛的应用，以下是 4 个主要的应用场景。

1. 内容生成

AI 的不断发展催生了 AIGC（Artificial Intelligence Generated Content，人工智能生成内容）工具。基于自然语言处理和机器学习等技术，AIGC 工具可以自动生成新闻报道、产品描述、宣传文案等内容，大大提高内容创作的效率。例如，使用文心一言、通义千问等文案生成类 AIGC 工具生成新闻报道、营销文案等；使用文心一格、通义万相和创客贴 AI 等图像生成类 AIGC 工具生成产品主图、宣传海报等。图 1-10 所示为使用创客贴 AI 生成宣传海报。

图 1-10   使用创客贴 AI 生成宣传海报

2．内容改进与优化

AI 可以分析大量文本数据，识别出内容中的语法错误、拼写错误以及不恰当的表述，从而帮助内容编辑人员优化内容。同时，AI 还能提供内容优化建议，如改善句子结构、提升表达的清晰度和逻辑性，以及提升语言的吸引力和说服力，进而帮助内容编辑人员提升内容质量。

3．个性化内容推荐

基于用户的历史行为和兴趣数据，AI 凭借大数据分析与机器学习算法的强大能力，可以从海量内容中筛选用户可能感兴趣的文章、视频、产品等，再根据内容与用户兴趣的契合度进行初步排序，然后优先推送用户最有可能感兴趣的内容，并根据用户反馈调整推荐的内容，做到"千人千面"。图 1-11 所示为 AI 根据用户的产品搜索记录、浏览历史以及微博内容浏览偏好推送的产品和微博内容。

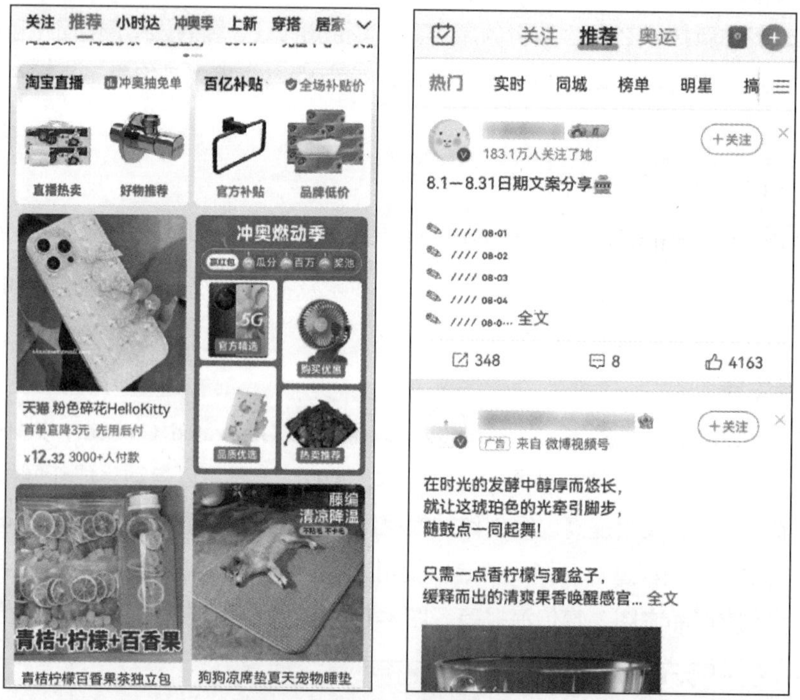

图 1-11　个性化内容推荐

4．内容审核

在内容审核方面，AI 可以自动分析和判断文本、图像、视频等内容是否符合特定的规范或标准，以确保用户发布的内容合法合规，并且符合平台要求，极大地提高了内容审核效率，在社交媒体平台、新闻网站、电商平台等中较为常用。

（二）大数据

大数据是指超过常规数据库软件工具获取、存储、管理和分析范围的数据集，具有规模庞大、类型多样、实时性强等特点。在内容编辑领域中，大数据技术具有多方面的应用。

1. 筛选与分析内容

在内容编辑的初期，通过收集海量的数据，大数据技术能够识别出当前的热门话题、用户兴趣点以及潜在的内容需求，为确定内容主题提供方向。同时，大数据技术还能分析过往内容的数据表现，如阅读量、点击率、分享次数等，从而评估内容的受欢迎程度，为制定内容策略提供数据支持。

2. 创作与优化内容

在内容的创作与编辑过程中，大数据技术能够从海量数据中提取关键信息、观点和情感倾向，为内容编辑人员提供创作素材和灵感。此外，通过分析用户的反馈和互动数据，如评论数、点赞量、转发量等数据，大数据技术能够识别内容的优点与不足，为优化内容提供参考，从而助力内容编辑人员创作出更符合用户需求的高质量内容。

3. 监控与反馈内容

在内容发布后，大数据技术继续发挥着监控与反馈的重要作用。通过实时监测阅读量、转发量、评论数等关键指标，大数据技术能够迅速评估内容的传播效果和影响力。同时，大数据技术还能分析用户对内容的反应和态度，如正面评价、负面评价等，从而帮助内容编辑人员了解内容的表现情况，并据此做出相应的调整和优化。

（三）云计算

云计算是一种基于互联网的计算方式，它允许企业或个人用户通过网络以按需求、易扩展的方式获得所需的计算资源（包括硬件、平台、软件）。云计算在内容编辑中的应用也较为广泛。

1. 数据存储与共享

云计算在内容编辑中的典型应用是云存储，云计算平台一般提供超大的存储空间，可以满足存储大容量数据的需求。同时，云计算平台支持多人实时协同编辑，内容编辑人员可以随时随地通过云端创作和修改内容，提高内容创作效率。

2. 数据处理与分析

云计算平台提供丰富的数据分析工具，如文本分析、图像识别等，内容编辑人员利用这些工具可以快速处理海量数据，从而挖掘出有价值的信息。此外，云计算强大的计算能力还支持处理高级的数据分析任务，如自然语言处理、情感分析等，为理解和评估内容的表现提供指导。

3. 内容安全与备份

云计算服务提供商通常会提供多层次的安全措施，如数据加密、访问控制和安全协议等，确保数据不被未经授权的用户访问，防止数据泄露。同时，云计算还提供自动备份和恢复功能，即使发生数据丢失或系统故障也能快速恢复数据。

（四）AR

AR（Augmented Reality，增强现实）是一种将虚拟信息叠加到现实世界中的技术，通过摄像头捕捉现实世界的画面，并在其上叠加计算机生成的图像、视频、3D 模型或文字等信息，从而创造出一个虚实结合、互动性强的新环境。AR 中多种元素的结合，丰富了内容的表现形式。更重要的是，AR 赋予了用户前所未有的互动体验，让用户可以通过手势识别、身体动作等多种方式，直接与虚拟对象进行实时互动。AR 在内容编辑领域的运用，不仅提升了用户的参与感和沉浸感，还使内容传播变得更加高效和有趣。

（五）VR

VR（Virtual Reality，虚拟现实）是一种通过计算机生成模拟环境创建和体验虚拟世界的计算机仿真系统。用户通过佩戴 VR 头盔或设备，能够进入一个完全由计算机生成的虚拟世界，与其中的物体、环境进行交互，仿佛身临其境。在内容编辑领域，VR 可以将内容场景化，让用户成为故事的一部分。例如，在新闻报道中，VR 可以让用户"置身"新闻事件的发生现场，获得更加直观、深刻的理解与感受。

四、内容编辑的发展趋势

随着内容创新需求的不断升级以及 AI 的快速发展，内容编辑领域正经历着深刻的变革，展现出创作技术智能化、创作形式多元化、内容生产专业化、内容需求个性化等发展趋势。

（一）创作技术智能化

随着 AI 与内容编辑的结合不断加深，AIGC 工具被广泛应用在内容编辑领域。一方面，AIGC 工具能够根据用户输入的关键词、主题或指令，自动生成形式丰富、结构清晰、语言流畅且符合用户需求的内容，极大地提高内容生产的效率；另一方面，基于用户行为数据、互动反馈及内容偏好等信息，AIGC 工具能够智能预测用户的兴趣点、情感倾向及信息需求，从而提供高度个性化的内容创作建议，助力内容编辑人员生产出更符合用户需求的内容。

（二）创作形式多元化

技术的不断进步使得内容创作的门槛得以降低，越来越多的人主动参与内容创作，使得内容创作形式变得更加多元化。早期，PGC（Professional Generated Content，专业生产内容，即由专业的创作者、团队或机构制作和发布的内容）这一内容创作形式长期占据主导地位，其专业性较强，内容质量较高（见图 1-12），能够满足专业用户的需求，但创作难度较大。随着互联网和社交媒体的兴起，UGC（User Generated Content，用户生成内容）这一内容创作形式出现了，用户通过社交媒体平台能展示或分享自己的原创内容（见图 1-13），打破了内容创作的界限。随着 AI 的迅猛发展，AIGC 这一内容创作形式出现了，内容创作由过去的人工创作转变为人类与 AI 协同创作，极大地降低了内容创作的门槛和成本，AIGC 工具生成内容如图 1-14 所示。

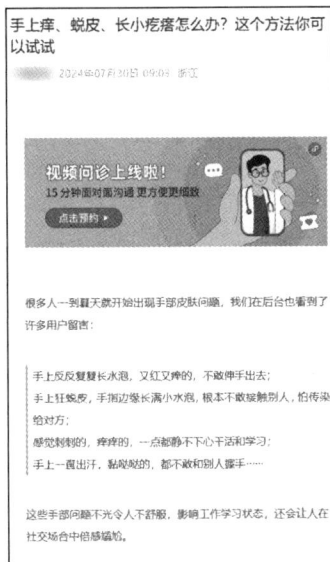

图 1-12 专业生产内容　　　图 1-13 用户生成内容　　　图 1-14 AIGC 工具生成内容

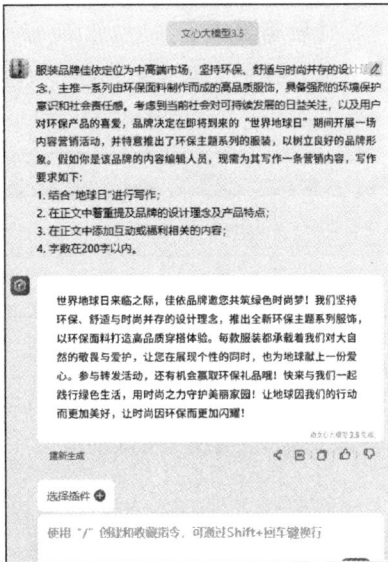

（三）内容生产专业化

在信息化时代，用户逐渐倾向于选择高质量、有深度的内容，这一需求推动了内容生产的专业化发展。首先，内容生产更加专注于垂直领域，深度挖掘行业价值，拓展内容深度，以便为用户提供有价值的、专业性强的信息或见解。这种内容不仅能够满足用户的求知欲，还能提升用户的认知水平和专业素养。其次，内容生产的专业化还体现在内容生产流程的标准化和系统化，从选题策划、资料收集、内容创作到审核发布，每一个环节都需要经过严格的专业把关和质量控制，以确保内容的专业性和准确性。

（四）内容需求个性化

用户根据自身兴趣、需求、偏好及生活方式的不同，一般期望获得量身定制的信息。随着信息量的爆炸式增长和信息碎片化趋势的加剧，用户难以在海量信息中找到自己感兴趣的内容，这使得用户对内容的个性化方面有更大的需求，包括对内容主题、风格、深度、呈现形式等方面的个性化选择。例如一些用户希望获得详细、深入的专业解读，而另一些用户则更喜欢简短、明了的信息。为满足用户的个性化需求，内容编辑人员可以通过大数据和机器算法分析用户的行为与偏好数据，生产或推荐更符合用户兴趣的内容，提高用户满意度。

任务实施

▍任务演练：对比不同平台内容的特点

【任务目标】

通过比较不同平台的内容，找出不同平台的内容在内容表现形式、内容本身等方面的差异。

【任务要求】

本次任务的具体要求如表1-2所示。

表1-2　任务要求

任务编号	任务名称	任务指导
（1）	选择对比平台	选择具有代表性且类型不同的平台
（2）	选择对比内容	选择同一品牌关于同一产品的宣传内容进行对比
（3）	对比分析与总结	对比选择的内容，分析其内容的特点，并进行总结

【操作过程】

（1）选择对比平台。目前，各种新媒体平台十分丰富，包括社交媒体平台（微信、微博和小红书等）、短视频平台（抖音和快手等），以及新闻平台（今日头条和百家号）等。鉴于微博、抖音和小红书拥有庞大的用户基础和较高的用户活跃度，这里选择微博、抖音和小红书作为对比平台。

（2）选择对比内容。为体现不同平台内容的差异，这里选择同一品牌关于同一产品的宣传内容进行对比。例如，在微博中搜索瑞幸咖啡的官方微博账号，在其账号主页搜索产品名称，如搜索"橙C冰茶"，在搜索结果中选择与"橙C冰茶"相关的微博内容，按照相同的方法在抖音和小红书中搜索关于"橙C冰茶"的内容，结果如图1-15所示。

图1-15　微博、抖音和小红书中瑞幸咖啡发布的关于"橙C冰茶"的内容

（3）对比分析。查看并分析这3个平台上的内容，并将对比分析结果整理出来，如表1-3所示。

表1-3　对比内容

平台	内容表现形式	内容分析
微博	图文结合	文字部分直接表明橙C冰茶回归与同系列新品黄杏冰茶上市的消息，并介绍产品特点，搭配生动的表情符号，可以唤醒粉丝对于产品的期待；通过"关注+转发抽奖"的方式号召粉丝参与互动，具有较强的互动性；图片直接展示产品，直观鲜明，与文案相呼应
抖音	短视频	从不同角度展示橙C冰茶和黄杏冰茶，打造直观体验；短视频文案则直接表明橙C冰茶回归和同系列新品黄杏冰茶上市的消息，以及产品的突出特点
小红书	图文结合	文案标题直接表明冰茶系列产品回归，正文突出介绍橙C冰茶回归和黄杏冰茶上市的消息，同时配有各种表情符号增加文案的趣味性；图片配合文案展示橙C冰茶和黄杏冰茶的特点

（4）总结不同平台内容的特点。根据以上内容总结这3个平台内容的特点：微博内容注重图文结合，互动性强；抖音内容以短视频为主，体验直观；小红书内容注重图文搭配，趣味性强。

任务二　了解内容编辑岗位

任务描述

为了提升自我，小赵计划根据内容编辑岗位的能力要求和素养要求来审视自身，并有针对性地改进不足之处，他填写了本次的任务单（见表1-4）。

表1-4　任务单

任务名称	了解内容编辑岗位	
任务背景	要想胜任内容编辑岗位，除了需要熟悉该岗位的工作内容，还需要具备该岗位所需的基本能力和素养。小赵在了解这些情况后，深刻意识到自身在多个方面还有提升空间	
任务阶段	■准备阶段　　□实施阶段　　□收尾阶段	
工作任务		
任务内容		任务说明
任务演练：制订内容编辑岗位技能提升计划		按照"分析自我—规划学习内容—制订岗位技能提升计划"的思路执行
任务总结：		

知识准备

一、内容编辑岗位的工作内容

内容编辑岗位的工作内容广泛且多样，涵盖从内容创作到优化推广的多个环节。因实际内容创作需求的不同，不同企业内容编辑岗位的工作内容存在差异。图 1-16 所示为不同招聘 App 上不同企业内容编辑岗位的工作内容描述。

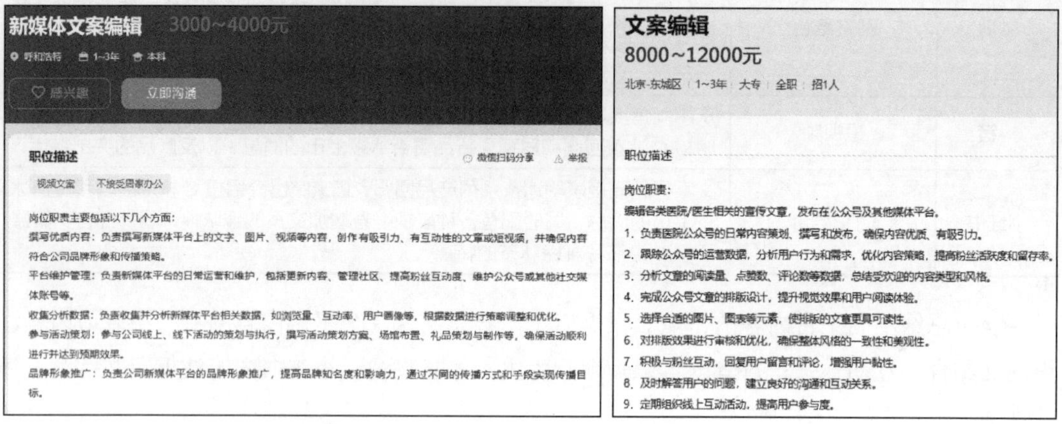

图 1-16　不同招聘 App 上不同企业内容编辑岗位的工作内容描述

综合来看，内容编辑岗位的工作内容大致包括以下 5 个方面。

（1）内容策划。根据目标用户和市场需求，策划具有吸引力和价值的内容主题。

（2）内容创作。撰写、编辑或校对文本内容，确保语言的准确性、流畅性和吸引力。

（3）内容运营与推广。通过为内容添加关键字和分类，提高内容在搜索引擎中的排名，增加流量和提高转化率；在新媒体平台或传统媒体平台推广内容，提高内容的曝光度和影响力。

（4）内容分发与管理。根据内容计划，将内容发布到指定的平台，如公司网站、社交媒体平台等；监控和管理用户对内容的评论，与用户积极互动。

（5）内容分析与优化。使用数据分析工具分析内容，了解内容传播效果，根据反馈优化内容策略。

二、内容编辑岗位的能力要求

内容编辑人员若要胜任内容编辑岗位，须具备多方面的能力，以应对复杂且广泛的工作内容，从而不断提升个人竞争力与适应力。

（一）内容创作能力

高质量的内容是吸引用户的关键，因此内容创作是内容编辑人员需要具备的基本能力。一般来说，内容创作能力体现在以下两个方面。

1. 不同内容的创作能力

内容编辑人员能够创作文字、图片、视频、直播等多种形式的内容，以满足不同内容呈现需求，同时确保内容能够精准触达用户。例如，茶百道针对新品，分别在微博发布图文短微博、在抖音发布创意短视频、在小红书发布图文内容，如图 1-17 所示。

图 1-17 茶百道发布在微博、抖音和小红书中的内容

2. 运用内容创作技巧的能力

灵活运用故事化叙述、设置悬念、使用修辞手法、营造情感共鸣等内容创作技巧可以提升内容的吸引力。例如，为了引起用户的好奇心，某奶茶品牌在介绍新产品的微信公众号文案标题中设置悬念，将标题设置为"新品来袭：奶茶界的神秘新成员，你准备好迎接挑战了吗？"；又如为了使内容更具可读性，制造人物间的戏剧冲突等。

（二）逻辑思维能力

逻辑思维能力是指正确、合理思考的能力，即观察、比较、分析、概括、判断和推理事物的能力，采用科学的逻辑方法，准确且有条理地表达自己思考过程的能力。在内容创作中，具备逻辑思维能力有助于创作出结构清晰、逻辑顺畅的内容。

（三）审美能力

内容编辑人员具备良好的审美能力，可以提升内容的视觉效果。例如，针对文案，可以从文字排版和图文搭配两个方面提升内容的视觉效果。文字排版包括字体大小、颜色、字间距、行间距等。图文搭配则要求图片与文字内容相符、色系一致，保证图片与文案的统一性。

（四）创新能力

具备创新能力即具备创新的思维方式，能够不断探索新的选题方向、表现形式和传播渠道，以引起用户的注意。例如，饿了么在 2024 年春节之际发布的文案"祝你过年不用饿了么"运用反向思维，与大多数品牌在节假日促销的做法截然相反，很容易引起用户的注意。再如，瑞幸咖啡根据"City 不 City"这一网络热词创作了谐音文案，如图 1-18 所示，兼具趣味性和创意性。

图 1-18　瑞幸咖啡根据网络热词创作的谐音文案

（五）内容筛选与采编能力

内容编辑人员需要具备内容筛选与采编能力，这是确保内容质量的关键。这要求内容编辑人员能够从大量的信息源中筛选出有价值、相关性强的内容，并且快速识别哪些内容有使用价值、哪些需要剔除。此外，内容编辑人员还需要具备良好的组织和整合能力，能够将分散的信息整合成连贯、逻辑清晰的文章或报道，以确保呈现出来的内容是高质量、吸引人的，并且能够有效地传达信息。

（六）语言表达能力

内容编辑人员必须具备出色的语言表达能力，这意味着内容编辑人员不仅要有扎实的语法知识基础和丰富的词汇量，还要准确、流畅、生动地表达思想，以便将复杂的信息以简洁明了、引人入胜的方式传达给用户。此外，内容编辑人员还需要根据用户和使用场景的不同调整内容风格，使内容更加贴近用户的需求和偏好，提升阅读体验和传播效果。

（七）数据分析能力

内容编辑人员需要具备一定的数据分析能力，以评估内容的表现和效果，并据此优化内容策略。这包括使用各种数据分析工具收集内容的阅读量、分享次数、停留时间等数据，再通过分析这些数据，了解哪些类型的内容更受用户欢迎、哪些内容需要改进。此外，通过数据分析，内容编辑人员还能预测未来的内容需求，从而制定更有效的内容策略。

三、内容编辑岗位的素养要求

除了具备专业的技能外，内容编辑人员还应当具备优秀的素质，以便创作出优质、正向的内容。

（1）网感。网感即网络敏感度，反映的是内容编辑人员对网络热点（如网络热点话题、网络热门词汇、网络热门表情包等）的感知程度。强网感能够帮助内容编辑人员从海量信息中快速捕捉舆论焦点，并判断网络趋势，进而促进内容的广泛传播。

（2）洞察力。若要内容引发全网热议，内容编辑人员就需要具备敏锐的洞察力，能够洞察用户心理，与用户产生精神共鸣，创造出能够赢得用户认同的内容。

（3）责任意识。内容编辑人员应当秉持一丝不苟、严谨规范的工作态度。这要求内容编辑人员耐心细致地审核和修改内容，对内容的真实性负责，对自己的工作成果负责。

（4）合规意识。内容编辑人员需要具备法律意识，自觉遵守相关法律法规，确保内容符合法律法规的要求，确保内容编辑工作的合法性。

（5）团队合作精神。内容编辑人员应该具备良好的团队合作精神，能够与团队成员有效沟通，共同完成内容编辑任务。这包括尊重他人观点，积极参与团队讨论和决策过程，以及共同努力解决问题。

（6）保密意识。内容编辑人员要对工作中能够接触到的敏感信息和商业机密保密，同时还要注意保护用户的隐私。

（7）好奇心与求知欲。内容编辑人员应该保持好奇心和求知欲，主动寻求新知识和信息，积极探索未知领域，不断拓宽自己的视野，提升内容的创意性。

> **素养小课堂**
>
> 在信息化、技术日新月异的时代，内容编辑人员要树立终身学习意识，不断地更新自己的知识和技能，创作出更符合市场需求的内容。

任务实施

任务演练：制订内容编辑岗位技能提升计划

【任务目标】

小赵决定制订一份内容编辑岗位技能提升计划，以提升自我专业能力。

【任务要求】

本次任务的具体要求如表1-5所示。

表1-5　任务要求

任务编号	任务名称	任务指导
（1）	分析自我	根据内容编辑岗位的能力要求和素养要求，明确自身存在的不足之处
（2）	规划学习内容，制订岗位技能提升计划	根据自身的不足，以天、周或月的时间节点安排学习任务，然后制订具体的岗位技能提升计划

【操作过程】

（1）分析自我。对照内容编辑岗位的能力要求和素养要求，进行个人技能与素养的自我评估，明确自身存在的不足之处。小赵作为内容编辑岗位的新手，已具备基本的内容创作能力、内容筛选和采编能力，但在网络敏感度、语言表达能力、创新能力、数据分析能力等方面有待提升。

（2）规划学习内容。从网络敏感度、语言表达能力、创新能力、数据分析能力4个方面分别规划学习任务，并按照天、周或月的时间节点安排学习任务。例如针对提升网络敏感度这一提升任务，安排每天浏览主流新闻网站和社交媒体平台，记录下至少3个热门话题，在一个月内从日常浏览的内容中发现至少3个潜在的写作角度或内容创意等。

（3）制订岗位技能提升计划。根据不同方面的提升任务，规划学习内容，然后制订详细的岗位技能提升计划，如表1-6所示。

表1-6　内容编辑岗位技能提升计划

提升方向	提升计划
网络敏感度	短期计划： 每天浏览主流新闻网站和社交媒体平台，记录下至少3个热门话题 中期计划： ① 在一个月内从日常浏览的内容中发现至少3个潜在的写作角度或内容创意 ② 在第二个月内开始尝试根据热门话题撰写文案 ③ 在两个月内加入至少2个与行业相关的社交媒体群组，积极参与讨论 长期计划： 在半年内独立策划并创作至少3个基于网络热点的内容项目
语言表达能力	短期计划： ① 每天练习写作，完成至少500字的文章或随笔 ② 每天至少阅读1篇文章，并分析其语言特点和写作技巧 中期计划： 在三个月内撰写至少10篇高质量的文章，每篇文章的平均阅读量超过1000次 长期计划： 在一年内完成至少3个大型内容项目，如系列文章等
创新能力	短期计划： 每周至少提出1个内容创意 中期计划： 策划并实施1个创新内容项目，如互动式故事、虚拟现实体验等 长期计划： 组织1次创意头脑风暴会议
数据分析能力	短期计划： 学习数据分析的基本概念和工具 每周至少分析1次过去一周的内容表现数据 中期计划： 在三个月内独立完成至少3次内容分析报告，并提出改进建议 长期计划： 在一年内运用数据分析工具预测内容趋势，并优化内容策略

👥 技能练习

若小赵的审美能力不佳，请参照上文的思路，为其制订一份审美能力提升计划。

综合实训：调研内容编辑岗位

实训目的： 通过调研内容编辑岗位，了解不同企业关于内容编辑岗位的职责和任职要求。

实训要求： 小王是一名传播学专业的学生，他一直梦想成为一名优秀的内容编辑人员，致力于创作富含创意与有深度的内容。在追求梦想的过程中，小王不仅深耕传播学专业知识，还努力提升写作技能，并积极关注行业前沿动态与趋势。临近毕业，小王计划毕业后在所在城市就业，为明确不同企业内容编辑岗位的职责和任职要求，计划在招聘网站上搜索几个目标企业的招聘信息，以进一步提升自身能力。

实训思路： 本次实训涉及内容编辑岗位的工作内容、能力要求和素养要求，具体操作思路参考图 1-19。

选择目标城市并搜索目标企业 → 查看内容编辑岗位的职责和任职要求 → 得到岗位调研结果

- 选择招聘网站
- 选择目标城市
- 搜索几个目标企业

- 分别查看几个目标企业内容编辑岗位的招聘详情

- 总结不同企业关于该岗位的职责和任职要求描述

图 1-19 操作思路

实训结果： 本次实训完成后，可得到不同企业关于内容编辑岗位的职责和任职要求，如内容编辑岗位普遍要求应聘者具备扎实的文字功底和策划能力，熟练掌握办公软件，紧跟行业趋势，负责文案撰写、编辑、排版及平台运营，同时需具备创新思维、沟通协调能力、团队协作精神和抗压能力。

巩固提高

1. 内容的表现形式有哪些？

2. 内容的变现方法有哪些？

3. 内容编辑中运用的新技术有哪些？

4. 内容编辑的发展趋势是什么？

5. 内容编辑岗位的工作内容是什么？

6. 内容编辑岗位的能力要求有哪些？

7. 内容编辑岗位的素养要求有哪些？

8. 探索在内容编辑领域运用新技术的案例。

9. 在招聘网站上查看不同企业关于内容编辑岗位的招聘详情，根据其职责和任职要求描述，制作一份应聘简历。

内容策划

【知识目标】

1. 知晓内容策划的要素。
2. 掌握内容策划的流程。
3. 明确用户定位和内容定位的方法。

【技能目标】

1. 能够做好用户定位。
2. 能够做好内容定位。
3. 能够根据用户信息构建用户画像。

【素养目标】

1. 培养数据敏感度和洞察力，善于从复杂的数据中捕捉关键信息，为内容策划提供数据支持。
2. 坚持以用户为中心，策划符合用户需求的内容。

项目导读

打造优质内容，离不开精心的内容策划。通过对目标用户的深入分析，以及精准的内容定位，能够制定符合用户需求的内容策略。随着户外运动热潮的到来，野途决定推出一系列以"和我一起探索户外未知"为主题的内容营销活动，旨在宣传品牌形象，同时激励更多人走出家门，体验户外探险的乐趣。老李作为内容编辑团队的主管，负责整个项目的策划工作。他意识到，若要有效地传达"和我一起探索户外未知"的内容主题，需要精心设计每一项内容。在老李的精心筹备下，一场内容策划工作拉开帷幕。

任务一 内容策划前的准备

任务描述

为锻炼小赵的策划能力和创新能力，老李安排小赵负责内容营销活动的内容策划工作，并指导小赵填写任务单（见表 2-1）。

表 2-1 任务单

任务名称	内容策划前的准备	
任务背景	为确保"和我一起探索户外未知"主题营销活动的内容策划工作顺利进行，小赵计划使用一系列实用的工具辅助内容策划工作	
任务阶段	■准备阶段　　□实施阶段　　□收尾阶段	
工作任务		
任务内容	任务说明	
任务演练：探索内容策划的实用工具	搜索内容策划过程中可用的各种工具，再使用工具的 AI 功能获取内容策划的灵感	
任务总结：		

知识准备

一、内容策划的要素

内容策划的目的是通过精心设计的内容吸引潜在用户，帮助用户了解产品或品牌，并最终促成转化。这一过程涉及吸引、认知、转化 3 个核心要素。

（1）吸引。吸引是内容策划的首要任务，即通过有创意和有趣的内容吸引用户的注意力。这要求内容编辑人员能够设计出具有吸引力的内容，如引人入胜的故事情节、独特的视角或新颖的观点，以激发用户的兴趣和好奇心。

（2）认知。在吸引用户的基础上，还要让用户对产品或品牌有清晰的认知。这包括通过内容解释产品的特点、优势和使用方法，以及传达品牌理念、品牌精神等信息。通过这种方式，用户能够对产品或品牌有更深入的了解和认知。

（3）转化。转化是内容策划的最终目的，即将用户对内容的兴趣转化为实际行动，如购买产品、参与活动或传播品牌信息等。要促进转化，需要有明确的行动引导，如明确的呼吁行动的语句、优惠活动的介绍，或者提供易于操作的购买途径等，降低用户的转化门槛。

二、内容策划的流程

内容策划是一个系统而细致的过程，旨在确保所创作的内容能够达到既定的目标。在开展内容策划时，可以按照以下流程进行。

（1）确定目标。明确内容策划的目标，如提高品牌知名度、促进产品销售、增加粉丝数量等，明确的目标有利于确定内容的创作方向。例如，如果目标是提高品牌知名度，那么内容就应该侧重于讲述品牌故事、传达品牌理念以及塑造品牌形象；如果目标是促进产品销售，那么内容就需要聚焦产品的特点、优势、使用场景以及用户评价等方面，以激发用户的购买欲望。

（2）进行用户定位。深入了解用户是内容策划成功的关键，这包括了解用户的年龄、性别、职业、消费习惯等信息，进而构建出目标用户画像，从而创作出更加贴近用户需求的内容。

（3）进行内容定位。内容定位包括确定内容的选题、结构、类型和风格，以及构思内容的创意。内容定位应紧密围绕既定目标，结合用户画像，选择能够吸引并留住目标用户的内容方向，确保内容的独特性和价值性，从而有效传达品牌信息或产品信息，实现内容策划的目标。

任务实施

任务演练：探索内容策划的实用工具

【任务目标】
了解内容策划相关工具，使用工具辅助内容策划，生成创作灵感。

【任务要求】
本次任务的具体要求如表 2-2 所示。

表 2-2　任务要求

任务编号	任务名称	任务指导
（1）	了解工具	了解内容策划可用的各种类型的工具
（2）	体验工具	利用思维导图工具的 AI 功能生成内容策划，获取灵感

【操作过程】
（1）了解工具。小赵首先在搜索引擎中搜索内容策划可用的工具，了解到内容策划可用的工具较为丰富，包括常用的文档编辑工具，如 Microsoft Office、WPS Office 和腾讯文档等，以及记录工具和思维导图工具等。小赵按照工具的类型将搜索到的工具进行分类整理，结果如表 2-3 所示。

表 2-3　可用的工具

工具类型	工具	特点
文档编辑	Microsoft Office	包括 Word、Excel、PowerPoint 等组件，可用于撰写文章、制作报表和演示文稿
	腾讯文档	一款云端文档编辑工具，支持多人协作编辑文档、表格和演示文稿

续表

工具类型	工具	特点
记录	记事本	通常随操作系统预装，提供基本的文字输入、编辑和保存功能，界面简洁，操作便捷，适合快速记录笔记、编写简单文档
	有道云笔记	一款多平台记录工具，支持扫描、语音、Markdown、收藏等多种记录方式，并提供 AI 工具赋能内容创作，如写作、头脑风暴、润色等
思维导图	XMind	支持多种图表类型，包括思维导图、鱼骨图、二维图、树形图、逻辑图和组织结构图，并提供丰富的模板、主题，以及云端同步和项目管理功能
	亿图脑图	一款多平台思维导图软件，支持手机端和计算机端同时编辑思维导图，提供树状图、鱼骨图等多种主题模板，同时拥有 AI 智能思维导图功能，输入一句话便可生成思维导图
热点搜集	今日热榜	实时更新每日热点，覆盖多个平台

（2）体验工具。因缺乏内容策划的灵感，小赵打算使用亿图脑图的 AI 功能生成内容策划思路。进入亿图脑图官网首页并登录，在"AI 一键生成思维导图"下的文本框中输入内容策划的生成要求，如"某户外运动品牌计划开展内容主题为'和我一起探索户外未知'的内容营销活动，请为内容的策划提供选题、结构、类型、风格上的思路。"，如图 2-1 所示。单击 → 立即生成 按钮，生成思维导图，效果如图 2-2 所示。

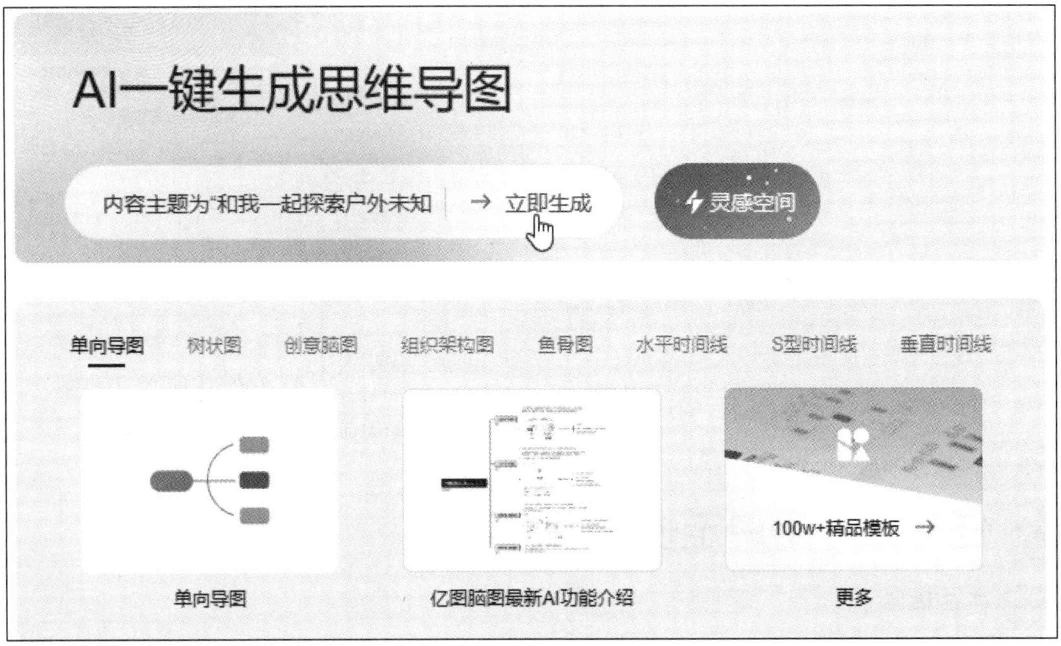

图 2-1 输入内容策划的生成要求

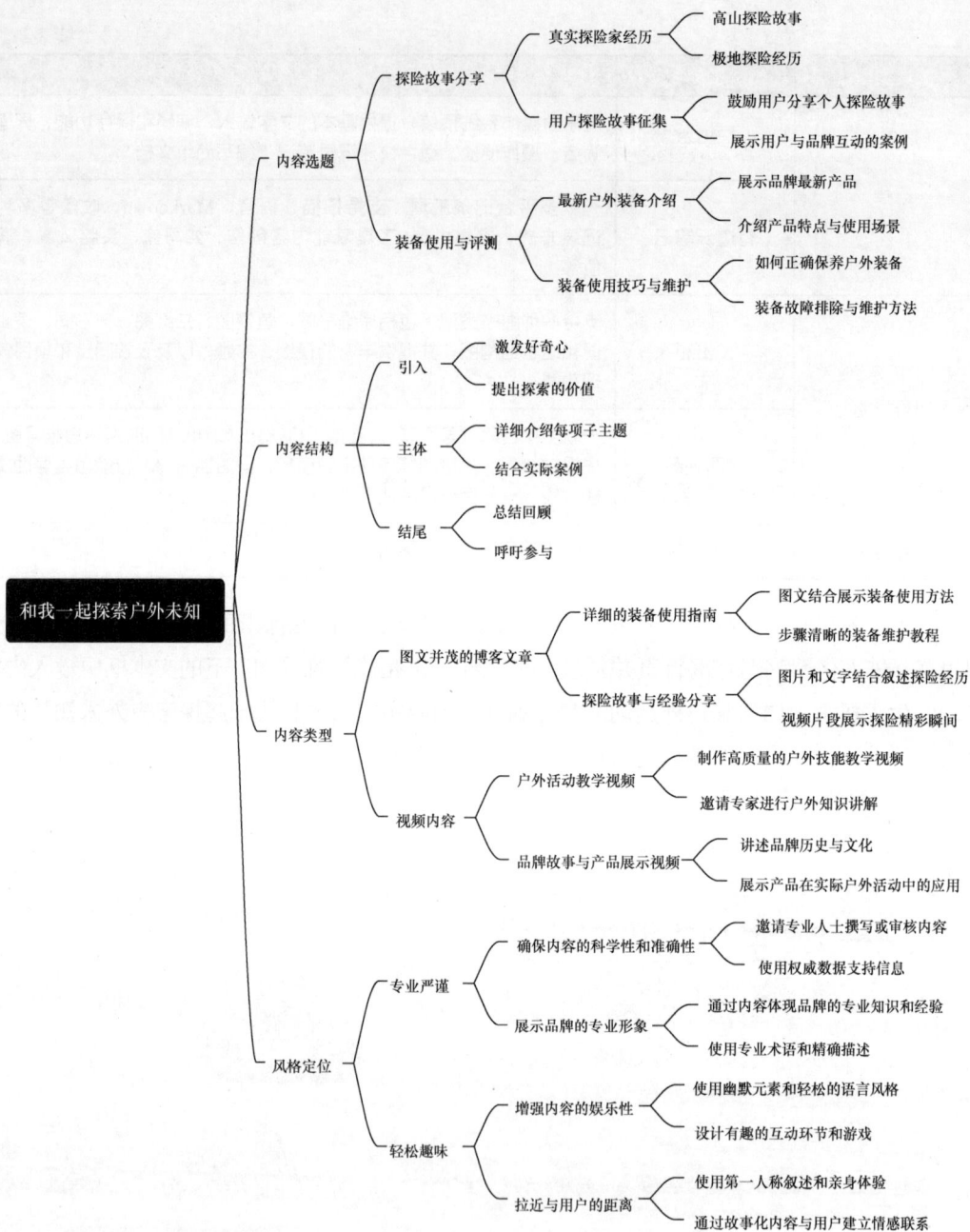

图 2-2　内容策划的思维导图

任务二　用户定位

任务描述

　　按照内容策划的流程，小赵需要进一步确定目标用户，以创作出符合用户需求的内容。小赵随即填写了任务单（见表2-4）。

表2-4　任务单

任务名称	用户定位	
任务背景	小赵计划通过调查问卷的方式确定目标用户，识别可能对内容感兴趣的用户，同时了解用户的内容需求，以激发用户的购买欲望	
任务阶段	■准备阶段　　□实施阶段　　□收尾阶段	
工作任务		
任务内容	任务说明	
任务演练1：设计和制作用户调查问卷	按照"设计问卷标题—设计问卷说明—设计问卷问题—设计问卷答案—制作问卷"的顺序实施	
任务演练2：为户外运动品牌构建用户画像	通过分析调查问卷的结果构建用户画像	
任务总结：		

📖 知识准备

一、了解用户信息

了解用户信息，可以更好地把握用户需求、兴趣偏好及行为模式，制定更符合用户需求的内容策略。在了解用户信息时，可以从用户属性和用户行为两个方面入手。

（一）用户属性

用户属性是指用户的不同分类属性，包括用户的性别、年龄、所在城市、职业、收入水平、消费水平等基本信息，不同属性的用户在消费理念、生活习惯和心理需求上有所不同。分析用户属性，有利于明确目标用户，制定更有针对性的内容策略。

用户属性包括静态属性、心理属性、动态属性和消费属性4个方面。

（1）静态属性。静态属性是指用户相对固定不变的基本信息，包括用户的性别、地域、职业、教育水平等。了解这些属性有助于了解用户的基本背景，为后续的精准营销提供基础数据。例如，了解地域信息有助于了解用户的文化背景和消费习惯。

（2）心理属性。心理属性反映用户的心理特征和内在需求，包括用户的兴趣爱好、价值观、消费观念、个性特点等。例如，了解用户的兴趣爱好可以为其推荐符合其喜好的内容。

（3）动态属性。动态属性是指随时间和用户行为变化而变化的属性，如用户的活跃时间段、购买记录、使用频率等。这些属性能够实时反映用户当前的状态和需求，如根据用户的活跃时间段，确定内容的推送时间。

（4）消费属性。消费属性反映用户的购买行为和消费习惯，包括用户的消费偏好、品牌忠诚度、价格敏感度等。

（二）用户行为

狭义的用户行为指用户的购买行为及实际消费行为。广义的用户行为则指用户为了获得、使用或处理某物品而采取的各种行动或决定该行动的决策过程。了解用户行为能够深入了解用户的需求、兴趣等，从而创作出更有针对性的内容。在了解用户行为时，可以着重了解以下方面。

（1）搜索行为。了解用户在不同媒体平台上搜索的关键词和话题，以及搜索结果点击偏好、搜索时间等，从而了解用户的兴趣、需求和关注点，创作出更具针对性的内容。

（2）浏览行为。观察用户在社交媒体、新闻网站、行业论坛等平台上的浏览记录，以了解他们的兴趣爱好、内容偏好等，从而确定更具吸引力的主题或内容。

（3）购买行为。分析用户的购买记录，包括购买时间、购买频率、购买渠道等，以了解他们的购买习惯和决策过程，从而创作出更能激发其购买欲望、提高转化率的内容。

（4）互动行为。关注用户在社交媒体上的互动情况，包括评论、点赞、分享等行为，以了解他们的意见和互动偏好，从而调整内容的语言风格、表达方式等。

二、收集用户信息

通过科学的方法，全面、准确地收集用户信息，有助于为后续的分析与决策提供坚实的数据基础。在收集用户信息时，可以采用以下途径。

（1）内部管理系统。从企业内部的各种管理系统的数据库中查询和采集与用户相关的数据信息，如产品采购和管理系统、用户服务管理系统、仓储管理系统、财务管理系统等。

（2）专业数据机构。许多专业数据机构会定期发布关于用户消费行为、消费需求洞察及消费偏好等方面的研究报告，如艾媒网（见图2-3）、艾瑞网、中国互联网络信息中心、抖音的巨量算数、快手的大数据研究院等。专业数据机构发布的研究报告具有较强的专业性、权威性，利用价值很高。

图 2-3 艾媒网发布的数据报告

（3）社会调研。社会调研方式有问卷调查、有奖问答和实地探访等，调研完成后需要做好数据的回收和整理。

① 问卷调查。设计问卷，针对特定的问题向用户提问，并通过线上平台发布问卷或线下邀请用户填写问卷收集用户信息。问卷一般由标题、问卷说明、问题、答案组成，其中，问题一般被设计为封闭式问题和开放式问题，且以封闭式问题占多数。如果问卷设计得当，能够得到较为准确和有价值的信息。图 2-4 所示为某品牌搜集用户信息的部分调查问卷。

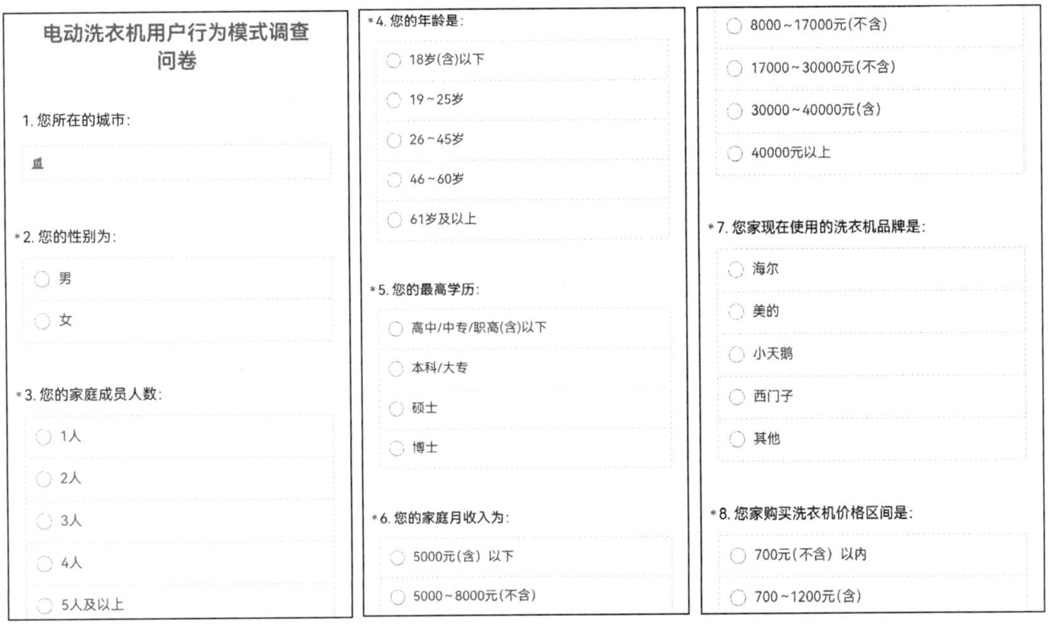

图 2-4 某品牌搜集用户信息的部分调查问卷

知识拓展

封闭式问题和开放式问题的特点不同。

（1）封闭式问题。封闭式问题规定了一组可供选择的答案和固定的回答格式，如"您购买汽车时主要考虑的因素是什么？A. 实惠 B. 性能 C. 外观 D. 价格"，具有答案标准化且易于答题者回答的特点，但不能很好地了解答题者的主观意愿。

（2）开放式问题。开放式问题即不提供标准答案，由答题者自己组织语言回答，如"您对我们公司新推出的××产品有什么看法？"答题者能充分表达自身看法，让调查结果更加深入，但容易获得无用信息，影响调查结果。

② 有奖问答。有奖问答通常是针对某一特定主题提出问题，用户回答后有机会赢取奖品。这种方式的优点在于能够快速收集到大量的反馈信息，适用于收集用户的兴趣偏好和评价反馈。图 2-5 所示为有奖问答。

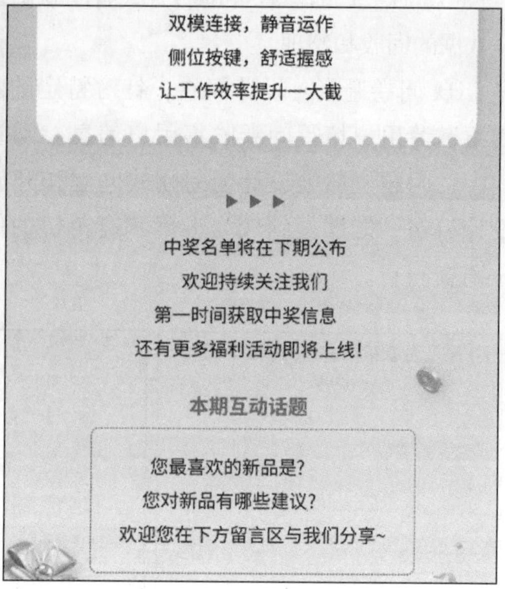

图 2-5 有奖问答

③ 实地探访。实地探访一般是通过实地考察搜集相关资料，包括文字资料、图片资料、视频资料等。在探访过程中，由于可以与用户进行深入的交流，一般能够获得更为准确和有用的信息，但需要花费更多的时间和精力。

（4）数据采集工具。目前，在收集用户信息方面有很多可用的数据采集工具，如八爪鱼采集器、火车采集器等，这些数据采集工具都具有强大的数据采集能力，能够有效提高数据采集效率。例如，八爪鱼采集器可用于大部分的网页数据采集，支持文字、图片、文档、表格等文件的采集和下载。同时，八爪鱼采集器内置多种人工智能算法与自动化行为操作，用户可以轻松采集各种数据。火车采集器是一款专业的互联网数据抓取、处理、分析、挖掘软件，支持灵活迅速地抓取网页上散乱分布的数据信息，并通过一系列的分析处理，准确挖掘出所需数据。

三、分析用户信息

在分析用户信息时，一方面可以使用数据分析工具进行分析，另一方面可以直接使用新媒体平台数据分析功能，或者利用 AI 进行数据分析，提高数据分析效率。

（一）借助数据分析工具

在分析数据时，可以使用 Excel 进行分析，还可以使用集数据采集与分析于一体的数据分析工具进行分析，如百度指数、百度统计和问卷星。

1. Excel

Excel 是一款功能强大的数据处理工具。将数据导入 Excel 后，可利用其丰富的计算功能计算数据，自主完成用户数据的分析。使用 Excel 分析用户数据时，经常会用到 COUNTIF

函数和 SUM 函数。COUNTIF 函数用于计算指定区域中符合指定条件的单元格数量，语法规则为：COUNTIF(range,criteria)，其中 range 是指要计算的非空白单元格数目的区域，criteria 是以数字、表达式或文本形式定义的条件。SUM 函数是求和函数，用来计算单元格区域中所有数值的和，语法规则为：SUM(number1,number2,...)，如 SUM(A1:A5)表示计算 A1:A5 单元格区域的数值之和。图 2-6 所示为利用 Excel 分析用户内容偏好占比情况和兴趣偏好数量情况的结果。

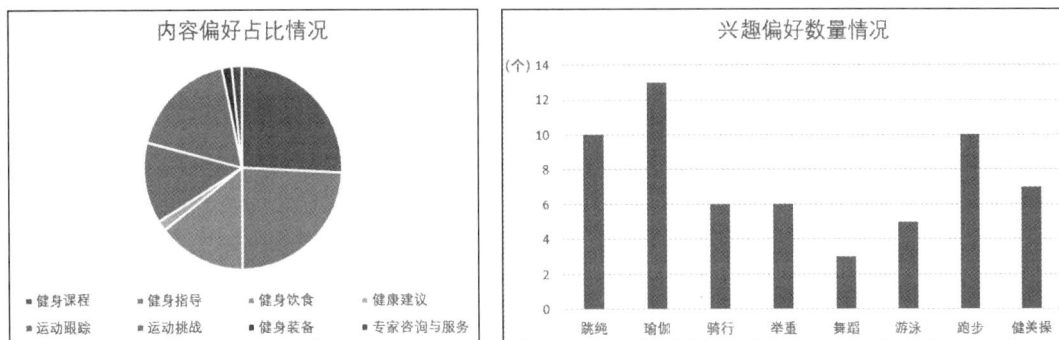

图 2-6　利用 Excel 分析用户内容偏好占比情况和兴趣偏好数量情况

2. 百度指数

百度指数是以百度海量网民行为数据为基础的数据分析平台。通过百度指数可以了解关键词在特定时间段内的搜索量变化，分析用户对某一主题或产品的需求和随时间的变化而变化的兴趣，或者了解特定关键词的用户性别比例、年龄分布等特征。图 2-7 所示为与智能手环关键词相关的人群属性。

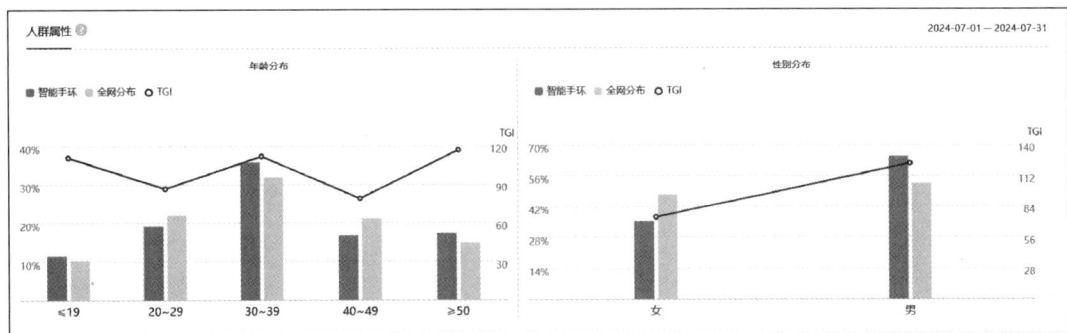

图 2-7　与智能手环关键词相关的人群属性

3. 百度统计

百度统计是百度推出的一款数据统计和分析工具,它能够全面追踪网站的各项访问数据,如页面浏览量、访客数及转化次数等关键指标,并基于这些数据生成详细的网站分析报告。百度统计提供多种强大的分析功能,支持通过多种组合维度将用户细分为不同目标群体,并查看不同目标群体的数据表现。内容编辑人员能够轻松查看并对比不同目标群体在关键指标方面的数据表现，从而深入理解各目标群体的行为模式与偏好特征。图 2-8 所示为百度统计的用户分析页面。

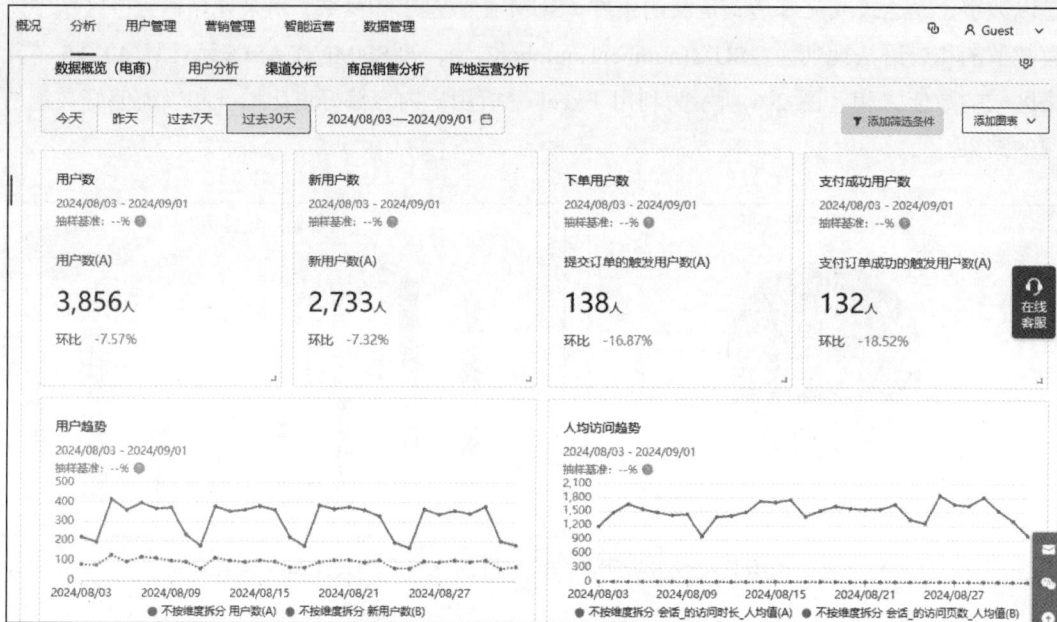

图 2-8　百度统计的用户分析页面

4. 问卷星

问卷星通过问卷调查的方式收集相关信息和数据并进行分析，适用于用户满意度调查、市场调查等场景。内容编辑人员在问卷星发布问卷并回收后，问卷星会统计每项答案的回答情况，并通过柱形图、饼图、条形图等呈现数据分析结果。

知识拓展

除了以上数据分析工具，还有很多各具特色和优势的工具，如神策数据和 Power BI。

（1）神策数据。神策数据是一款功能强大的数据分析工具，提供一站式的数据分析解决方案。神策数据可以追踪和分析用户的观看、阅读、评论、分享等行为，帮助内容编辑人员了解用户的行为路径和内容偏好，指导内容编辑人员提高内容质量。

（2）Power BI。Power BI 是微软推出的一款商业智能工具，它可以从多个数据源中提取数据，并进行数据清洗、转换和建模。Power BI 还提供丰富的数据可视化功能，可以创建交互式报表和仪表板。

（二）利用平台数据分析功能

微博、微信、抖音等新媒体平台都提供了数据分析功能，借助该功能可自动完成账号的各项数据的收集，并自主完成数据分析，通过可视化的方式呈现数据分析结果。例如，在抖音的创作者中心的数据看板中可查看粉丝数据，如图 2-9 所示。

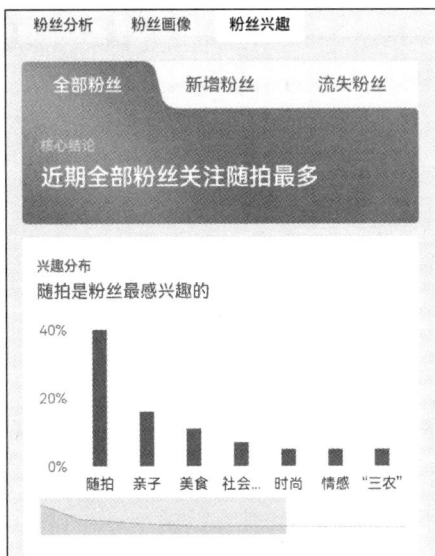

图 2-9　粉丝数据

（三）利用 AI 进行数据分析

随着 AI 的发展，数据分析领域涌现出一批 AI 数据分析工具，极大地提高了数据分析效率。常见的 AI 数据分析工具有办公小浣熊、北极九章。

（1）办公小浣熊。办公小浣熊是一款专业的数据分析工具，用户只需输入数据分析需求，办公小浣熊便会自动进行数据分析，如图 2-10 所示。同时，办公小浣熊支持理解复杂表格、多表格、多文件，可以完成数据清洗、数据运算、比较分析、趋势分析、预测性分析、可视化等常见的数据分析任务。另外，办公小浣熊能自动生成表格、柱状图、饼图、折线图等多种格式的图表，轻松实现可视化分析。

图 2-10　办公小浣熊的"数据分析"页面

（2）北极九章。北极九章是一个对话式数据分析平台，通过自主研发的产品 DataGPT，能够以自然语言对话的方式帮助用户轻松分析数据。用户只需提出数据分析的需求或问题，DataGPT 就能主动理解数据分析意图，并给出通俗易懂的数据分析结果。

▌四、构建用户画像

用户画像是一种将用户属性、行为等信息以图像、表格等形式直观地展示出来，以便进行用户定位的有效工具。

（一）构建用户画像的原则

在构建用户画像时，应遵守 8 个基本原则，即基本性、同理性、真实性、独特性、目标性、数量性、应用性和长久性。

（1）基本性。基本性指获取用户画像时应该进行一定的数据调查，如进行用户访谈、数据统计等。

（2）同理性。同理性指在构建用户画像时，从用户的角度思考问题。

（3）真实性。真实性指用户画像应符合现实生活中用户的真实形象。

（4）独特性。独特性指用户画像中的目标用户具有各自的特点，彼此间相似性不高。

（5）目标性。目标性指用户画像中包含与内容相关的高层次目标，以及用来描述该目标的关键词。

（6）数量性。数量性指用户画像中各类标签的用户数量或其占比，有助于制定内容策略。

（7）应用性。应用性指用户画像可以作为一种工具，实际应用到内容决策中。

（8）长久性。长久性指用户画像能够和内容长久契合。

（二）构建用户画像的流程

构建用户画像的核心是给用户打标签，即将用户的具体信息提炼成标签，利用标签将用户形象具体化，从而构建出清晰的用户画像。

1. 提炼用户标签

用户标签是对用户某种特征的描述，是在研究用户的属性、行为和场景后，提炼出的关键词。用户标签越精准，对应的人数越少。常见的用户标签如表 2-5 所示。

表 2-5　常见的用户标签

标签类别		用户标签
固定属性标签（表明用户是谁）	个人基本属性	年龄、性别、学历、身高、体重、健康状况、收入水平、婚恋状况等
	生活/社会属性	职业/行业、社会角色、居住城市、出行方式、就餐方式等
	兴趣偏好	旅行、音乐、影视、体育、美食、书籍等
	消费偏好	价格/价位偏好、品牌偏好、购买决策时长、购买渠道等
	行为信息	点击、浏览、收藏、点赞、评论、转发、购买、加购等
路径标签（表明用户在哪里）		常用的新媒体平台、常访问的网站、常用的购物平台、关注的新媒体账号等
场景标签（表明用户在做什么）		上下班、聚会、午休、喝下午茶、通勤等

2. 绘制用户画像

提炼好用户标签后，便可以按照"固定属性标签+路径标签+场景标签=用户画像"的思路构建用户画像。例如，表2-6所示为某品牌电子产品的用户画像。

表2-6 用户画像

标签类别	用户标签
固定属性标签	以18～24岁的用户为主，生活在三、四线城市的在读学生和企业白领用户较多，大多数用户为电子产品爱好者和语言学习者
路径标签	使用品牌电子产品
场景标签	学习和娱乐

任务实施

任务演练1：设计和制作用户调查问卷

【任务目标】

设计和制作用于收集与分析用户属性信息和行为信息等的调查问卷，从而更准确地定位用户的内容需求。

【任务要求】

本次任务的具体要求如表2-7所示。

表2-7 任务要求

任务编号	任务名称	任务指导
（1）	设计问卷	分别设计问卷的标题、说明、问题和答案
（2）	制作问卷	选择问卷星制作问卷，进入问卷制作页面后，导入设计好的调查问卷，检查无误后发放问卷

【操作过程】

1. 设计问卷

首先，根据调查问卷的结构，分别设计问卷的标题、说明、问题和答案。

（1）设计问卷标题。调查问卷的标题用于概括说明调查主题，需要简明扼要，使人一目了然。由于调查问卷的发起人为野途，调查对象为野途的目标用户，调查目的是了解内容需求，结合三者，可以将问卷标题设计为"野途目标用户内容需求调查"。

（2）设计问卷说明。问卷说明一般用于说明调查的目的和意义。本次调查的意义是为用户提供更优质的内容，结合调查目的，可以将问卷说明设计为"亲爱的用户，本次调查旨在了解野途目标用户的内容需求，以便为您提供更加个性化的内容。期待您真诚的反馈以及宝贵的意见，再次谢谢您的支持与配合！"

（3）设计问卷问题。首先，该调查问卷主要是为了洞察目标用户的内容需求，问题的设计可以围绕用户的基本信息、内容偏好、内容反馈等方面展开。其次，为方便用户回答，问题可以封闭式问题为主。例如，针对用户的基本信息部分，设计关于性别、年龄、职业和收入水平等方面的问题；针对用户的内容偏好部分，设计关于内容渠道、内容形式和内容风格等方面的问题；针对内容反馈部分，设计关于内容改进建议的问题。

（4）设计问卷答案。根据问题设计答案，答案要注意结合品牌，同时还要符合用户的实际情况。图 2-11 所示为部分问卷效果。

野途目标用户内容需求调查

亲爱的用户，本次调查旨在了解野途目标用户的内容需求，以便为您提供更加个性化的内容。期待您真诚的反馈以及宝贵的意见，再次谢谢您的支持与配合！

1. 您的性别是？
A. 男　　B. 女
2. 您的年龄是？
A. 18~24 岁　B. 25~34 岁　C. 35~44 岁　D. 45 岁及以上
3. 您的职业是？
A. 学生　B. 上班族　C. 自由职业　D. 企业管理者　E. 其他，请说明：_____
4. 您的月收入水平为？
A. 3001 元以下　B. 3001~5000 元　C. 5001~7000 元　D. 7000 元以上
5. 您喜欢哪些户外运动？（可多选）
A. 徒步
B. 骑行
C. 攀岩
D. 露营
E. 越野跑
F. 其他，请说明：_____
6. 您主要通过哪些途径了解野途的内容？（可多选）
A. 社交媒体（如微博、微信）
B. 视频平台（如B站、抖音）
C. 专业论坛及网站
D. 朋友或家人推荐
E. 其他，请注明：_____

图 2-11　部分问卷效果

2. 制作问卷

设计好问卷后，选择合适的问卷工具制作问卷。由于问卷星快捷、易操作，因此这里使用问卷星制作调查问卷。

（1）制作调查问卷。注册并登录问卷星，在打开的页面单击 +创建问卷 按钮，如图 2-12 所示。保持"选择应用场景"的默认设置，在"从空白创建调查"栏下的文本框中输入问卷标题，单击"文本导入调查"模块，如图 2-13 所示。

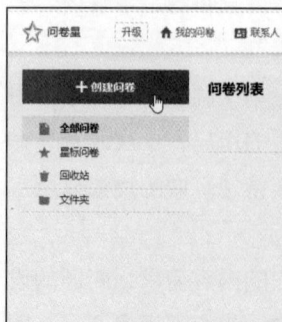

图 2-12　单击"创建问卷"按钮

图 2-13　单击"文本导入调查"模块

（2）导入问卷内容。在打开的页面中单击 清空文本 按钮，打开"提示"对话框，单击 确定 按钮，如图 2-14 所示。将设计好的调查问卷内容（配套资源:\素材\项目二\任务二\户外运动品牌调查问卷.docx）复制至页面左侧的空白区域，检查问卷无误后，单击 完成 按钮，如图 2-15 所示。

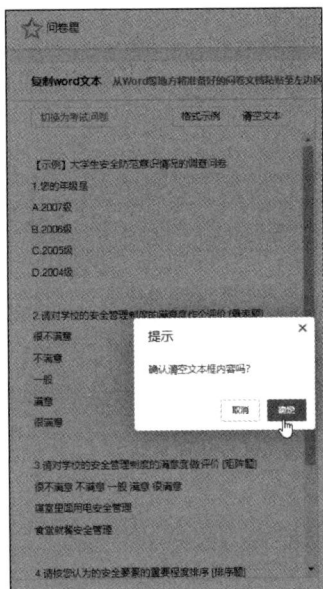

图 2-14 单击"确定"按钮

图 2-15 单击"完成"按钮

（3）输入问卷说明。选择"添加问卷说明"选项，在打开的文本框中输入问卷说明，如图 2-16 所示。编辑完成后，单击 完成编辑并运行 按钮，制作好的问卷（部分）如图 2-17 所示。

图 2-16 输入问卷说明

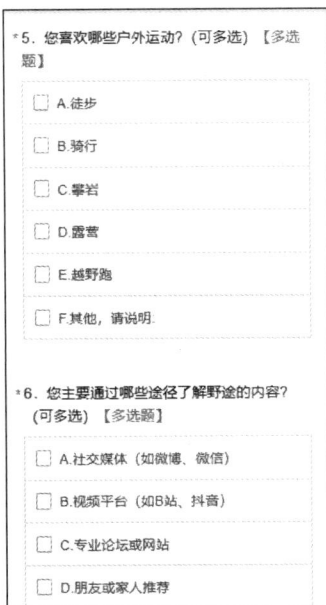

图 2-17 制作好的问卷（部分）

（4）发放问卷。在打开的"设计向导"页面单击 [发放问卷] 按钮，复制问卷链接或下载问卷二维码，将问卷发放至各个平台，号召用户填写问卷。

技能练习

为保持用户对品牌的持续关注，某服装品牌计划在其微信公众号上长期发布内容。为更好地了解用户的内容偏好和需求，现需使用问卷星制作一份调查问卷。

素养小课堂

需要注意的是，根据我国相关法规，问卷星不允许发布与政治、军事、信仰、民族、人权、民主、国家主权、国家统一、外交事件等敏感话题相关的调查问卷。同时，在设计调查问卷时，禁止使用歧视性、侮辱性的语言描述。

■ 任务演练2：为户外运动品牌构建用户画像

【任务目标】

回收调查问卷，登录问卷星查看问卷结果，并据此构建用户画像。

【任务要求】

本次任务的具体要求如表2-8所示。

表2-8　任务要求

任务编号	任务名称	任务指导
（1）	查看问卷结果	登录问卷星，在后台查看问卷的分析结果
（2）	提炼用户标签	从问卷分析结果中提炼用户选择数量最多的答案，将其作为标签
（3）	构建用户画像	根据提炼的标签构建用户画像

【操作过程】

（1）查看问卷结果。登录问卷星，在管理后台的问卷列表中查看调查问卷，单击已发布问卷对应的"分析&下载"超链接，在打开的下拉列表中选择"统计&分析"选项，查看问卷的分析结果。图2-18所示为各个问题的数据分析结果。

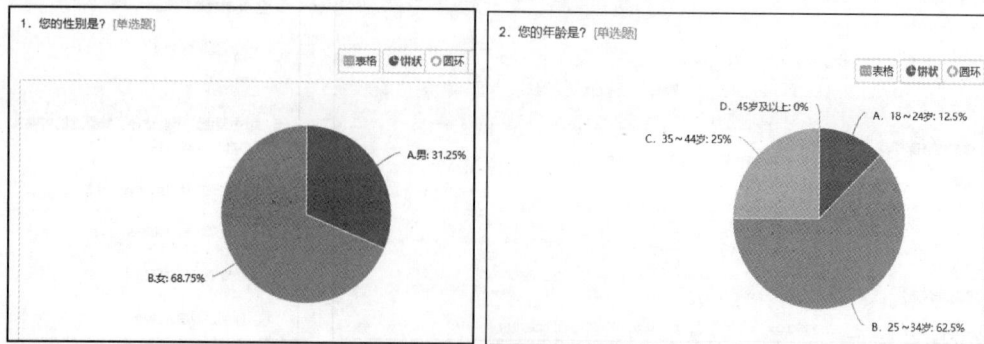

图2-18　数据分析结果

图 2-18　数据分析结果（续）

（2）提炼用户标签。根据各个问题的数据分析结果提炼用户标签，即从每个问题中提取用户选择数量最多的答案。从性别中提炼出"女"，从年龄中提炼出"25～34岁"，从职业中提炼出"上班族"，从月收入水平中提炼出"5001～7000 元"，从户外运动类型偏好中提炼出"徒步"，按照相同的方法提炼出其他标签："社交媒体（如微博、微信）""视频教程/Vlog""轻松幽默""经典/新颖路线推荐""娱乐放松""每周几次""无"。

（3）构建用户画像。根据提炼的标签构建用户画像，如表 2-9 所示。

表 2-9　用户画像

标签类别	用户标签
固定属性标签	以 25～34 岁的女性上班族为主，月收入在 5001～7000 元，偏好徒步，浏览频率高
路径标签	活跃于社交媒体，关注与"经典/新颖路线推荐"相关的内容，偏好视频教程/Vlog 形式，倾向于轻松幽默的风格
场景标签	关注品牌内容，希望获得娱乐放松

任务三　内容定位

任务描述

在明确了内容的目标用户后，接下来还需要深入了解他们的内容需求和期望，以便为他们提供更具吸引力的内容。为此，老李为小赵制定了任务单（见表 2-10）。

表 2-10　任务单

任务名称	内容定位	
任务背景	内容的选题、结构、类型和风格，以及是否有创意等影响着内容的吸引力，为确保目标用户对内容感兴趣，小赵需要进行内容定位	
任务阶段	■准备阶段　　□实施阶段　　□收尾阶段	
工作任务		
任务内容	任务说明	
任务演练：为户外运动品牌制定内容策略	按照"确定内容选题—规划内容结构—确定内容类型—确定内容风格—构思内容创意"的思路实施	
任务总结：		

知识准备

一、确定内容选题

内容选题决定内容的创作方向和吸引力，符合用户兴趣的选题更容易引起用户的关注。

（一）内容选题的要求

为确保内容选题的吸引力，内容选题需要满足以下基本要求。

（1）相关性。选题应与目标用户、行业或领域紧密相关。

（2）新颖性。要想在众多的内容中脱颖而出，选题需具有新颖性，可以尝试从不同的角度、用新颖的表现方式探讨内容，或者挖掘别人未曾关注过的细节。

（3）时效性。大多数内容选题具有一定的时效性，过时或即将过时的选题不利于吸引用户的关注。一般情况下，可以根据当前的热点事件或趋势确定选题，以吸引更多用户的关注。

（4）一致性。选题应该与品牌的价值观一致，同时传递积极、正面、有价值的信息，避免引起争议或负面反响。

（二）确定内容选题的流程

在确定内容选题时，可以按照以下流程展开。

（1）挖掘痛点。痛点是指用户迫切需要满足的需求。挖掘痛点一般需要收集并分析用户的信息和行为，再根据分析结果总结用户的需求，并以此为选题。

（2）选择选题。选题在契合用户痛点的基础上，还应该有趣、有益、有积极的价值观。

① 有趣。有趣的选题能够激发用户的兴趣，带给他们一定的愉悦感。

② 有益。选题应该能给用户带来益处，如知识、技巧和生活技能，甚至是直接的经济收益。

③ 有积极的价值观。选题能够反映和弘扬积极、正面的价值观，引导用户形成正确的价值判断和行为准则。

二、规划内容结构

结构清晰、逻辑连贯的内容更能吸引用户的注意。内容结构主要包括总分总结构、递进式结构和2W1H结构，内容编辑人员选择合适的内容结构可以有效地组织和传达信息。

（一）总分总结构

总分总结构是一种常见的内容结构，其开头部分总述主题或核心观点，中间部分详细阐述，结尾部分总结全文并升华主题。

（1）开头（总）。简明扼要地提出内容的主题或核心观点，引起用户的阅读兴趣。

（2）中间（分）。围绕主题或核心观点展开详细阐述，一般需要通过列举事实、数据、案例等支撑观点。

（3）结尾（总）。对全文进行总结，并升华主题或提出展望。

例如，开头提出内容的主题为"科学选购牛奶"，中间分别从看标识、看配料表首位和看保质期3个方面详细阐释，结尾总结科学选择牛奶的方法，并强调选择合适的牛奶的重要性，升华主题。

（二）递进式结构

递进式结构是一种按照逻辑顺序逐步深入、层层递进的内容结构，适用于复杂的主题或需要逐步引导用户理解的内容。

（1）引入话题。首先引入一个话题或现象，引起用户的兴趣和关注。

（2）逐步深入。然后逐步深入探讨问题的各个方面，可以按照时间顺序、空间顺序或逻辑顺序来展开。

（3）深化分析。接着直击问题核心，可以运用数据、案例、理论等支撑分析。

（4）得出结论。最后得出结论或提出观点。结论应该基于前面的分析和阐述，具有逻辑性和说服力。

例如，图 2-19 所示为一篇垃圾分类科普知识的微信公众号文案，该文案首先用垃圾分类的好处引出"垃圾分类"这一话题，吸引用户的关注，然后按照垃圾分类的 4 个步骤逐步说明，最后得出结论——垃圾分类关系广大人民群众的身心健康，需要每一个公民的参与和配合，升华文案的主题。

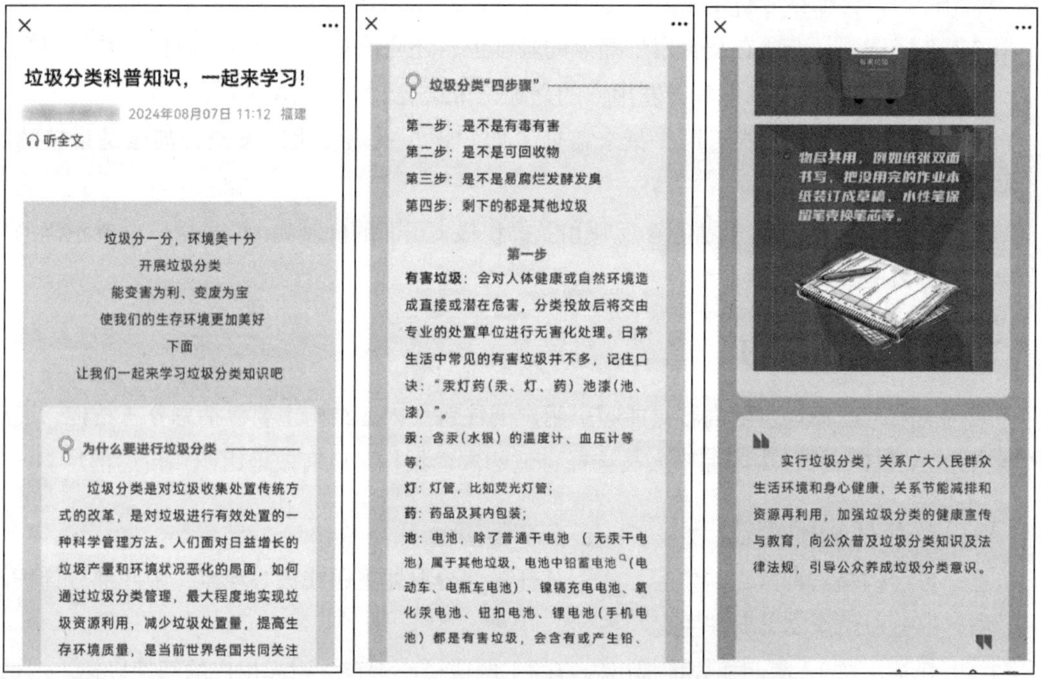

图 2-19　采用递进式结构的微信公众号文案

（三）2W1H 结构

2W1H 结构是一种以问题为中心的内容结构，它基于 3 个基本问题：是什么（What）、为什么（Why）、怎么办（How）。

（1）是什么（What）。用于发现问题、引出问题。在这一部分，需要明确描述主题或现象，为后续的分析和讨论奠定基础。

（2）为什么（Why）。用于分析问题，透过表象发现本质。在这一部分，需要深入剖析问题产生的原因、背景等，以便用户理解问题产生的根源。

（3）怎么办（How）。用于解决问题，提出具体的行动方案或建议，指导用户如何应对或解决提出的问题。

例如，内容主题为介绍某品牌新款手机，首先介绍这款手机的主要特点，如屏幕技术、处理器能力等，并说明它的独特卖点；接着解释用户为什么应该选择这款手机，介绍它的设计优势、使用体验、技术创新等；最后提供如何购买这款手机的信息，包括预售活动、价格套餐、购买渠道等。

三、确定内容类型

根据所传达的主要信息的不同，将内容分为干货、美食、情感、搞笑、科普、产品测评、时尚潮流、教育学习等类型，选择合适的内容类型能够有效吸引用户。

（1）干货。这类内容注重实用性和专业性，旨在为用户提供有价值的信息、技巧或知识，如图 2-20 所示。

（2）美食。聚焦美食的制作、品尝与分享，包括美食教程（见图 2-21）、美食探店、美食体验等，让用户感受美食的魅力。

（3）情感。着重于情感表达，目的在于引起用户的情感共鸣，包括爱情、友情、亲情，也可能涉及人生哲理、成长经历等。图 2-22 所示为有关人生哲理的内容。

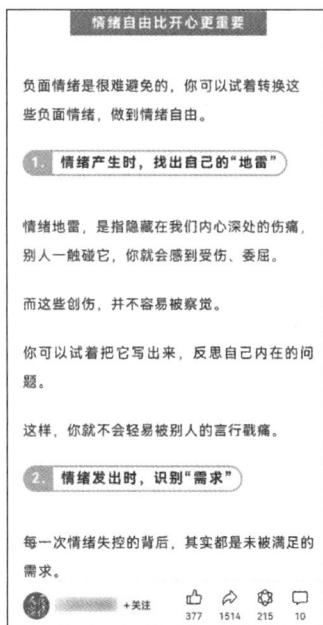

图 2-20　干货　　　　图 2-21　美食　　　　图 2-22　情感

（4）搞笑。以幽默、诙谐或有趣的方式呈现内容，具有较强的娱乐性，能带给用户愉悦感。

（5）科普。致力于普及复杂知识，旨在将复杂的科学知识以简单易懂的方式呈现给用户，激发他们的好奇心和探索欲。图 2-23 所示为科普生活冷知识的内容。

（6）产品测评。从客观、专业的角度测评和推荐各类产品，涵盖电子产品、美妆护肤、家居用品等多个领域。通过实际体验和使用，为用户提供详尽的产品使用反馈和购买建议，帮助用户做出购买决策。图 2-24 所示为产品测评的内容。

（7）时尚潮流。关注时尚趋势、穿搭技巧、美妆护肤等内容，为用户提供最新的时尚资讯和个性化的穿搭建议。

（8）教育学习。致力于为用户提供教育资源和学习方法，旨在帮助用户提升学习能力、拓宽视野。图 2-25 所示为提供商务英语的学习资源。

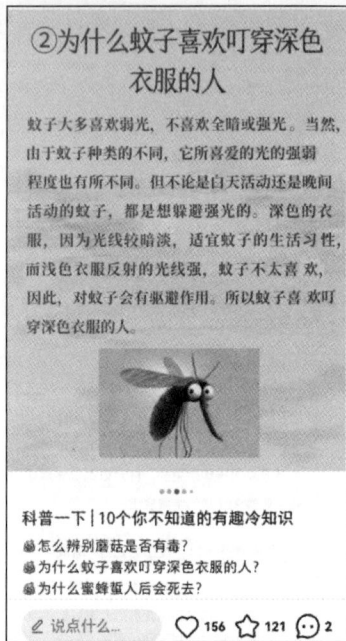

图 2-23 科普

图 2-24 产品测评

图 2-25 教育学习

知识拓展

在创作图片内容时，一般不需要特意规划内容框架，图片内容只需围绕内容主题，搭配对应的文字、图形即可。

四、选择内容风格

内容风格影响信息的传达效果和用户的感受，因此选择合适的内容风格尤为重要。一般来说，常见的内容风格主要有以下 6 种。

（1）严谨专业。注重语言的准确性和权威性。用词考究、结构严谨，目的在于向用户提供全面、深入的信息。

（2）轻松幽默。语言一般生动有趣，多运用幽默的表达吸引用户，能够营造轻松的阅读氛围，如图 2-26 所示。

（3）亲切友好。语言温暖、亲切，注重与用户的情感连接。通常使用第一人称和第二人称，让内容更加贴近人心。

（4）直接简洁。语言直接明了，没有多余的修饰，信息传达迅速准确。

（5）客观中立。强调事实和数据的呈现，避免主观偏见，提高内容的可信度。图 2-27 所示为利用麦可思研究院发布的《2024 年中国本科生就业报告》的数据阐述事实，增强了内容的说服力。

（6）文艺清新。通常使用优美、浪漫、富有情感的语言进行描述，情感性和感染力强，如图 2-28 所示。

图 2-26　轻松幽默　　　　　图 2-27　客观中立　　　　　图 2-28　文艺清新

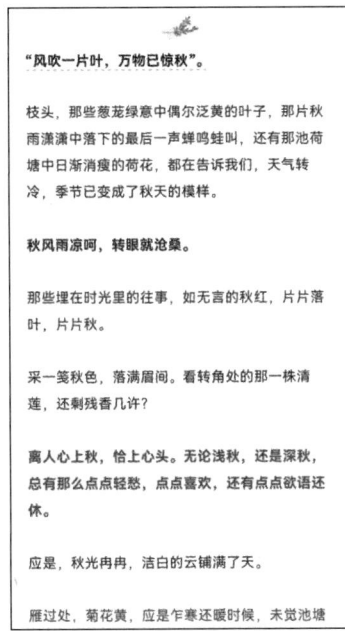

五、构思内容创意

若要使内容有价值又引人入胜，还需要精心构思内容创意。在构思内容创意时，可以采用以下两种方法。

（一）逆向思维

逆向思维也叫求异思维，是反向思考人们已有定论的或已有某种思考习惯的事物或观点的思维方式。逆向思维敢于"反其道而思之"，让思维向对立的方向发展，从问题的相反面进行探索，从而找出新创意与新想法。

例如，在如期而至的六月毕业季，当众多品牌聚焦毕业生求职与工作的传统主题时，小红书另辟蹊径，推出了一部短片《生活大学开学典礼》。该短片巧妙地将毕业视为新生活的开始，淡化了传统毕业季中的离别情绪与就业压力，鼓励毕业生以更加开放的心态看待毕业，将毕业带来的挑战视为成长的契机，勇敢地踏上新的人生旅程。

（二）奔驰法

奔驰法（SCAMPER）是一种常用的创意思维方法，包含 7 种改进方向，可以帮助内容编辑人员在内容创作中找到新的灵感和改进方向。

（1）Substitute（替代）。用其他元素替换现有元素。例如，在以文字描述为主的传统新闻报道中，使用动画或漫画替代部分文字描述。

（2）Combine（结合）。将两个或多个内容合并为一个新的创意。例如，将教育内容与娱乐元素结合，制作教育性的游戏或视频。

（3）Adapt（调整）。修改现有内容以适应新情境。例如，在创作针对儿童的科普读物时，使用生动的插图和通俗易懂的表述方式解释内容。

（4）Modify（修改）。微调或大改原有内容。例如，改变内容的表达方式，将一篇科普文章改编为故事，让内容更加生动有趣。

（5）Put to other uses（另作他用）。探索内容的新用途。例如，将产品宣传文案转化为社交媒体上的讨论话题、互动问答或挑战赛。

（6）Eliminate（消除）。去除不必要的元素，简化内容。例如，在编写新闻报道时，删除冗长的背景介绍，直接聚焦事件的核心要点和关键数据，使用户快速获取关键信息。

（7）Reverse/Rearrange（颠倒或重组）。颠倒内容的某些部分或重新排列其结构。例如，将传统的按时间线叙述改为倒叙或插叙，增强内容的吸引力。

任务实施

任务演练：为户外运动品牌制定内容策略

【任务目标】
根据用户画像，确定内容的选题、结构、类型和风格等，制定可行性强的内容策略。

【任务要求】
本次任务的具体要求如表 2-11 所示。

表 2-11　任务要求

任务编号	任务名称	任务指导
（1）	确定内容选题	首先根据用户画像明确用户的内容偏好，然后提出几个备选选题，最后确定最终选题
（2）	规划内容结构	根据内容选题确定合适的内容框架
（3）	确定内容的类型和风格	根据用户画像确定内容的类型和风格
（4）	构思内容创意	采用合适的创意方法构思内容创意

【操作过程】
（1）确定内容选题。根据用户画像可知，用户偏好与"经典/新颖路线推荐"相关的内容，且喜欢轻松幽默的视频教程或 Vlog，据此提出几个内容选题，如探险路线新玩法、探险路线实测 Vlog 和探险路线分享。由于用户喜欢 Vlog 形式的内容，且 Vlog 的风格比较亲切自然，可以自然地宣传品牌，因此这里选择探险路线实测 Vlog 这一内容选题。

（2）规划内容结构。由于递进式结构可以逐步引导用户的视线，带给用户沉浸式体验，因此这里选择递进式的内容结构。在开头通过近期备受关注的探险路线这一话题引出探险路线实测；然后按照探险的路线顺序，依次介绍沿途的自然景观、遇到的困难和挑战以及应对策略；接着结合具体案例，探讨探险路线的难度、安全性、环保意义等，揭示其背后的价值和意义；结尾得出结论，总结探险路线的优缺点，提出个人的探险建议。

（3）确定内容类型。根据用户画像可知，用户偏好有趣味性的内容，因此确定内容类型为搞笑。

（4）确定内容风格。根据用户画像确定内容风格为轻松幽默，在整个 Vlog 中贯穿幽默风趣的解说，用生动的语言和夸张的表情增强内容的趣味性。

（5）构思内容创意。采用合适的创意方法增添内容的创意，如采用逆向思维，先展示探险路线的终点或关键发现，然后讲述整个探险过程。

综合实训

实训一　为家居品牌构建用户画像

实训目的：通过练习构建用户画像的方法，加深对用户的了解。

实训要求：为了给用户推荐更加个性化的内容，某家居品牌计划根据收集到的用户信息（配套资源\素材\项目二\综合实训\实训一\家居品牌用户信息.xlsx）构建用户画像，以了解用户的内容需求。使用 COUNTIF 函数计算指定区域中符合指定条件的单元格数量，使用 SUM 函数计算各单元格数值的总和，然后计算占比情况。

实训思路：本次实训将按照构建用户画像的流程进行，具体操作思路可参考图 2-29。

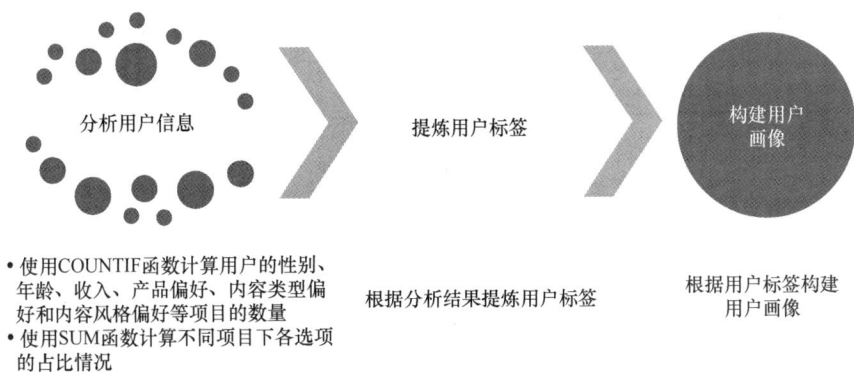

分析用户信息　　提炼用户标签　　构建用户画像

- 使用COUNTIF函数计算用户的性别、年龄、收入、产品偏好、内容类型偏好和内容风格偏好等项目的数量
- 使用SUM函数计算不同项目下各选项的占比情况

根据分析结果提炼用户标签

根据用户标签构建用户画像

图 2-29　构建用户画像的思路

实训结果：本次实训完成后，可得到该家居品牌的用户画像——以 30 岁以上的女性用户为主，收入水平主要集中在 6501～7500 元，用户偏好实用型产品，并且对搭配建议与选购技巧等内容感兴趣，同时倾向于轻松幽默的内容风格（配套资源\效果\项目二\综合实训\实训一\家居品牌用户画像.xlsx）。部分参考效果如图 2-30 所示。

图 2-30　用户画像的部分参考效果

▊实训二　为家居品牌制定内容策划方案

实训目的：通过体验内容策划的流程，提升内容策划能力。

实训要求：该家居品牌近期打算开展年中促销，为促进产品销售，计划开展一场以"焕新家·悦生活"为主题的内容营销活动。首先根据构建的用户画像为家居品牌确定合适的内容选题，然后围绕内容选题规划内容结构、确定内容类型，并确定合适的内容风格，最后构思内容创意。

实训思路：本次实训将按照内容策划的流程进行，具体操作思路可参考图 2-31。

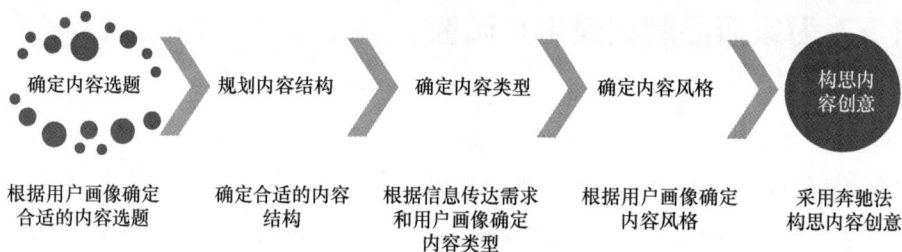

图 2-31　内容策划方案的制定思路

实训结果：本次实训完成后的参考效果如图 2-32 所示（配套资源:\效果\项目二\综合实训\实训二\家居品牌内容策划方案.docx）。

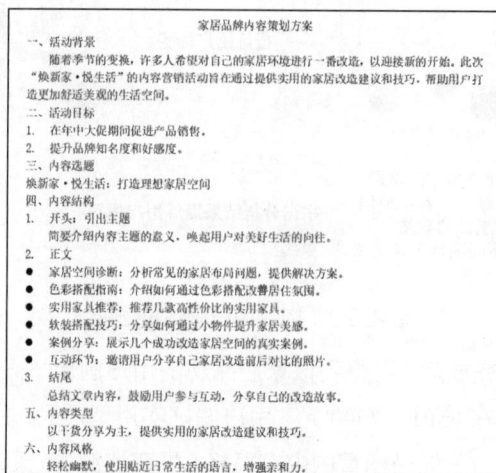

图 2-32　内容策划方案参考效果

巩固提高

1. 内容策划的要素有哪些？

2. 内容策划的流程是怎样的？

3. 用户的属性信息有哪些？

4. 用户的行为信息有哪些？

5. 构建用户画像的原则是什么？

6. 构建用户画像的流程是怎样的？

7. 内容结构的类型有哪些？

8. 内容类型有哪些？

9. 内容风格有哪些？

10. 薯都是业界知名的酸辣粉品牌，其独特的口感与深厚的文化底蕴一直深受用户喜爱。近期，薯都打算拓展线上市场，为了实现这一目标，便计划精心策划营销内容，以塑造鲜明的品牌形象，并促进线上销售的增长。

（1）为薯都设计调查问卷，了解用户的属性信息和内容偏好。

（2）根据调查问卷结果构建用户画像。

（3）根据用户画像进行内容定位。

文案写作

【知识目标】

1. 知晓文案的常见类型。
2. 掌握文案的创意方法。
3. 掌握不同类型文案的写作方法。
4. 掌握使用 AIGC 工具生成文案的方法。

【技能目标】

1. 具备较强的写作能力，能够写作各种类型的产品文案。
2. 具备创新能力，能够写作新颖、有创意的品牌文案。
3. 具备跨平台内容创作能力，能够针对不同新媒体平台创作合适的文案。

【素养目标】

1. 培养创新意识，提升创新能力。
2. 树立责任意识，写作真实可信、合法合规的文案。

项目导读

　　内容具有多种形式，文案是其中一种重要的形式，它能够巧妙地将产品和品牌信息以文字的形式传达给用户，达到促进产品销售、提升品牌形象等目的。近期，野途即将推出一系列新的户外运动产品，包括徒步鞋、登山包和冲锋衣，其中冲锋衣为 2024 年秋季的主推产品。老李在文案策划领域有着丰富的经验，他深知如何用文案的力量打动人心，激发用户的购买欲望。于是，老李带着小赵针对这一系列户外运动产品写作相关的宣传文案，并根据品牌需要，写作与品牌相关的文案。

任务一 文案写作准备

任务描述

在写作文案前，老李带着小赵查看品牌的相关资料，发现品牌现有的文案都非常简单，不仅没有直观地体现产品的卖点，也不利于塑造品牌形象，而且对用户没有吸引力。老李认为有必要提升文案的创意，确保文案有亮点。于是，小赵在老李的指导下填写了任务单（见表3-1），并着手进行创作。

表 3-1 任务单

任务名称	文案写作准备	
任务背景	冲锋衣是野途2024年秋季主推产品，需要重点打造该产品的文案，通过创意文案体现产品的亮点，吸引用户的关注。另外，由于用户对品牌的认知不够，还需要增加品牌文案的创意，塑造良好的品牌形象，提高品牌识别度	
任务阶段	■准备阶段　　□实施阶段　　□收尾阶段	
工作任务		
任务内容	任务说明	
任务演练1：使用九宫格思考法生成冲锋衣的产品文案创意	根据冲锋衣的基本信息展开联想获得创意	
任务演练2：使用头脑风暴法生成户外运动品牌的品牌故事文案创意	通过团队讨论展开创意联想	
任务总结：		

知识准备

一、文案的常见类型

按照不同的分类标准，将文案分成多种类型，常见的有按照文案表现形式、文案长短和文案写作主体分类。

（一）按照文案表现形式分类

文案按照表现形式可以分为文字式文案、图片式文案和视频式文案。

（1）文字式文案。文字式文案以输出大段文字为主，文字内容占比大，有时会穿插图片、小程序、链接等，是当前主流的文案表现形式之一。常见的有微信公众号文案、今日头条文章等。

（2）图片式文案。图片式文案以图片为载体，对图片创意与信息选择要求较高，一般要求内容编辑人员利用有限的文字传达主题思想和重要信息。常见的图片式文案包括海报文案、H5文案和条漫类文案等。

① 海报文案。海报文案是在海报上宣传或推广产品、品牌或活动的文案。海报文案一般简洁有力、直击主题，旨在迅速吸引用户的注意并传达核心信息，如图3-1所示。

② H5文案。H5文案指用于H5页面的文案，一般简洁有力，与图片、动画、视频等视觉元素结合，交互性强，用户可以通过点击、滑动等操作与文案内容互动，如图3-2所示。

③ 条漫类文案。条漫是一种以连续的画面形式讲述故事的漫画类型。条漫类文案简洁明了、故事性强，画面和文案相互补充，共同传达信息，如图3-3所示。

图3-1　海报文案

图3-2　H5文案

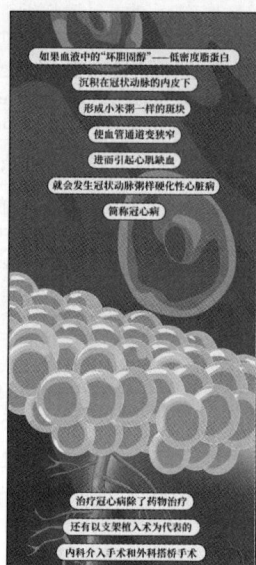

图3-3　条漫类文案

（3）视频式文案。视频式文案以视频为载体，旨在增强用户对视频内容的理解，引导用户做出特定行为，并传递特定的信息或情感。例如，抖音、快手、小红书、哔哩哔哩等平台中的短视频文案。图3-4所示为抖音的视频式文案。

（二）按照文案长短分类

文案按照长短可以分为1000字以上的长文案和1000字以内的短文案。

（1）长文案。长文案的结构比较完整，可以详细、全面地展示信息，还可以铺垫故事情节，详细地描写场景，如微信公众号文案，微博头条文章（见图3-5），今日头条、知乎中的长文等。

（2）短文案。短文案侧重快速触动用户，重点在于表现核心信息，如朋友圈文案、海报文案，以及短微博文案（见图3-6）等。

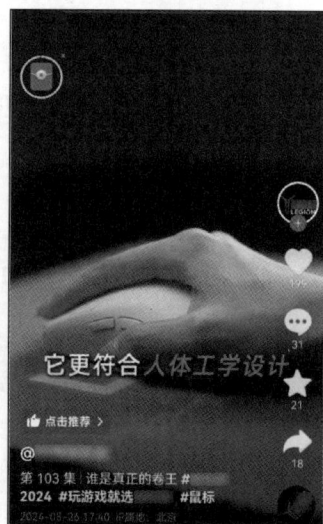

图3-4　视频式文案

图 3-5　微博头条文章

图 3-6　短微博文案

（三）按照文案写作主体分类

文案按照写作主体可以分为产品文案和品牌文案。

（1）产品文案。产品文案主要是为了宣传和推广产品，强调产品的特点、优势和差异，以吸引用户关注和购买。常见的产品文案包括电商平台中的产品详情页文案（见图 3-7）、产品主图文案等。

（2）品牌文案。品牌文案主要是为了塑造品牌形象，提高品牌知名度和美誉度，提高用户对品牌的信任度和忠诚度。品牌文案通常包含品牌定位、品牌形象、品牌价值观等内容，促使用户对品牌产生情感认同，从而提高用户对品牌的忠诚度。常见的品牌文案包括品牌故事文案、品牌公关文案（见图 3-8）等。

图 3-7　产品详情页文案

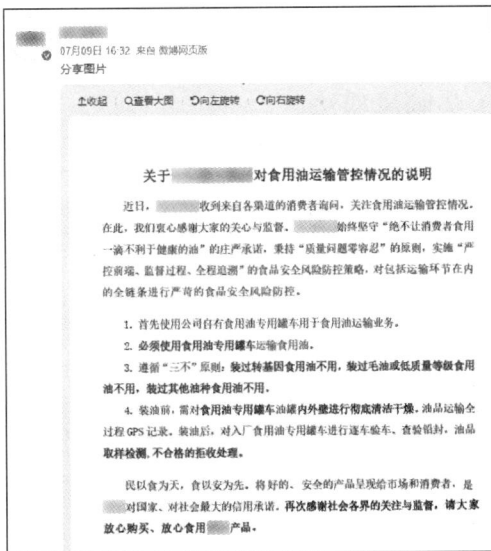

图 3-8　品牌公关文案

二、文案的创意方法

要在文案创作中实现创新，需要掌握一系列的创意方法。下面介绍一些创意方法，能够帮助内容编辑人员激发创意灵感并打开创作思路，使其创作出能引起用户注意、激发用户共鸣的文案。

（一）九宫格思考法

九宫格思考法，又称曼陀罗思考法，将一个主题置于九宫格的中心，围绕它从8个方向展开关联思考，帮助内容编辑人员系统地发散思维。九宫格思考法的操作步骤如下。

（1）第一步。拿一张白纸，先画一个正方形，然后用笔将其分割成九宫格样式，再将主题写在正中的格子内。

（2）第二步。将与主题相关的联想写在旁边的8个格子内，尽量用直觉思考。

（3）第三步。反复思考、自我辩证，查看这些联想是否必要、明确，内容是否有重合，据此进行修改，一直修改到满意为止。若是想法很多或是某个点还可以延伸，一张纸不够用，可多填两张纸，再去粗取精。

例如，某茶叶品牌的内容编辑人员打算以茶为主题写作文案，使用九宫格思考法生成图3-9所示的创意。

智能茶艺机器人	茶主题文创产品	茶与健康
茶文化体验馆	茶	茶与环保
跨界茶产品	茶艺表演	茶与诗词

图3-9 使用九宫格思考法生成的创意

（二）头脑风暴法

头脑风暴法是一种创造能力的集体训练法，是一群人围绕一个特定的领域，无限制地自由联想和讨论，进而产生新观念或激发创新设想的创意方法。头脑风暴法鼓励打破常规思维，无拘束地思考问题，从而在短时间内产生大量的灵感，甚至获得意想不到的收获。

头脑风暴法的实施要按一定的程序和步骤推进。一般来说，头脑风暴法的实施流程可分为准备阶段、畅谈阶段和评价选择阶段。

（1）准备阶段。在准备阶段，主要有以下3项工作内容。

① 明确会议需要解决的问题和与会人员的数量，提前向与会人员通报会议议题。

② 确定会议的主持人和记录者。主持人要彻底掌握头脑风暴法的使用原则和操作要点，并能够营造融洽的、无拘无束的会议氛围；记录者要认真记录，便于会后总结。

③ 与会人员要提前获取会议议题的相关基础知识。

（2）畅谈阶段。畅谈阶段是头脑风暴会议的关键阶段。主持人引导与会人员围绕会议议题自由发言，提出各种设想，并相互启发、相互补充，尽可能做到知无不言、言无不尽；记录者需将所有设想都记录下来。直到与会人员无法再提出构想时，该阶段结束。

（3）评价选择阶段。讨论结束后，对提出的所有构想进行分类和组合，形成不同的方案，这一阶段需对每一个构想进行全面评价。评价的重点是设想实现的限制性因素以及突破限制性因素的方法。在质疑过程中，可能产生一些可行的新设想。按照此方法不断优化方案，选择出大家都认可的方案，如果没能形成令人满意的方案，可再畅谈。

（三）元素组合法

元素组合法是通过将看似不相关的元素或概念巧妙结合，创造出新颖、独特且吸引人的文案的创意方法。这种方法鼓励内容编辑人员跳出传统思维框架，利用创意联想，将产品的特性、卖点与情感、场景、文化符号或其他元素融合，从而提升文案的趣味性和增加记忆点。

在使用元素组合法时，可以探索产品特性与元素之间的共通点，即使是表面上看起来不相关的两个事物，也可以找到内在的联系。例如，将"茶"与"宇宙"两个元素结合，宇宙的寂静与喝茶时的宁静心境相呼应，两者都能让人感受到一种平静。

（四）金字塔结构法

金字塔结构法指对思维进行梳理，将想法按从上至下或从下至上的顺序排列出来，形成由同一思想统领的递进式结构的创意方法。金字塔结构法的原理是对写作思想的逻辑阐述。金字塔结构法通常表现为论点与论据之间的关系，一个论点通常由多个论据支撑，论据下还有多个子论据，由此形成金字塔结构（见图3-10），这样的结构有利于快速找准文案的主题和中心论点。

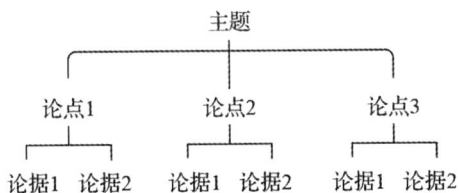

图3-10 金字塔结构

以一款智能手表为例，按金字塔结构法梳理创意。若其内容主题为"实用又时尚"，论点1为"功能"，论点2为"设计"，论点3为"材质"，再分别针对各论点列出论据。以论点2"设计"为例，论据可以是"超薄表身""个性化表盘""时尚表带"等。在这样的结构中，论点之间的内容不能重复，论据之间的关系为各自独立。

素养小课堂

内容编辑人员作为内容的生产者，应自觉树立创新意识，积极提升自身的创新能力，以增强自身在工作中的竞争力。

任务实施

任务演练 1：使用九宫格思考法生成冲锋衣的产品文案创意

【任务目标】

使用九宫格思考法展开创意联想，得到与冲锋衣相关的创意点。

【任务要求】

本次任务的具体要求如表 3-2 所示。

表 3-2　任务要求

任务编号	任务名称	任务指导
（1）	查看产品信息，运用九宫格思考法生成创意	将"冲锋衣"填写在九宫格的中心位置，再立足冲锋衣的基本信息展开联想，并填写在旁边的 8 个格子内
（2）	优化并选择合适的创意点	从填写完成的九宫格内选择一个或多个合适的创意点

【操作过程】

（1）查看产品信息。该款冲锋衣为男女同款，春秋季可单穿冲锋衣外壳，初冬可单穿抓绒内胆，严冬则将两者组合穿着；采用科技防水面料，具有防水、防油、防污的功能，还具有较强的透气性；采用无痕生粘工艺，防风挺括；撞色设计，多种颜色可选；YKK 压胶防水拉链；可调节帽檐；品牌刺绣 Logo。另外，该款冲锋衣还是艺人同款。

（2）运用九宫格思考法生成创意。在一张白纸上画一个正方形，并将其分成 9 个大小相等的格子，再将"冲锋衣"写在正中的格子内。根据冲锋衣的基本信息展开联想，在其他 8 个空白的格子中填写创意点，每个格子代表一个创意方向。图 3-11 所示为创意示例。

彰显个性	潮流风尚	一衣多穿
艺人同款	冲锋衣	互动体验
情感引导	个性化定制	运动精神

图 3-11　使用九宫格思考法生成的创意示例

（3）优化创意点。查看生成的创意点，"互动体验"这一创意点对冲锋衣而言不太贴合，且未体现冲锋衣的核心卖点，因此将"互动体验"替换为"全能防护"。

（4）选择并确定创意点。查看生成的创意点，"一衣多穿"这一创意点能体现冲锋衣的实用性，可将其作为备选创意点。同时，"全能防护"这一创意点能充分体现冲锋衣良好的防护性，也可将其作为备选创意点。

任务演练 2：使用头脑风暴法生成户外运动品牌的品牌故事文案创意

【任务目标】

使用头脑风暴法联想和讨论品牌故事文案的写作方法、写作切入点、实现方式上的创意。

【任务要求】

本次任务的具体要求如表 3-3 所示。

表 3-3　任务要求

任务编号	任务名称	任务指导
（1）	使用头脑风暴法生成创意	按照头脑风暴法的实施流程做好准备工作，并在联想和讨论中促进创意产生
（2）	评价并选择创意	评价提出的各种创意设想，确定最终的创意点

【操作过程】

（1）做好准备工作。为了更充分地激发创意，除了老李和小赵两人，内容编辑团队的其他成员也会参与讨论，最终确定参会人员为内容编辑团队全员。同时，告知参会人员会议议题为"户外运动品牌的品牌故事文案创意"。

（2）确定会议的主持人和记录者。小赵对头脑风暴法的操作要点较为熟悉，并且具有较强的控场能力，由小赵担任会议主持人。并且，小赵同时担任会议记录者，以便深入地感受创意的生成过程。

（3）展开创意联想和讨论。小赵引导参会人员围绕会议议题自由发言，并记录讨论过程中的各种设想。最后，小赵整理好设想，如表 3-4 所示。

表 3-4　整理好的设想

创意方向	创新点	描述
写作方法	叙事视角变换	采用不同人称，如使用第一人称、第三人称等讲述故事
	采用修辞手法	运用拟人、隐喻、对比等修辞手法，增强故事的艺术性
	多角度叙述	从不同人物（如创始人、忠实用户、行业专家等）的角度出发讲述故事
写作切入点	揭秘幕后故事	分享品牌创始人的创业历程、品牌来源和品牌历史等
	关联社会议题	将品牌故事与社会热点、文化现象或环保议题相结合
	聚焦用户	从用户视角讲述品牌对他们生活的影响
实现方式	虚拟现实体验	利用 VR 沉浸式体验品牌发展过程
	打造系列故事	将故事分解为多个章节，吸引持续关注

（4）评价并选择创意。参会人员针对小赵整理的各种设想进行评价，了解设想实现的限制性因素以及突破限制性因素的方法。例如，针对虚拟现实体验这一创新实现方式，由于其限制性因素是成本较高，因此直接放弃这一创意点，选择其他合适的创意点。

> 👥 **技能练习**
>
> 选择合适的创意点，为野途即将上市的徒步鞋和登山包生成创意。徒步鞋和登山包的信息如下。

徒步鞋：采用轻量化高弹性材料，搭载专业防滑耐磨大底，拥有卓越的抓地力与支撑性，适合多种地形；鞋面采用透气网眼设计，结合防水科技，确保长时间徒步也能保持双脚干爽舒适；精选品质脚垫，有效减震，快速回弹；鞋头微翘，既能防踢，又能保护脚趾。

登山包：采用高强度尼龙面料，耐磨防撕裂、防雨水渗透；大容量多隔层设计，合理收纳徒步装备与个人物品；背部配备拱桥式空浮背负系统，有效分散重量，减轻背负压力；随包附赠专用防雨罩；包身多处配备高强度挂扣和织带环。

任务二　产品文案写作

任务描述

临近冲锋衣上市的时间，老李首先带领小赵写作冲锋衣的产品文案，以便相关人员上架冲锋衣，接着安排小赵填写了本次的任务单（见表3-5）。

表3-5　任务单

任务名称	产品文案写作	
任务背景	冲锋衣即将在各大电商平台上架，上架前必须写作产品标题文案、产品主图文案和产品详情页文案，让用户直观地看到产品信息，对产品有基本的了解，并通过有吸引力的文案激发用户的购物欲望	
任务阶段	□准备阶段　■实施阶段　□收尾阶段	
工作任务		
任务内容	任务说明	
任务演练1：提炼冲锋衣的卖点	使用FAB法则提炼卖点	
任务演练2：为冲锋衣写作产品标题文案	根据冲锋衣的卖点并结合创意点写作产品标题文案	
任务演练3：为冲锋衣写作产品主图文案	根据冲锋衣的卖点，使用合适的写作技巧写作产品主图文案	
任务演练4：为冲锋衣写作产品详情页文案	确定详情页文案的结构，针对文案各部分需呈现的信息写作产品详情页文案	
任务总结：		

知识准备

一、提炼产品卖点

卖点是指产品具备的"人无我有，人有我优，人优我特"的特点。这些特点一方面是产品本身固有的，另一方面是由内容编辑人员发挥想象力、创造力而赋予产品的。提炼产品卖点，可以充分展示产品的优势，促进产品销售。一般而言，可以使用FAB法则提炼产品卖点。

FAB法则，即属性（Feature，F）、作用（Advantage，A）和益处（Benefit，B）法则，是一种说服性销售技巧，在产品卖点提炼中较为常用。在FAB法则中，F、A、B所代表的含义如下。

（1）F 代表产品的特征、特点，是产品基本的功能，主要从产品的属性、功能等角度挖掘潜力，如超薄、体积小、防水等。

（2）A 代表产品的优点及作用，需要从用户的角度进行考虑，思考用户关心什么、用产品解决什么问题；然后针对问题从产品特色和优点的角度提炼卖点，如方便携带、电池耐用等。

（3）B 代表产品的优点、特性带给用户的好处。以用户利益为中心，强调用户能够得到的利益，以激发用户的购物欲望，如视听享受等。

每个产品都有 F，每一个 F 对应一个 A 和一个 B。需要注意的是，用户最关注的是产品的作用和直接的利益。使用 FAB 法则提炼某品牌纸巾的卖点如表 3-6 所示。

表 3-6　使用 FAB 法则提炼纸巾卖点

序号	F	A	B
1	纯棉材质	更柔软、更吸水	温柔呵护肌肤
2	加厚三层设计	有韧性、不易破裂	使用感更好
3	无荧光剂添加	安全无刺激	不伤皮肤

二、产品标题文案的写作

产品标题文案主要用于描述和推广产品，能够快速传达产品的核心卖点、特色或优势。产品标题文案一般出现在用户搜索结果页面的产品主图下方（见图 3-12），用户点击产品链接可查看完整的标题文案。

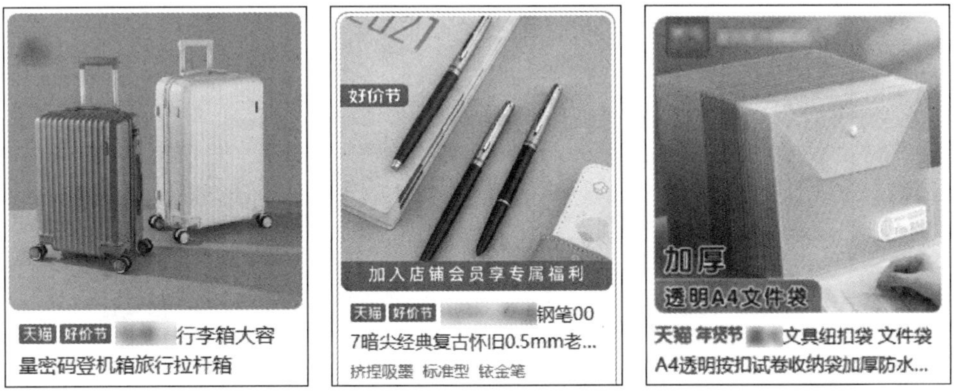

图 3-12　产品标题文案

产品标题文案一般由多个关键词组成，字数在 30 个字以内，通常包含品牌名或店铺名、产品名、属性词、推销词等，如"得力 48 色重彩油画棒专业美术油性色粉棒绘画油彩棒""大卫高品质加厚拖地免手洗平板拖把包邮"。根据不同的需要，可灵活调整关键词的位置，如品牌知名度较高，可将品牌名放在前面；若优惠力度较大，可将优惠性质的推销词放在前面。

（1）品牌名或店铺名。可以是品牌名，也可以是店铺名（这里特指店铺名不是品牌名的情况）。若品牌有较高知名度，或想推广品牌，可以在标题中加入品牌名。

（2）产品名。产品名是产品的具体名称，是标题的基本要素，如风扇、蜂蜜等，必须包含在标题中，以便用户通过关键词搜索产品。产品名还包括产品的别名，如"马铃薯"的别名为"土豆""洋芋"，添加别名可以增加产品被搜索到的概率。

（3）属性词。产品的属性词也是用户常用的搜索词。产品的规格、材质、类别、重量和颜色等均属于产品属性。例如，就某款连衣裙而言，"白色""纯棉"等均属于其属性词。

（4）推销词。推销词即具有推销性质的词语，如"特价""折扣""包邮""艺人同款"等。

三、产品主图文案的写作

产品主图文案是针对产品主图做出的描述。产品主图也被称为产品推广图，是在搜索结果页面中随搜索结果出现的图片。

（一）产品主图文案的写作要求

产品主图文案是展示产品卖点、吸引用户点击、促进转化的关键。在写作产品主图文案时，需要遵循一些基本要求，以达到吸引、传达、促进点击与记忆的目的。

（1）简洁明了。文案应当简洁明了，让用户可以在短时间内了解产品的核心优势，如图 3-13 所示。

（2）突出卖点。文案必须明确突出产品的核心卖点，以吸引用户点击，如图 3-14 所示。

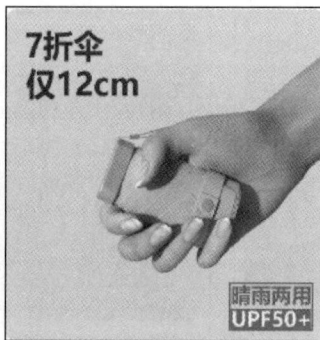

图 3-13　简洁明了的主图文案　　　图 3-14　突出卖点的主图文案

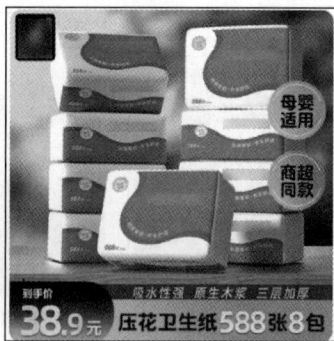

（3）准确无误。产品的功能、规格、价格等信息，必须准确无误，不能使用模棱两可或含糊不清的词语误导用户。

（4）真实可信。文案内容应基于产品的实际情况写作，避免夸大其词或虚假宣传。

（二）产品主图文案的写作技巧

灵活运用产品主图文案的写作技巧，可以进一步提升产品主图文案的质量和吸引力，更好地吸引用户眼球。

（1）利用数字。数字具有直观性和说服力，价格、折扣、性能指标、销量等可以使用数字直观展示，如"提高 3 倍效率""到手价 9.9 元"等。图 3-15 所示的主图文案利用"180 包"的数字突显产品分量大的特点。

（2）利益诱导。利益诱导即突出购买产品或服务的好处，如享受折扣、获得抽奖资格/赠品、享受特殊服务等，引导用户采取行动，如"下单即送价值 88 元礼包"。图 3-16 所示为利用赠品吸引用户做出购买决策。

（3）营造情感共鸣。通过文案触动用户，让他们感受到使用产品时的美好体验或解决痛点后的轻松愉悦，如"家的温馨，从这一抹灯光开始"。

图 3-15　利用数字

图 3-16　利益诱导

▌四、产品详情页文案的写作

产品详情页是详细展示和描述产品的页面，其文案写作的好坏直接关系到产品的购买转化率。

（一）产品详情页文案的构成

产品详情页文案要详细、准确、有吸引力，以促使用户做出购买决策。一般来说，产品详情页文案包含以下方面的内容。

（1）产品基本信息。其包括产品的名称、编号、重量、产地、容量、尺寸、货号、材质、上市时间等，能让用户了解产品。

（2）产品价格和促销信息。其包括产品的原始价格，以及促销价格或折扣信息。若产品有不同版本或配置，文案中还可以列出不同版本的价格，如图 3-17 所示。

（3）产品卖点。产品卖点是产品详情页文案的重要组成部分，用于强调产品的独特之处和亮点，包括产品的性能、材料、制造工艺、服务等方面。图 3-18 所示为某品牌扫地机器人的卖点"AI 双视结构光""3D 避障"。

（4）产品细节。产品细节主要包括材质、款式、做工、包装等细节，可以帮助用户全面了解产品，增强购买信心。例如，图 3-19 所示为某品牌破壁机关于产品开盖保护、投料盖设计细节的文案。

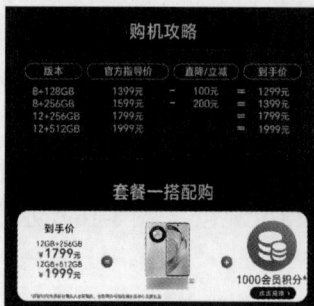

图 3-17　产品价格和促销信息　　　图 3-18　产品卖点　　　图 3-19　产品细节

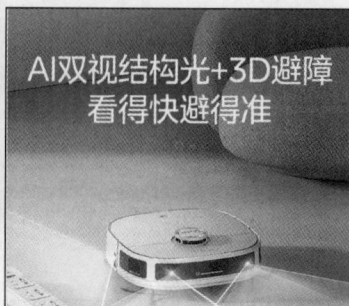

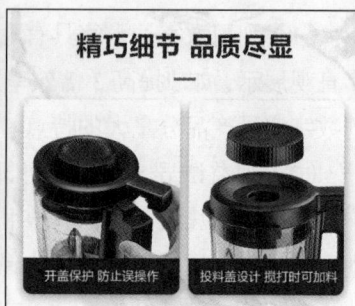

（5）产品或品牌实力。其包括企业规模/排名、产品销量、实体店情况、生产能力、用户评价、品牌历史或内涵、权威机构认证（见图 3-20）等，可以体现产品或品牌的实力，打消用户的购买顾虑。

（6）售后服务。详细介绍产品的售后服务政策，包括退换货政策、保修政策、客服联系方式等，以及维修服务、安装服务等附加的售后支持，如图 3-21 所示。

图 3-20　产品或品牌实力　　　　　　　图 3-21　售后服务

（二）产品详情页文案的写作技巧

产品详情页文案包含多方面的内容，内容编辑人员要想全面地介绍产品，并且引发用户的购买兴趣，需要灵活运用一些写作技巧。

（1）体现购买价值。体现购买价值即体现购买该产品能够带来的直接好处，如节省时间、提高效率、提高生活质量等，如图 3-22 所示。此外，还可以强调产品的长期价值，包括产品的耐用性、成本效益等，体现购买产品的必要性。

（2）场景化描述。通过构建具体的使用场景，将产品与用户的日常生活联系起来，提高产品的吸引力。

（3）利用对比。对比是突出产品优势和独特卖点的有效方法。在写作产品详情页文案时，可以通过与竞品进行客观、公正的比较，或进行产品使用前后的对比，展示产品在性能、功能、价格、效果等方面的优势，如图 3-23 所示。

（4）融入情感。在文案中融入情感元素，可以提高文案的感染力。内容编辑人员可以通过讲述产品背后的故事、设计理念或品牌价值观，体现品牌的温度和人文关怀。同时，还可以从与用户生活密切相关、容易引起共鸣的话题入手，如家庭、健康、环保等，将产品特性与这些话题相结合，进一步增强用户的认同感。图 3-24 所示为利用产品的设计理念传达与竹子相关的美好祝愿，容易引发情感共鸣。

图 3-22　体现购买价值

图 3-23　利用对比

图 3-24　融入情感

> 🔍 **素养小课堂**
>
> 　　《中华人民共和国广告法》第四条规定："广告不得含有虚假或者引人误解的内容，不得欺骗、误导消费者。广告主应当对广告内容的真实性负责。"在写作产品文案时，要如实描述，避免使用绝对化用语、做出未经证实的承诺。

任务实施

▌任务演练 1：提炼冲锋衣的卖点

【任务目标】

　　根据冲锋衣的基本信息，提炼冲锋衣的卖点。

【任务要求】

　　本次任务的具体要求如表 3-7 所示。

表 3-7　任务要求

任务编号	任务名称	任务指导
（1）	明确卖点提炼思路	按照 FAB 法则提炼卖点
（2）	提炼产品的特征	根据产品的基本信息，提炼产品特征
（3）	提炼产品的作用和益处	根据产品特征提炼产品的作用、益处

【操作过程】

（1）明确卖点提炼思路。为充分体现冲锋衣的优势，使用 FAB 法则，按照产品特征、作用、益处的顺序依次提炼冲锋衣的卖点。

（2）提炼产品的特征。根据冲锋衣的基本信息，可提炼出男女同款、三合一、科技防水面料、透气性强、无痕生粘工艺、撞色设计、YKK 压胶防水拉链、可调节帽檐、品牌刺绣Logo、艺人同款等特征。

（3）提炼产品的作用和益处。根据冲锋衣的特征，可总结出其作用；根据其作用，可总结出对应的益处。

提炼产品卖点如表 3-8 所示。

表 3-8　提炼产品卖点

序号	F（特征）	A（作用）	B（益处）
1	男女同款	广泛适用	满足情侣或朋友间搭配穿着的需求
2	三合一	多功能性	灵活应对不同天气，经济实用
3	科技防水面料	防水、防油、防污	易于清洁和维护
4	透气性强	减少闷热感	保证穿着舒适
5	无痕生粘工艺	防风挺括	有效阻挡冷风侵入，保持外观美观
6	撞色设计	时尚个性	提供个性化选择，满足不同审美需求
7	YKK 压胶防水拉链	防水耐用	保证衣物的密封性和防护性
8	可调节帽檐	灵活调节	更好地遮挡风雨，保护头部
9	品牌刺绣 Logo	品质象征	增强身份认同感和归属感
10	艺人同款	引领潮流	满足追求时尚潮流的需求

任务演练 2：为冲锋衣写作产品标题文案

【任务目标】

结合冲锋衣的基本信息，写作有吸引力的冲锋衣产品标题文案。

【任务要求】

本次任务的具体要求如表 3-9 所示。

表 3-9　任务要求

任务编号	任务名称	任务指导
（1）	提炼关键词	根据冲锋衣的卖点和创意点提炼关键词
（2）	确定写作结构	按照"品牌名+产品名+属性词+推销词"的结构进行写作
（3）	写作产品标题文案	根据提炼的关键词，写作产品标题文案

【操作过程】

（1）提炼关键词。结合冲锋衣的卖点和前文生成的冲锋衣产品文案的创意点，提炼出关键词，如"2024 年秋季新款""通用""三合一""艺人同款"，并选择合适的关键词加入产品标题文案中。

（2）确定写作结构。由于生产冲锋衣的户外运动品牌已有一定的知名度，将品牌名放在标题文案开头能够有效吸引用户的注意，因此选择"品牌名+产品名+属性词+推销词"这一结构进行写作。

（3）写作产品标题文案。根据提炼出的关键词，写作产品标题文案，如"野途2024年秋季新款三合一通用冲锋衣防水防油防污艺人同款"。

任务演练3：为冲锋衣写作产品主图文案

【任务目标】

结合产品主图文案的写作技巧，写作能突出冲锋衣卖点的产品主图文案。

【任务要求】

本次任务的具体要求如表3-10所示。

表3-10　任务要求

任务编号	任务名称	任务指导
（1）	选择卖点	选择能突出冲锋衣优势的卖点
（2）	写作产品主图文案	根据卖点写作冲锋衣的产品主图文案

【操作过程】

（1）选择卖点。主图文案需要体现冲锋衣的优势，这里选择"三合一"和"防水、防油、防污"两个卖点进行展示。

（2）写作产品主图文案。综合以上信息，写作简洁明了的产品主图文案。为提升主图文案的吸引力，可以利用数字进行写作，如"三防科技，恶劣天气一件就够""三防冲锋衣，上市9折优惠"。

任务演练4：为冲锋衣写作产品详情页文案

【任务目标】

结合产品详情页文案的构成，使用合适的写作技巧写作冲锋衣的产品详情页文案。

【任务要求】

本次任务的具体要求如表3-11所示。

表3-11　任务要求

任务编号	任务名称	任务指导
（1）	确定详情页文案的结构	根据产品详情页文案的构成确定详情页文案的结构
（2）	设计各部分的内容，写作产品详情页文案	设计产品卖点展示和产品细节展示，然后写作产品详情页文案

【操作过程】

（1）确定详情页文案的结构。确定详情页文案的结构，以便用户了解冲锋衣，同时展现冲锋衣的卖点。根据冲锋衣的基本信息，确定详情页文案的结构，包括卖点展示和细节展示两个部分。

（2）设计产品卖点展示。结合产品主图文案，将冲锋衣的"三合一"和"防水、防油、防污"的功能作为关键卖点，重点展示这两个卖点。

（3）设计产品细节展示。根据冲锋衣的基本信息可知，冲锋衣具有多处细节设计，可以体现冲锋衣良好的品质，这里针对拉链、帽子和品牌Logo这3处细节设计文案。

（4）写作产品详情页文案。综合以上信息，写作产品详情页文案，效果如图3-25所示。

```
卖点1：三合一
一衣多穿，实用又时尚
卖点2：防水、防油、防污
科技防水面料，防水、防油、防污，轻松应对户外挑战
细节1：YKK压胶防水拉链
YKK压胶防水拉链，拉合紧密，严密防水
细节2：可调节帽檐
可调节帽檐，遮阳挡风随心所欲
细节3：品牌刺绣Logo
品牌刺绣Logo，彰显品质保证
```

图3-25　详情页文案

任务三　品牌文案写作

任务描述

为进一步提高品牌在用户心中的认知度，老李计划通过讲述品牌故事的方式加深用户与品牌的情感连接，通过展现品牌背后的理念、发展历程与价值观，让用户对品牌有更深刻的理解和认同。接着老李指导小赵填写了本次的任务单（见表3-12）。

表3-12　任务单

任务名称	品牌文案写作	
任务背景	在写作品牌故事文案的过程中，7月23日，品牌工作人员将产品优惠券设置错误，导致部分用户支付了高于预期的价格，工作人员还需要写作品牌公关文案安抚用户，维护品牌声誉	
任务阶段	☐准备阶段　■实施阶段　☐收尾阶段	
工作任务		
任务内容	任务说明	
任务演练1：为户外运动品牌写作品牌故事文案	根据搜集的资料确定品牌故事文案的主题，再结合创意点写作并优化文案	
任务演练2：为户外运动品牌写作危机公关文案	根据危机公关文案的结构和模板写作	
任务总结：		

知识准备

一、品牌故事文案的写作

品牌故事文案是整合品牌发展过程中的产品研发、品牌理念、品牌文化等基本要

素，加入时间、地点、人物及相关信息，并以完整的叙事结构进行传播推广的一种故事性文案。

（一）品牌故事文案的写作要素

品牌故事一般包括背景、主题、细节、结果和感悟5个要素，内容编辑人员在写作品牌故事文案时，要始终立足于这些要素。

（1）背景。背景用于交代故事的基本情况，包括发生时间、发生地点、人物、故事发生起因等。

（2）主题。主题是故事的主体和核心，往往影响文案的价值，通常会融入人物形象、情节布局、环境描写。

（3）细节。细节是烘托环境气氛、刻画人物性格和揭示主题的关键要素，能够使故事情节更加生动、形象和真实。常见的细节描写方法有语言描写、动作描写和心理描写等。

（4）结果。故事有起因就有结果，表明故事的结果能够加深用户对故事的了解和体会，有利于故事在用户心中留下深刻印象。

（5）感悟。感悟指针对品牌故事发表自己的看法，用于升华故事主题，同时引发用户的共鸣和思考。

（二）品牌故事文案的写作角度

撰写品牌故事文案时，选择合适的写作角度是至关重要的，这是因为写作角度能够深刻影响用户对品牌的认知、情感及忠诚度。

（1）品牌创始人。从品牌创始人的初心、梦想或挑战出发，讲述他们为何创立品牌，以及品牌创立背后的挑战、成就和愿景。这种角度能够展现品牌的理念、价值观和使命感，让用户感受到品牌的温度和深度。例如，图 3-26 所示为湾仔码头的品牌故事文案，其从品牌创始人的角度进行写作，展现了品牌的独特性和价值。

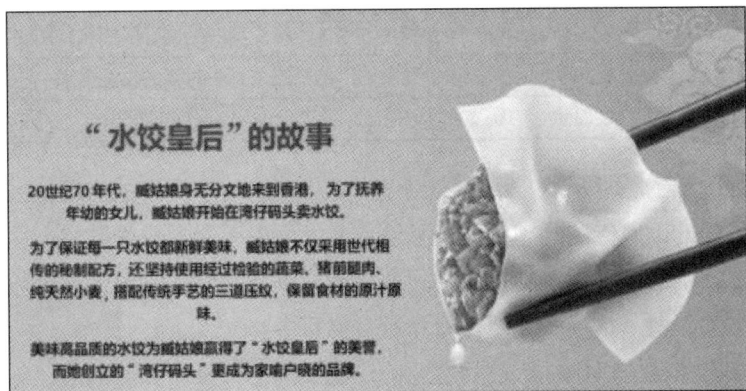

图 3-26 从品牌创始人的角度写作的品牌故事文案

（2）品牌员工。员工是品牌日常活动的实际执行者，他们的经历、努力和成功故事能够赋予品牌更加生动与人性化的形象。

（3）品牌的发展历史。如果品牌有悠久的历史，那么可以从品牌的历史沿革、文化传承或技术革新等方面入手，讲述品牌如何历经风雨，仍然保持活力和创新。这种角度能够赋予品牌厚重的历史感，提升品牌形象和价值。例如，五芳斋的品牌故事文案便是围绕品牌的发展历史进行写作的，如图 3-27 所示。

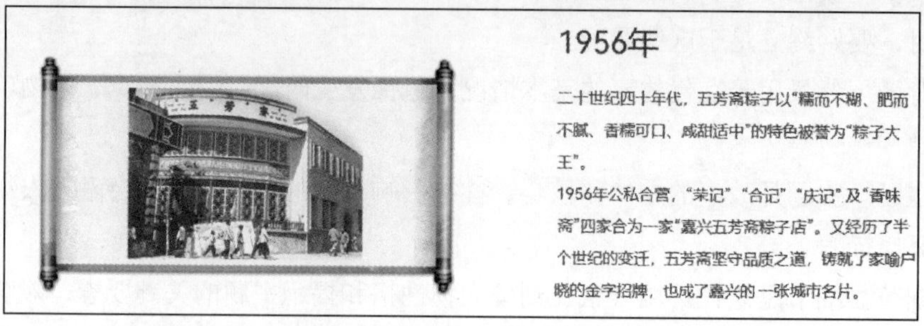

图 3-27　围绕品牌的发展历史写作的品牌故事文案

（4）用户故事。通过真实用户的改变、体验或成功案例，展示品牌如何影响并改善用户的生活。这种角度能够增强品牌的可信度，让用户产生共鸣，并感受到品牌的实用价值。

（三）品牌故事文案的写作流程

写作品牌故事文案是一个需要深思熟虑的过程，内容编辑人员要确保故事具有吸引力且逻辑严密，通常需遵循一定的写作流程。

（1）收集资料。了解品牌的定位、文化内涵、需要表达的诉求、品牌面对的消费群体、竞争对手等问题。表 3-13 所示为写作品牌故事文案时可收集的相关信息。

表 3-13　可收集的信息

信息类型	具体信息
品牌信息	品牌创始人的个人经历，品牌的创办动机、创办历程，品牌员工
产品信息	产品的卖点和性能特征，产品的生产过程，产品的材料、工艺和情感附加值
用户信息	消费群体的定位，消费群体的个性特征，用户的情感故事和特别使用体验
竞争对手信息	竞争对手的品牌故事，竞争对手的缺陷，竞争对手的文案信息
其他信息	社会热点，传统文化

（2）提炼并确定主题。从收集到的资料中提炼出品牌故事文案的主题。主题是品牌故事文案的核心，能够准确地传达品牌的理念和价值观，同时引起用户的共鸣。主题的深浅与表现往往影响故事的价值，内容编辑人员在写作品牌故事文案时，需要从整个故事出发，将主题融合在人物形象、情节布局、环境描写和语言描写中。

（3）撰写文案初稿。根据提炼出的主题确定故事框架，开始具体的故事创作。这个过程中，可以运用各种写作技巧，如情节设置、人物塑造、对话构建等，让故事更加生动、有趣；同时也要注意保持故事的连贯性和逻辑性，确保用户有良好的阅读体验。

（4）浏览并优化文案。浏览品牌故事文案的初稿，针对用词不准、语句不流畅等问题进行修改，保证文案的准确性和流畅性。

（5）定稿。反复修改品牌故事文案直至满意，便可以确定品牌故事文案的最终版本。

（四）品牌故事文案的写作技巧

品牌故事文案具有与用户建立情感连接、塑造品牌形象、提高品牌忠诚度的作用。为提升品牌故事文案的吸引力，内容编辑人员有必要掌握以下写作技巧。

1. 揭示人物心理

揭示人物心理可以更好地塑造人物形象，展现人物的内心世界。例如，揭露人物欢乐、悲伤、矛盾、忧虑的情绪，可以更好地刻画人物性格，增强故事的感染力。

（1）内心独白。内心独白以第一人称描述为主，是展现人物内心情感、心理活动的重要手段。

（2）心理概述。心理概述通过第三人称的方式，以旁观者的身份剖析、评价人物的内心活动，它不但可以更加细腻地表现人物当时的心理活动，还能在展开故事情节的过程中描述人物的情感变化，是一种比较灵活的描写方法。

2. 生动的细节描述

生动的细节描述能够使品牌故事文案更加鲜活、具体，细节可以是场景、动作、对话或者感受。例如，巧克力品牌故事文案中可以加入对巧克力融化时的诱人香气、工人专注的眼神，以及巧克力在舌尖缓缓融化的口感等的描写。

3. 引起共鸣

通过触及用户内心的情感点，让用户与品牌之间建立起深厚的情感联系。共鸣通常来源于共同的经历、相似的情感体验或者普遍面临的问题。例如，一个创业者面对失败不屈不挠的故事，可能会触动每一个经历过挫折但仍坚持梦想的人。

4. 增强文案可读性

可读性是指故事内容吸引人的程度，以及故事所具有的阅读和欣赏价值。要增强品牌故事文案的可读性，可从以下3个方面出发。

（1）故事新颖。新颖是指不落俗套、充满创意，新颖的品牌故事文案不仅能够让人眼前一亮，还能加深用户对品牌的印象。

（2）情感丰富。故事是否丰满，人物形象是否立体，矛盾是否激烈，情感叙述是否能够深入人心、引起用户的共鸣，是文案能否打动用户的关键。

（3）语言叙述得体。品牌故事文案应当使用日常化、通俗易懂的词汇，以便用户理解故事内容。

▌二、品牌公关文案的写作

品牌公关文案是品牌与公众沟通的重要桥梁，这类文案不仅能够维护和提升品牌形象，影响公众对品牌的认知，还能在必要时维护品牌的声誉。按照内容的不同，将品牌公关文案分为品牌新闻文案和危机公关文案。

（一）品牌新闻文案的写作

品牌新闻文案主要是针对品牌动向的即时性报道，如对品牌业绩、新品上市、发布会、展会活动等的报道。品牌新闻文案通常由标题、开头、正文、结尾4部分组成。

（1）标题。标题通常需要体现新闻的主要内容，使用户能够快速了解新闻。内容编辑人员在写作时可以参考"活动（会议/报告/发布会）+地点+动词（召开/举行/举办/启动/召集/开幕/落幕）""品牌/品牌高层+动词（获得荣誉、发表言论等）"的模板。

（2）开头。开头需要简短地概括新闻的重要信息，可以按照 When（何时）、Where（何地）、Who（何人）、What（何事）、Why（何故）和 How（如何）的要素进行说明，帮助用户快速明确新闻重点。

（3）正文。正文需要围绕主要内容进一步展开，同时交代一些细节信息，包括新闻发生的背景、过程、结果等。需要注意的是，叙述时要适当分段，可以使用小标题加以概括，并按照重要程度依次叙述。

（4）结尾。结尾需要简要总结新闻的主要信息，重申新闻的主要内容或亮点。根据新闻的内容，还可以鼓励用户采取下一步行动，如访问网站、参与活动或关注品牌。

（二）危机公关文案的写作

危机公关文案通常是指品牌在事件或舆情危机中的应对性文案，主要目的是维护品牌形象，稳定公众情绪，恢复公众信任。一般来说，危机公关文案按照如下结构写作。

（1）标题简明扼要，表明回应对象。

（2）说明事件起因。

（3）承认过错并诚恳道歉。

（4）表明态度。

（5）给出解决方案。

（6）表示感谢，再次表明态度。

（7）表示诚恳接纳各方建议，并提出愿景。

（8）落款并加盖公章。

危机公关文案通常需要在危机事件发生后及时发布，具有较强的时效性。为确保回复内容得体有效，内容编辑人员可以参照如下模板写作危机公关文案，必要时可灵活变换表述方式，需注意保持真诚的致歉态度，并给出恰当的解决方案。

××针对××的声明

针对××××××××××××的问题（事件起因），我们高度重视，并充分意识到自己×××××××（承认过错），对于给××带来的困扰，我们表示最真诚的歉意。

××一直高度重视×××××××××××××××××（表明态度），对于××××指出的问题，×××××××××××××××（简单解释，给出解决方案）。最后非常感谢你们的监督与批评，我们将×××××××××（再次表明态度），同时也欢迎提出建议与意见，我们将不断×××××××××，继续×××××××（提出愿景）。

××（公司）

××年×月×日

任务实施

任务演练 1：为户外运动品牌写作品牌故事文案

【任务目标】

通过写作品牌故事文案，展现品牌的精神和品牌价值观，树立良好的品牌形象。

【任务要求】

本次任务的具体要求如表 3-14 所示。

表 3-14 任务要求

任务编号	任务名称	任务指导
（1）	收集、整理资料，提炼品牌故事文案的主题	收集品牌信息，包括品牌的发展历史、品牌精神、品牌愿景与使命、品牌价值观，从中提炼出品牌故事文案的主题
（2）	确定创意点，写作并优化品牌故事文案	在前文生成的品牌故事文案的创意点中选择合适的创意点，然后写作并优化品牌故事文案

【操作过程】

（1）收集并整理资料。小赵在品牌官网查看了品牌的发展历史、品牌精神、品牌愿景与使命、品牌价值观等信息，随后对收集的资料进行分类。整理好的资料如表 3-15 所示。

表 3-15 整理好的资料

信息类型	具体信息
发展历史	创立于 1998 年，由专营登山鞋发展为包括冲锋衣、登山杖、护目镜、帐篷、背包、睡袋等在内的全品类户外运动品牌
品牌精神	自由、坚韧、创新
品牌愿景与使命	致力于提供高品质户外运动服饰装备，不断追求创新工艺，为用户带来更安全、舒适的户外运动体验
品牌价值观	崇尚自由、百折不挠、勇于创新

（2）提炼并确定主题。小赵结合品牌的相关信息提炼出品牌故事文案的主题"生命不息，创新不止"。

（3）确定品牌故事文案的创意点。根据前文生成的品牌故事文案的创意点，确定采用第一人称，从品牌员工的角度讲述品牌故事，增强品牌故事文案的真实性。

（4）撰写文案初稿。在收集的写作资料的基础上，小赵特意采访了品牌的产品设计师，整理好采访内容后，小赵写作了品牌故事文案的初稿，其具体内容如下。

1998 年，我刚毕业不久，怀揣着对户外探险的热情，加入户外运动品牌——野途。从我踏入这个行业起，我就始终秉持"生命不息，创新不止"的信条。

在这里，我每天都在寻找那个能让户外探险者眼前一亮的瞬间，那个能让他们在大自然的怀抱中更加自信、更加舒适的瞬间。这是我的使命，也是野途的灵魂所在。记得有一次，我们面临了一个巨大的挑战——如何在保持装备轻便的同时，提高背包在极端环境下的耐用性。经过无数个日夜的实验，我与团队发现 Robic 尼龙材料具有出色的抗磨损和抗撕裂性，可以应对恶劣天气。我们将这种材料运用到背包设计上，研发出一款在极端环境下仍适用的背包。这款背包现在仍被称为经典之作。就在那一次，我深刻意识到创意的重要性。

如今，我依然每天都在寻找创新的火花，每一次尝试都让我更加确信，只有创新，才能前进。

（5）浏览并优化文案。观察初稿可以发现，通过简单整合写作要素写作的品牌故事文案稍显生硬，这时可以使用品牌故事文案的写作技巧，如加入生动的细节描写，针对发现 Robic 尼龙材料这一情节加入具体的场景描述，描述实验室的工作细节、感官细节等，增强文案的感染力。

（6）定稿。根据以上思路完善文案，最后得到一个内容更丰富的品牌故事文案，写作效果如图 3-28 所示。

> 1998 年，我刚毕业不久，怀揣着对户外探险的热情，加入户外运动品牌——野途。从我踏入这个行业起，我就始终秉持"生命不息，创新不止"的信条。
>
> 在这里，我每天都在寻找那个能让户外探险者眼前一亮的瞬间，那个能让他们在大自然的怀抱中更加自信、更加舒适的瞬间。这是我的使命，也是野途的灵魂所在。记忆中一个秋意渐浓的季节，我们面临了一个巨大的挑战——如何在保持装备轻便的同时，提高背包在极端环境下的耐用性。那段时间，设计室成了我们的第二个家，灯光彻夜通明，图纸与材料样本堆满了桌面。空气中弥漫着咖啡的苦香，那是疲惫与激情交织的味道。
>
> 在一次又一次的失败中，终于在一个清晨，当第一缕阳光穿透云层，我们发现了 Robic 尼龙材料的独特魅力。它不仅轻盈，而且拥有惊人的抗磨损和抗撕裂性能，能够承受住狂风暴雨的洗礼。我们将这种材料运用到背包设计上，研发出一款在极端环境下仍适用的背包。
>
> 这款背包现在仍被称为经典之作。就在那一次，我深刻意识到创意的重要性。
>
> 如今，我依然每天都在寻找创新的火花，每一次尝试都让我更加确信，只有创新，才能前进。在未来的日子里，我们将继续探索未知，以创新为指引，为每一位户外探险者打造更加完美的装备，让他们在大自然的每一个角落，都能感受到野途的陪伴与支持。

图 3-28　品牌故事文案的写作效果

任务演练 2：为户外运动品牌写作危机公关文案

【任务目标】

通过写作危机公关文案，消除负面事件带来的影响，恢复用户对品牌的信任，并再次树立良好的品牌形象。

【任务要求】

本次任务的具体要求如表 3-16 所示。

表 3-16　任务要求

任务编号	任务名称	任务指导
（1）	写作危机公关文案的标题	直接点明危机公关文案针对的事件
（2）	写作危机公关文案	按照危机公关文案的写作模板写作危机公关文案

【操作过程】

（1）写作文案标题。根据危机公关文案的写作模板写作标题，如"野途针对产品优惠券设置错误的声明"。

（2）说明事件起因。首先需要介绍事件的背景，包括事件发生的时间、地点、涉及的主要问题等。例如，"针对 7 月 23 日品牌产品优惠券设置错误，导致部分用户在购物过程中支付了高于预期价格的问题，我们高度重视，并充分意识到这一错误给广大用户带来了不必要的经济负担和困扰，我们对此表示最真诚的歉意。"

（3）提供解决方案。接着，品牌需要表明积极处理问题的态度，展现负责任的品牌形象，然后针对问题给出恰当的解决方案。例如，"品牌一直高度重视用户体验和权益保护，对于此次优惠券设置错误的问题，我们确认是工作人员操作失误所致。在此，我们向所有受到影响的用户表示诚挚的歉意，并承诺立即采取纠正措施……"

（4）再次表明态度并提出愿景。最后，品牌需要再次表明积极解决问题的诚意，恢复用户对品牌的信任，并通过提出积极的愿景和未来的改进措施，向外界传递一个积极向上、愿意不断进步的品牌形象。例如，"我们非常感谢广大用户对品牌的监督与批评，正是有了你们的支持和反馈，我们才能不断进步和完善。我们将以此为契机，进一步加强内部管理，提升服务质量，确保每一位用户都能享受到公平、透明、满意的购物体验。"

（5）写作危机公关文案。整合以上信息，写作危机公关文案，如图 3-29 所示。

野途针对产品优惠券设置错误的声明

针对 7 月 23 日品牌产品优惠券设置错误，导致部分用户在购物过程中支付了高于预期价格的问题，我们高度重视，并充分意识到这一错误给广大消费者带来了不必要的经济负担和困扰，我们对此表示最真诚的歉意。

品牌一直高度重视用户体验和权益保护，对于此次优惠券设置错误的问题，我们确认是工作人员操作失误所致。在此，我们向所有受到影响的用户表示诚挚的歉意，并承诺立即采取纠正措施。

1. 所有受影响的用户将自动获得一张等值于差价金额的优惠券，可用于下次购物。
2. 我们已设立专门的客服通道，为需要退款的消费者提供服务。
3. 我们将加强内部培训和管理，防止类似事件再次发生，并提升整体服务质量。

我们非常感谢广大用户对品牌的监督与批评，正是有了你们的支持和反馈，我们才能不断进步和完善。我们将以此为契机，进一步加强内部管理，提升服务质量，确保每一位都能享受到公平、透明、满意的购物体验。

野途
2024 年 7 月 24 日

图 3-29　危机公关文案

任务四　新媒体文案写作

任务描述

为吸引更多用户关注即将上市的户外运动产品，老李计划在多个新媒体平台发布宣传文案，随后指导小赵填写了本次的任务单（见表 3-17）。

表 3-17　任务单

任务名称	新媒体文案写作
任务背景	品牌在多个新媒体平台开设了官方账号，且积累了一定数量的粉丝，根据不同新媒体平台的特点，可以写作不同类型的宣传文案，以吸引更多用户购买产品，提高销量。例如在微信发布介绍主推产品的微信公众号文案；在微博发布产品上市的预告文案；在小红书发布产品"种草"文案
任务阶段	□准备阶段　　■实施阶段　　□收尾阶段

续表

工作任务	
任务内容	任务说明
任务演练 1：为冲锋衣写作微信公众号文案	根据冲锋衣的基本信息，写作微信公众号文案的标题、正文和结尾
任务演练 2：为冲锋衣写作微博文案	根据冲锋衣的基本信息，使用合适的写作技巧写作微博文案的开头、正文和结尾
任务总结：	

知识准备

一、微信文案的写作

微信是当前较为热门的新媒体平台，具有用户庞大、用户黏性强和使用频率高等优势，为文案传播提供了丰富的可能性。微信文案分为朋友圈文案与公众号文案两种。

（一）朋友圈文案的写作

朋友圈是微信用户分享个人感悟、日常生活等的重要平台，其私密性较强，文案较为随意、亲切。内容编辑人员在写作朋友圈文案时可以使用以下写作方法，让文案更容易被用户接受。

（1）分享产品信息。直截了当地介绍产品特点（见图 3-30）、优惠信息等。为增加可信度，可以结合个人使用体验，同时还可以配上吸引人的图片或视频展示产品，激发用户购买欲望。

（2）分享日常生活。在分享日常生活或个人感悟的文案中植入产品或品牌信息，在拉近与用户的距离的同时，实现宣传目的。

（3）分享专业知识。分享产品的使用方法、保养知识或维修知识等，如图 3-31 所示，帮助用户解决在使用过程中遇到的一些实际问题，树立专业的个人形象，为以后的产品推广打下基础。

（4）结合节日。根据节日写作相关内容，在其中隐晦地加入产品或品牌信息，提高用户对内容的关注度。图 3-32 所示为结合春节写作的文案，文字和视频内容都点明了品牌。

图 3-30　分享产品信息　　　图 3-31　分享专业知识　　　图 3-32　结合节日

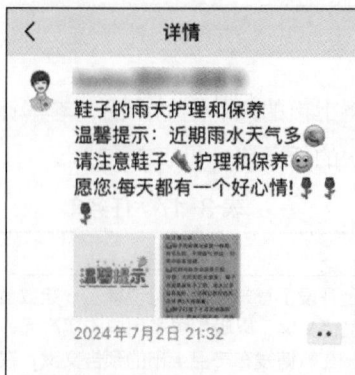

（5）开展互动话题。通过设计一个引人入胜的问题或主题，激发用户的好奇心和参与欲望，进而使其关注到产品或品牌。必要时可以在文案中设置一些互动元素，如投票等，提升用户的参与感。

（6）借助热点。将热点与产品或服务相结合，找到两者之间的关联点，从而吸引那些关注热点事件的用户。

（7）分享消费评价。通过展示其他用户对产品的真实评价和反馈，增强文案的说服力。

> **⏰ 提示**
>
> 在写作朋友圈文案时，一方面要注意精简文字，尽量保持在 120 字以内，以免文字太多被折叠，影响用户的阅读体验；另一方面要注重图文结合，善用表情符号，避免内容单调。

（二）公众号文案的写作

公众号文案主要出现在服务号和订阅号中，主要面向已关注微信公众号的用户。与朋友圈文案相比，公众号文案的结构更为完整，内容编辑人员在写作时尤其需要关注公众号文案的标题和正文部分。

1. 写作公众号文案的标题

标题是对公众号文案内容高度凝练的表达，影响用户对公众号文案的第一印象，一个好的标题能够充分激发用户的阅读欲望。写作公众号文案标题时，可以灵活运用以下写作技巧，提升标题的吸引力。

（1）使用标点符号。在标题中适当添加标点符号可以给人强烈的感官刺激，激发用户点击和查看的欲望。例如，使用感叹号增强语气，如"智能空调的这个隐藏功能，你一定要用！"

（2）借助热点。借助热门事件、网络热点等，利用大众对社会热点的关注，吸引用户关注公众号文案，提高文案的点击率和转载率。图 3-33 所示为结合巴黎奥运会写作的文案标题。

（3）强调独特卖点。在标题中明确产品的核心卖点或品牌的独特价值，让用户一眼就能看出文案的价值所在，如"专利配方，让你的肌肤焕发新生"。

（4）利益诱导。在标题中提及优惠活动或福利信息，吸引用户关注并转发，如图 3-34 所示。

（5）设置悬念。在标题中设置悬念，可以利用用户的好奇心，引发用户的阅读兴趣并进行思考，如图 3-35 所示。

和小牛一起Get奥运冷知识	黑雪王携新品归来！抽黑雪王不倒翁	开赛在即！观赛必备饮品是？
▓▓▓　2024年07月25日 08:31 北京	▓　2024年07月05日 15:18 河南	▓▓▓　2024年07月23日 17:12 广东
图 3-33　借助热点	图 3-34　利益诱导	图 3-35　设置悬念

（6）使用数字。数字可以增加标题的可信度，激起用户的阅读欲望。同时，对于总结性的数量、销量、折扣、时间、排名等，使用数字比文字更容易使人印象深刻。例如，"低至35 元！天冷添新衣，9 折优惠购！"等。

2. 写作公众号文案的正文

正文是公众号文案的主体，一个清晰、有条理的结构能够帮助用户更好地理解内容，提升阅读体验。在写作公众号文案的正文时，可以采用以下写作方法。

（1）三段式写法。将正文分为3个部分：第一部分用一段精练的文案引起用户的兴趣，如总结核心卖点等；第二部分详细介绍产品的特点；第三部分强化产品的某些独特优势，简明扼要地呼吁用户采取行动。

（2）并列式写法。从描述对象各方面的特征入手，不分先后和主次，各部分并列平行地叙述事件、说明事物。各部分之间是相互独立、完整的，内容编辑人员可从不同角度、不同方面阐述对象。

（3）欲扬先抑式写法。为了肯定某人、事、景、物，先从相反的角度批评或否定它，要注意"抑少扬多，扬能压抑"。

另外，公众号文案的结尾同样至关重要。除了要简短总结文案的核心观点或主要内容外，还可以鼓励用户做出特定行动，如转发、留言或购买产品等，以提高公众号文案的曝光度和互动性，促进产品销售。

二、微博文案的写作

微博作为一个拥有庞大活跃用户数量的社交媒体平台，其信息更新迅速且传播范围广，是用户获取各类信息的重要渠道。写作微博文案是品牌快速触达用户、传达产品和品牌信息的重要方式。

微博文案主要分为短微博和头条文章两种。短微博的篇幅一般较短，没有特定的内容与格式要求，字数一般控制在140字以内。头条文章的篇幅一般较长，最多可输入10万字，其写法与公众号文案的写法相似。要想使微博文案在众多信息中脱颖而出，可以灵活运用以下写作技巧。

（1）添加热门话题标签。在微博中，话题指围绕一个主题而展开的讨论，其标签一般以"#××#"的形式出现。由于热门话题具有较高的阅读量与讨论量，所以选择并添加与文案内容相关的话题标签，可以借助热门话题的关注度，提高文案的曝光度。例如，图3-36所示为蒙牛旗下的酸奶品牌冠益乳在文案中添加"蒙牛奥林匹克全球合作伙伴"这一热门话题标签创作的宣传产品的文案。

（2）引导互动。在写作微博文案时，还可以通过提问、讨论或鼓励转发、评论等方式引导用户参与互动，必要时还可以结合抽奖提高用户的参与积极性，如图3-37所示。这不仅可以提高用户的参与度，还能提高微博文案的曝光度。

（3）善用@功能。微博中用于与其他微博账号进行互动的功能即@功能。在写作微博文案时，可输入"@"符号，选择最近互动的人或输入需互动的微博账号。使用该功能时，最好选择与微博"大V"、知名人物、媒体等具有影响力的微博账号进行互动，以便借助其影响力扩大微博文案的传播范围。

图 3-36 添加热门话题标签的文案

图 3-37 引导互动

同时，还可以结合文字与图片写作微博文案，提升文案的视觉吸引力。另外，还可以利用热点写作微博文案。内容编辑人员可以在微博热搜榜上选择合适的热点事件，找到热点与品牌产品的关联性后进行写作。

三、小红书文案的写作

小红书是一个分享生活方式的平台，小红书文案主要以笔记的形式呈现，语言通俗易懂，真实性、"种草"性强。

（一）小红书文案的类型

小红书文案内容丰富，大致可以分为以下 7 种类型。

（1）测评类。这类文案多从客观公正的角度试用和测试产品，包含产品的优缺点分析、与其他同类产品的对比及个人使用心得等内容，以帮助用户做出购买决策，如图 3-38 所示。

（2）教程类。这类文案主要教授某种技能，展示某种方法或操作步骤，帮助用户解决特定问题或学习新技能。这类文案常见于美妆、穿搭、美食等领域，如图 3-39 所示。

（3）问答类。这类文案通过提问或设置话题（见图 3-40），引导用户参与讨论，提升内容的互动性和参与度。

（4）知识分享类。这类文案注重分享实用的信息、技巧或经验，实用性强，如图 3-41 所示。

（5）故事类。这类文案以文字内容为主，通常讲述真实生活中的故事，旨在引起有类似经历的用户的共鸣和讨论。

（6）合集类。这类文案通常围绕某一主题，推荐一系列的产品、美食、旅游景点等，对用户的购物决策有很大的影响，如图 3-42 所示。

（7）情感类。这类文案主要利用情感共鸣点，如励志、感人、温馨等，触动用户的内心，使其产生共鸣，如图 3-43 所示。

图 3-38　测评类文案

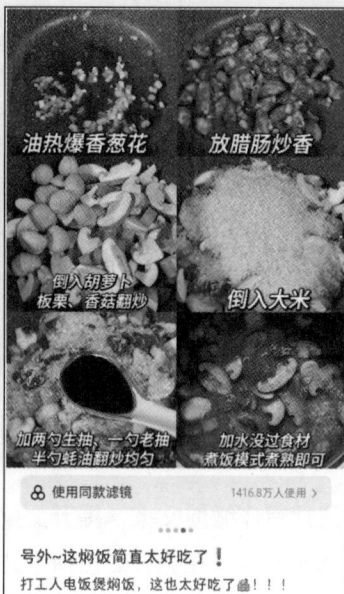

图 3-39　教程类文案

图 3-40　问答类文案

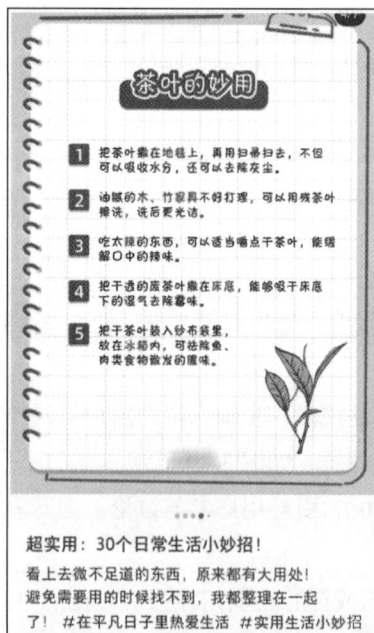

图 3-41　知识分享类文案

图 3-42　合集类文案

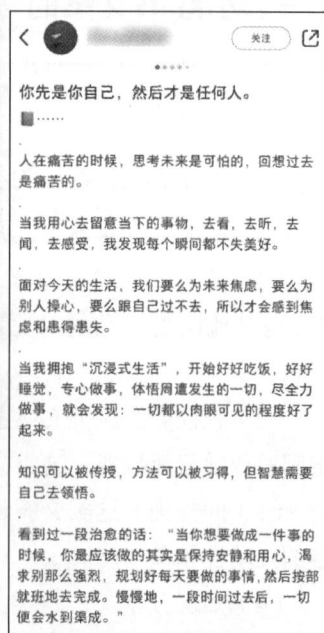

图 3-43　情感类文案

（二）小红书文案的写作技巧

小红书文案的原创性越高、质量越高，越容易受到平台的推荐。要写作出高质量的小红书文案，可以使用以下写作技巧。

（1）植入关键词。在小红书中，用户通常会通过搜索关键词的方式查找感兴趣的内容，在小红书文案中植入与内容相关的关键词，可以提高被用户搜索到的概率。同时，在图片中也可以加入与关键词相关的话题标签。

（2）加入表情和符号。在小红书文案中适当加入表情和符号，能够使文案更加生动有趣，营造轻松愉悦的阅读氛围。

（3）图文并茂。图片可以提高笔记的视觉效果，选择质量高、设计感强、与内容相符的图片，能够迅速抓住用户眼球。

（4）使用生活化用语。使用生活化用语不仅可以降低用户的阅读门槛，还能增强文案的真实性和亲切感，从而使用户产生共鸣。

任务实施

任务演练1：为冲锋衣写作微信公众号文案

【任务目标】

写作介绍冲锋衣的微信公众号文案，让用户全面地了解冲锋衣的特点和优势，充分激发用户的消费欲望。

【任务要求】

本次任务的具体要求如表3-18所示。

表3-18　任务要求

任务编号	任务名称	任务指导
（1）	写作文案标题	选用合适的写作技巧写作标题
（2）	写作文案正文	采用并列式的写作结构从多个角度介绍冲锋衣
（3）	写作文案结尾，整理公众号文案	直接号召用户购买产品

【操作过程】

（1）写作文案标题。写作微信公众号文案的目的是推广产品，提高文案的曝光度，因此可以借助奥运会这一热点写作标题，如"激情奥运季，野途冲锋衣，为你的户外梦想加油助威！""奥运精神，风雨无阻——野途冲锋衣伴你前行"，这里选择第一个标题为最终的标题。

（2）写作文案正文。正文可以采用并列式的写作结构，从面料、设计、外观这3个角度介绍冲锋衣卖点和优势，以便用户全面地了解冲锋衣，坚定购买信心。

（3）写作文案结尾。为促进销售，可以在文案结尾号召用户购买产品，如"如果你已经做好出发的准备，那么你还需要这件贴心的户外伴侣。现在就加入野途大家庭，开启你的户外冒险之旅吧！"

（4）整理公众号文案。根据以上内容，写作介绍冲锋衣的微信公众号文案，效果如图3-44所示。

激情奥运季，野途冲锋衣，为你的户外梦想加油助威！

在这个追求自由与冒险的时代，每一次出发都是对未知的勇敢探索。而在这场探索之旅中，一件优质的冲锋衣，便是你可靠的伙伴。今天，就让我们一起深入了解这款集舒适、实用与时尚于一身的冲锋衣。

优质面料，守护每一寸肌肤

野途冲锋衣采用先进的科技防水面料，能在风雨交加的恶劣环境中，为你筑起一道坚实的防线。独特的微孔技术，让汗水轻松排出，保持身体干爽舒适，同时有效阻挡外界水汽侵入，让你在雨中也能自由呼吸，畅享户外乐趣。除了基础的防水功能外，野途冲锋衣还具有防风、防油、防污的功能，让你轻松应对户外常见的污渍，保持衣物清洁如新。

细节设计，解决微小难题

我们还很注重冲锋衣的细节设计。防水门襟采用无痕生粘工艺，有效防止雨水渗透；防风袖口设计，紧密贴合身体，防止寒风侵袭；多收纳口袋布局，方便你存放随身物品，随时取用。每一处细节，都彰显着我们对专业性的不懈追求。

时尚外观，彰显个性风采

在追求功能性的同时，我们同样注重冲锋衣的时尚感。多样化的色彩选择，满足不同人的穿搭需求；个性化的撞色设计，彰显您的独特品位。穿上它，无论是在城市街头还是在户外山野，你都能成为一道亮眼的风景线。

如果你已经做好出发的准备，那么你还需要这件贴心的户外伴侣。现在就加入野途大家庭，开启你的户外冒险之旅吧！

图 3-44　微信公众号文案

任务演练 2：为冲锋衣写作微博文案

【任务目标】

通过野途官方微博账号发布产品上市的预告文案，并引导粉丝转发文案，扩大文案的传播范围。

【任务要求】

本次任务的具体要求如表 3-19 所示。

表 3-19　任务要求

任务编号	任务名称	任务指导
（1）	确定文案类型，写作文案开头	采用结合热点的写作技巧写作文案开头
（2）	写作文案正文	简单介绍冲锋衣的特色，吸引用户购买产品
（3）	写作文案结尾	采用转发抽奖的方式吸引用户主动转发微博文案

【操作过程】

（1）确定文案类型。预告文案需要简洁明了，而短微博比头条文章直接明了，所以这里选择写作短微博。

（2）写作文案开头。本条微博文案的主要目的是预热新品，提高新品的热度。为快速吸引用户关注，可结合奥运会这一热点写作文案开头，如"【奥运风尚】观赛也要型！全新三合一冲锋衣来袭，从春秋到严冬，时尚与功能并存，为奥运加油，也为自己添彩！"

（3）写作文案正文。为让用户了解新品，需要介绍新品的基本信息，突出新品的特色，激发用户的购买欲望。例如，"男女同款，防水透气，科技面料守护每一刻。春秋单穿，严冬组合，温暖升级！撞色设计，多样选择，潮流由你定义！"

（4）写作文案结尾。为扩大文案的传播范围及提高新品的关注度，可在文案结尾发起号召，通过转发抽奖的方式吸引用户主动传播。例如，"转发抽奖！转发此微博并@3位好友，赢取新款三合一冲锋衣！与奥运同频，与时尚同行！"综合以上信息，完成微博文案写作，如图3-45所示。

> 【奥运风尚】观赛也要型！全新三合一冲锋衣来袭，从春秋到严冬，时尚与功能并存，为奥运加油，也为自己添彩！
>
> 男女同款，防水透气，科技面料守护每一刻。春秋单穿，严冬组合，温暖升级！撞色设计，多样选择，潮流由你定义！
>
> 转发抽奖！转发此微博并@3位好友，赢取新款三合一冲锋衣！与奥运同频，与时尚同行！

图3-45　微博文案

任务五　使用AIGC工具生成文案

任务描述

经过老李的指导，小赵大致掌握了各种类型文案的写作方法，于是老李让小赵独立完成冲锋衣的小红书"种草"文案的写作。写作过程中，小赵遇到了一些问题，老李建议小赵使用AIGC工具开拓思路，并指导小赵填写了本次的任务单（见表3-20）。

表3-20　任务单

任务名称	使用AIGC工具生成文案	
任务背景	老李让小赵撰写冲锋衣的小红书"种草"文案，要求字数在300字以内，风格轻松活泼、生活化，以便自然地推广新款冲锋衣。小赵因较少写作这类文案，于是借助AIGC工具获取灵感，明确写作思路	
任务阶段	□准备阶段　■实施阶段　□收尾阶段	
工作任务		
任务内容	任务说明	
任务演练:使用文心一言写作冲锋衣的小红书"种草"文案	按照"确定写作切入点—提出写作要求—优化文案"的思路实施	
任务总结:		

知识准备

一、常见的文案生成类AIGC工具

目前市面上的文案生成类AIGC工具十分丰富，灵活选择合适的工具，可以大大提高文案写作效率。

（1）文心一言。文心一言是百度旗下的知识增强大语言模型、对话式AI产品，能够与用户对话互动、回答问题、协助创作，高效便捷地帮助用户获取信息、知识和灵感。文心一言提供交互式的创作页面，用户可以通过提问的方式，与文心一言进行动态互动，并通过添加细节、明确限制语等完善作品。图 3-46 所示为文心一言提供的部分创作场景。

图 3-46　文心一言提供的部分创作场景

（2）通义。通义是阿里云推出的一个超大规模的语言模型，其功能包括多轮对话、文案创作、逻辑推理、多模态理解、多语言支持等。2023 年 4 月 18 日，智能办公平台钉钉正式接入通义，打开钉钉消息页面可看到通义入口，用户可以根据需求撰写文案、设计海报等。图 3-47 所示为通义提供的部分创作场景。

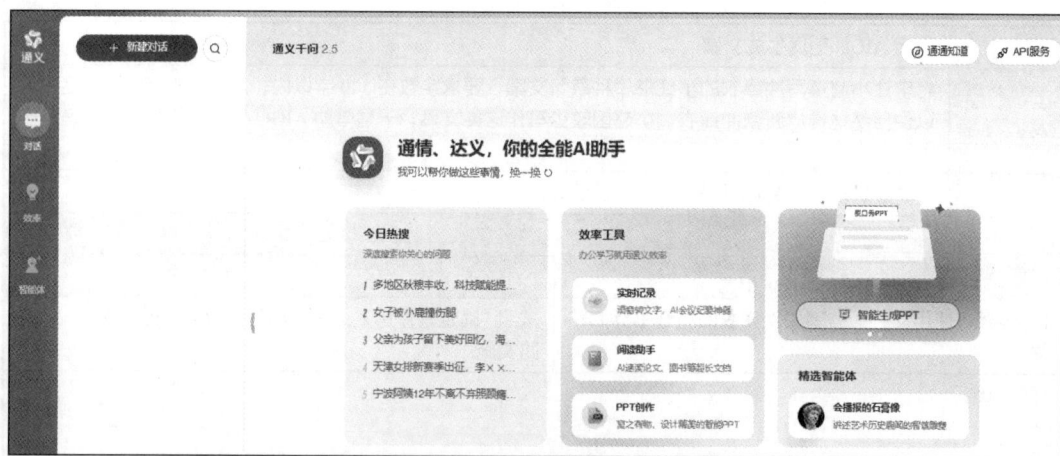

图 3-47　通义提供的部分创作场景

（3）ChatGPT。ChatGPT 是由 Open AI 公司开发的一个强大的对话式 AI 模型，支持进行自然语言交流、回答问题、生成对话和文字等，如生成文章、写作建议、问题答案、创意和灵感等。

（4）笔灵 AI 写作。笔灵 AI 写作是一款智能写作助手，能够根据不同用户的需求，生成定制化场景的文案。笔灵 AI 写作提供 AI 写作、解说文案生成、AI 扩写、AI 续写、智能二次创作、标题生成等功能，覆盖自媒体创作、商务营销、职场办公、电商等多个领域。

二、文案生成类 AIGC 工具的使用思路

在使用 AIGC 工具时，可以参考以下使用思路，以便生成符合需求的文案。

（1）做好写作准备。在使用 AIGC 工具前，内容编辑人员需要具备明确的写作思路，以便后续提出明确的写作要求。若写作思路不明确，可以要求 AIGC 工具提供可行的写作思路，如图 3-48 所示。

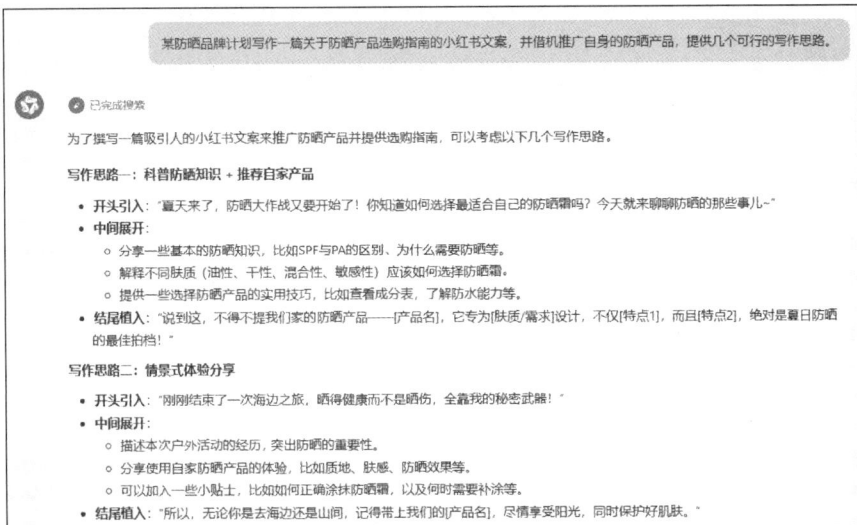

图 3-48　通义提供的写作思路

（2）提出写作要求。明确写作思路后，就可以向 AIGC 工具提出写作要求。提出的写作要求越清晰、准确、完整，越能够获得高质量的内容。在提出写作要求时，可以按照以下思路展开。

① 设定角色。为 AIGC 工具设定一个特定的角色，让 AIGC 工具代入相关情境，更好地理解写作要求。这个角色可以是文案人员、特定领域的专家等，情境则根据内容的主题来决定。例如，要写作一篇关于健身知识的科普文，可以为 AIGC 工具设定一个健身达人的角色，要求其提供关于健身的饮食计划和锻炼建议。

② 提供明确的指导。明确告知 AIGC 工具关于文案的主题、类型、风格等要求，以及涉及的产品或品牌，并附上相关背景信息。

③ 提供详细的要求。说明文案的目标用户、需传达的信息、期望达到的情感效果等，这样可以帮助 AIGC 工具更好地理解写作需求。

④ 提供背景信息。如果有特定的市场环境、竞争对手或行业趋势等背景信息，可以提供给 AIGC 工具，帮助它更准确地写作与现实情境相关的内容。

⑤ 使用示例或模板。如果有类似的文案示例或者模板，可以一并提供，以便 AIGC 工具参考并基于其结构和风格进行写作。

⑥ 指定风格和语气。如果有特定的文案风格偏好（如幽默、搞笑、亲切等）或希望传达特定的情感（如愉悦、紧张等），可以提前告知。

（3）逐步优化。通常情况下，AIGC 工具生成的初稿还有需要改进、优化的地方，此时可以直接提出优化要求，让 AIGC 工具重新生成文案；也可以进行追问、纠正错误或提供更多信息，让 AIGC 工具更加理解写作需求，以获得更好的结果。

（4）审阅和修改。AIGC 工具生成的文案可能存在一些语法、逻辑或风格上的问题，因此要仔细审阅文案，修正错误。此外，还需要润色文案，包括调整句子流畅度、用词准确性，确保文案的质量和准确性。

任务实施

任务演练：使用文心一言写作冲锋衣的小红书“种草”文案

【任务目标】

使用文心一言获取冲锋衣的小红书“种草”文案的写作切入点，再提出明确的写作要求，得到最终的小红书“种草”文案。

【任务要求】

本次任务的具体要求如表 3-21 所示。

表 3-21　任务要求

任务编号	任务名称	任务指导
（1）	确定写作切入点	首先提供文案写作的背景信息，然后要求文心一言提供写作切入点
（2）	提出写作要求并优化文案	按照 AIGC 工具的使用思路提出明确、清晰的写作要求，得到相关文案后再进行相应优化

【操作过程】

（1）确定写作切入点。进入文心一言官网，登录账号后进入对话页面，因暂无创作灵感，可以先要求文心一言提供几个备选的写作切入点，如图 3-49 所示。

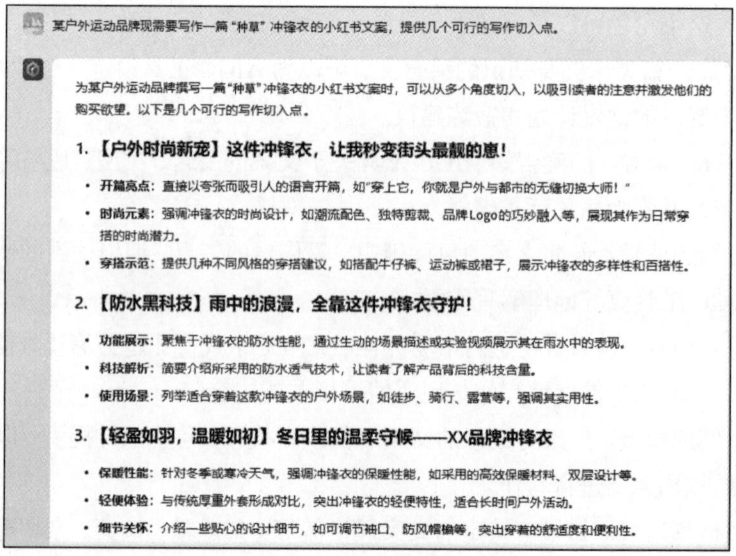
某户外运动品牌现需要写作一篇“种草”冲锋衣的小红书文案，提供几个可行的写作切入点。

为某户外运动品牌撰写一篇“种草”冲锋衣的小红书文案时，可以从多个角度切入，以吸引读者的注意并激发他们的购买欲望。以下是几个可行的写作切入点。

1. 【户外时尚新宠】这件冲锋衣，让我秒变街头最靓的崽！
   - 开篇亮点：直接以夸张而吸引人的语言开篇，如“穿上它，你就是户外与都市的无缝切换大师！”
   - 时尚元素：强调冲锋衣的时尚设计，如潮流配色、独特剪裁、品牌Logo的巧妙融入等，展现其作为日常穿搭的时尚潜力。
   - 穿搭示范：提供几种不同风格的穿搭建议，如搭配牛仔裤、运动裤或裙子，展示冲锋衣的多样性和百搭性。
2. 【防水黑科技】雨中的浪漫，全靠这件冲锋衣守护！
   - 功能展示：聚焦于冲锋衣的防水性能，通过生动的场景描述或实验视频展示其在雨水中的表现。
   - 科技解析：简要介绍所采用的防水透气技术，让读者了解产品背后的科技含量。
   - 使用场景：列举适合穿着这款冲锋衣的户外场景，如徒步、骑行、露营等，强调其实用性。
3. 【轻盈如羽，温暖如初】冬日里的温柔守候——XX品牌冲锋衣
   - 保暖性能：针对冬季或寒冷天气，强调冲锋衣的保暖性能，如采用的高效保暖材料、双层设计等。
   - 轻便体验：与传统厚重外套形成对比，突出冲锋衣的轻便特性，适合长时间户外活动。
   - 细节关怀：介绍一些贴心的设计细节，如可调节袖口、防风帽檐等，突出穿着的舒适度和便利性。

图 3-49　文心一言提供的写作切入点

（2）提出写作要求。查看生成的写作切入点，发现第 2 点更能体现冲锋衣的核心卖点，选择将其作为写作切入点。接着设定角色为内容编辑人员，明确告知文案的写作切入点、风格、字数等，文案生成效果如图 3-50 所示。

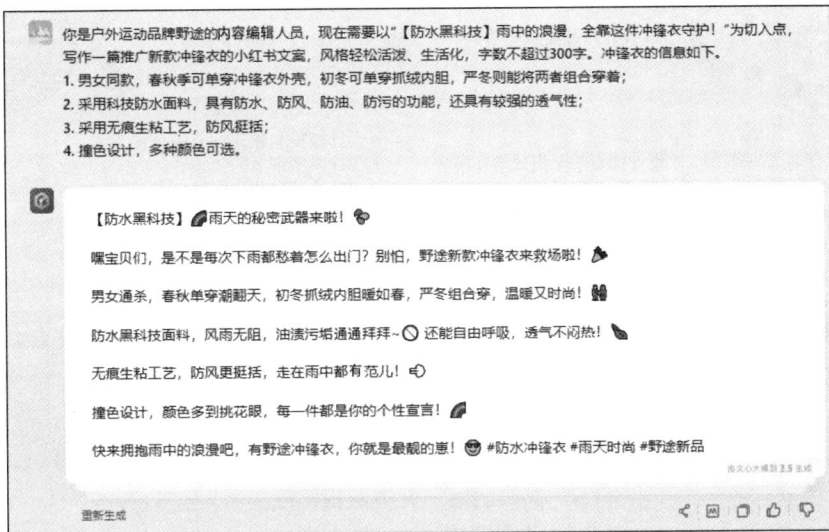

图 3-50　文案生成效果

（3）优化文案。查看生成的文案，发现"男女通杀"属于敏感词，这里将其修改为"一衣多穿"。同时，"油渍污垢通通拜拜"对冲锋衣防油、防污的功能体现得不明显，这里将其修改为"油污不侵"。

> **技能练习**
>
> 　某水果品牌计划在小红书上宣传新品千禧果，千禧果的信息如下：果香浓郁、香甜可口；精选大果、成熟度高；清晨采摘、现摘现发；自然成熟、不催熟不打蜡；5 斤装、顺丰发货、坏果包赔。使用文心一言为千禧果写作小红书宣传文案。

综合实训

实训一　为服装品牌的防晒衣写作产品详情页文案

实训目的： 练习写作产品详情页文案的方法，提升产品详情页文案的写作能力。

实训要求： 某服装品牌需要为新款冰丝防晒衣写作产品详情页文案。该款防晒衣的两大卖点为：防晒指数 UPF50+，可防晒伤晒黑；采用原纱防晒工艺。另外，其细节设计有：宽帽檐和加深帽兜设计，头部、颈部全面防护；帽子上有隐藏发洞，扎起的头发也能轻松安放；斜切指洞，手背防晒也很到位。为服装品牌的防晒衣写作产品详情页文案，要求简洁明了地突出防晒衣的卖点，并且突出防晒衣的几处细节设计。

实训思路： 本次实训将根据产品详情页文案的构成确定冰丝防晒衣详情页文案的写作结构，具体操作思路可参考图 3-51。

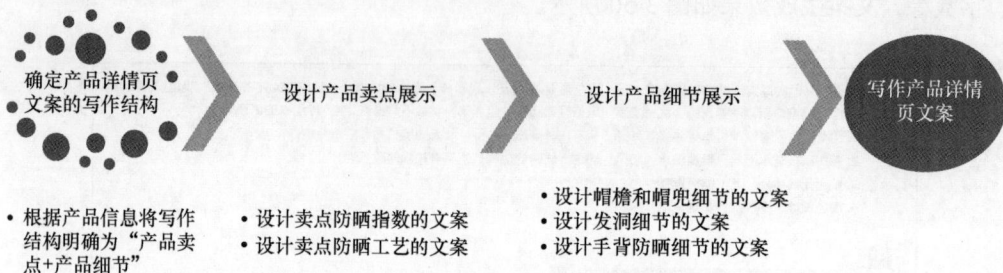

图 3-51　写作产品详情页文案的思路

实训结果： 本次实训完成后的部分参考效果如图 3-52 所示（配套资源:\效果\项目三\综合实训\为服装品牌的防晒衣写作产品详情页文案.docx）。

卖点 1：防晒指数
UPF50+高效防晒，无惧烈日挑战
卖点 2：防晒工艺
原纱防晒工艺，凉爽亲肤新体验
细节 1：帽檐和帽兜
宽帽檐+加深帽兜，全面防护无死角
细节 2：发洞
隐藏发洞设计，扎发无忧
细节 3：手背防晒
斜切指洞，手背防晒也到位

图 3-52　防晒衣产品详情页文案的部分参考效果

▌实训二　使用通义为大米品牌写作品牌新闻文案

实训目的： 练习写作品牌新闻文案的方法，提升文字表达能力。

实训要求： 2024 年 7 月 26 日，大米品牌丰禾（此为虚构品牌）在成都成功举办了新品发布会。首先，品牌创始人回顾了品牌的发展历程，分享了品牌对大米行业的深刻洞察与未来展望。然后，重点推出了"丰禾臻选"系列大米，该系列产品采用先进的稻谷种植技术和加工工艺，确保大米的口感和营养价值。同时，采用独特的锁鲜技术，保留大米最原始的香味和营养成分，煮出来的米饭晶莹剔透、口感软糯。另外，发布会现场设置了品鉴区，来宾们可以品尝使用"丰禾臻选"系列大米制作的各种美食。根据丰禾大米新品发布会的相关信息，使用通义写作品牌新闻文案。

实训思路： 本次实训将使用通义辅助写作，使用时可根据 AIGC 工具的使用思路进行，具体操作思路可参考图 3-53。

确定写作切入点

- 设定角色
- 提供文案的背景信息
- 说明文案风格、字数限制 等

调整句子流畅度、用词准确性

图 3-53　使用通义写作品牌新闻文案的思路

实训结果: 本次实训完成后的参考效果如图 3-54 所示 (配套资源:\效果\项目三\综合实训\实训二\使用通义为大米品牌写作品牌新闻文案.docx)。

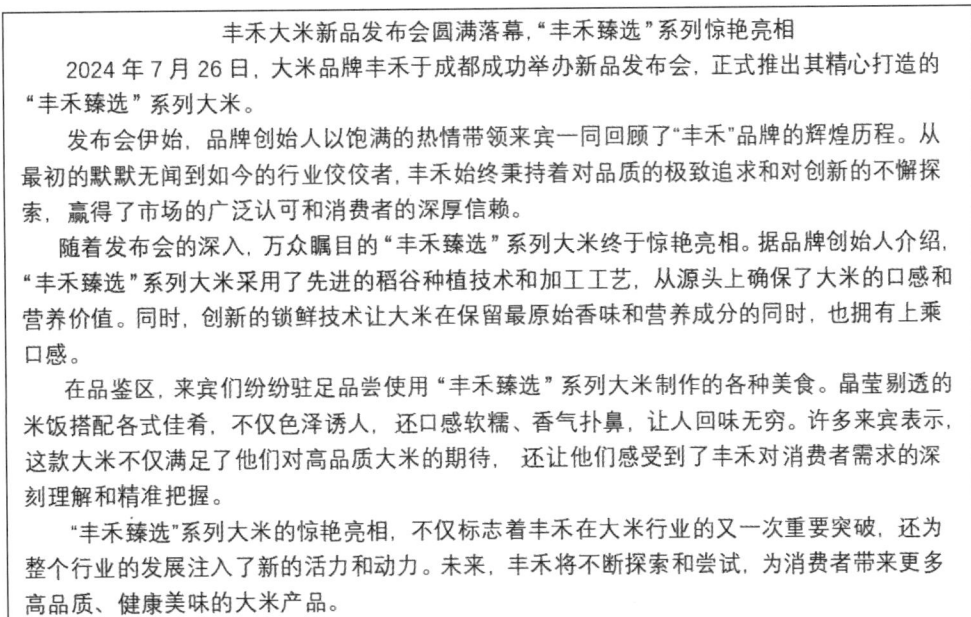

丰禾大米新品发布会圆满落幕,"丰禾臻选"系列惊艳亮相

2024 年 7 月 26 日,大米品牌丰禾于成都成功举办新品发布会,正式推出其精心打造的"丰禾臻选"系列大米。

发布会伊始,品牌创始人以饱满的热情带领来宾一同回顾了"丰禾"品牌的辉煌历程。从最初的默默无闻到如今的行业佼佼者,丰禾始终秉持着对品质的极致追求和对创新的不懈探索,赢得了市场的广泛认可和消费者的深厚信赖。

随着发布会的深入,万众瞩目的"丰禾臻选"系列大米终于惊艳亮相。据品牌创始人介绍,"丰禾臻选"系列大米采用了先进的稻谷种植技术和加工工艺,从源头上确保了大米的口感和营养价值。同时,创新的锁鲜技术让大米在保留最原始香味和营养成分的同时,也拥有上乘口感。

在品鉴区,来宾们纷纷驻足品尝使用"丰禾臻选"系列大米制作的各种美食。晶莹剔透的米饭搭配各式佳肴,不仅色泽诱人,还口感软糯、香气扑鼻,让人回味无穷。许多来宾表示,这款大米不仅满足了他们对高品质大米的期待, 还让他们感受到了丰禾对消费者需求的深刻理解和精准把握。

"丰禾臻选"系列大米的惊艳亮相,不仅标志着丰禾在大米行业的又一次重要突破,还为整个行业的发展注入了新的活力和动力。未来,丰禾将不断探索和尝试,为消费者带来更多高品质、健康美味的大米产品。

图 3-54　品牌新闻文案的参考效果

▌实训三　为零食品牌的热卖产品写作小红书文案

实训目的: 练习写作小红书文案的方法,提升写作新媒体文案的能力。

实训要求: 某美食达人近期打算测评零食品牌珍香的热卖产品靖江猪肉脯。该款猪肉脯选用新鲜猪后腿瘦肉,剔除了皮、膘、筋骨,只取整块纯瘦肉;色泽鲜艳棕红,油润透亮,切片整齐,薄厚适中,每一片的厚度都在 2 毫米左右;干香不柴,软韧有嚼劲,咸中微甜,口感丰富;一片一袋,干净易携;价格为 49.9 元/斤。根据靖江猪肉脯的基本信息,采用合适的写作技巧写作小红书文案。

实训思路: 本次实训涉及小红书文案的类型和写作技巧等,具体操作思路可参考图 3-55。

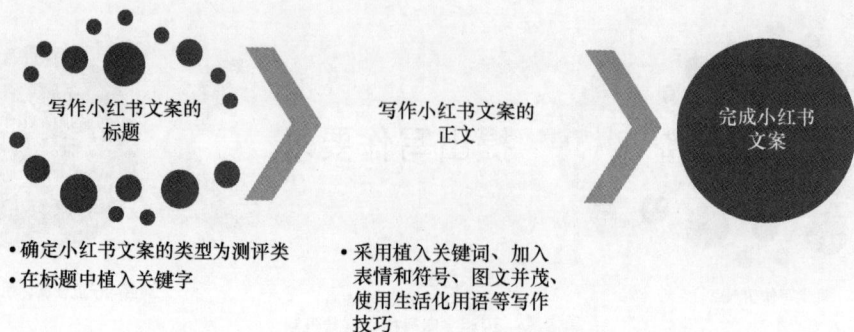

图 3-55　为热卖产品写作小红书文案的思路

实训结果：本次实训完成后的参考效果如图 3-56 所示（配套资源:\效果\项目三\综合实训\实训三\为零食品牌的热卖产品写作小红书文案.docx）。

超好吃的靖江猪肉脯，一口下去满嘴留香！

刚拿到手，就被这精致的包装吸引了！一片一袋的设计，既方便携带又卫生。打开包装袋，猪肉脯的香气扑鼻而来，让人忍不住想立刻尝一口。

色泽鲜艳的棕红色，油润透亮，每一片都切得整整齐齐，薄厚适中，看起来就非常诱人！

吃起来干香不柴，软韧有嚼劲，咸中带有一点微甜，层次感十足，让人吃完一片还想再来一片，根本停不下来！

这款猪肉脯我真的爱到不行。最近不管是追剧、加班还是外出游玩，我包里都会带着这款猪肉脯，想吃的时候来一片真的太幸福了。不过这款猪肉脯也有个缺点，那就是性价比不高，偶尔买来尝尝是可以的！

图 3-56　热卖产品小红书文案的参考效果

巩固提高

1. 文案的创意方法有哪些？

2. 产品标题文案的结构是怎样的？

3. 产品主图文案的写作技巧有哪些？

4. 产品详情页文案的构成部分有哪些？

5. 品牌故事文案的写作技巧有哪些？

6. 危机公关文案的写作结构是怎样的？

7. 朋友圈文案的写作方法和技巧有哪些？

8. 为某电器品牌新推出的智能迷你洗碗机写作产品标题文案、产品主图文案和产品详情页文案，该款洗碗机的信息如下。

（1）全域 360° 喷淋，全方位清洁餐具。

（2）6 种洗涤模式自由选择，包括强力洗（适用于重油餐具）、标准洗（适用于黏稠餐具）、快速洗（适用于轻污餐具）、节能洗（省水省电）、消毒洗（高温杀菌）、果蔬洗（去除果蔬农药残留）。

（3）智能感应系统，可根据餐具脏污程度自动调节洗涤模式。

（4）配备高温消毒功能，高效杀菌。

（5）热风烘干技术，叠加 2 个时序热风烘干。

（6）支持手机 App 远程操控。

（7）机身小巧，可随处安置。

9. 在微博中发布一则推广阳山水蜜桃的文案，要求体现该水蜜桃的以下特点。

（1）地理标志产品，个头大、色泽绚丽、肉厚、香气浓郁、汁多味甜。

（2）富含无机盐、钙、维生素 C 等多种物质。

（3）绿色健康，生态种植，使用农家肥。

（4）原价 80 元/4 斤，活动价 69 元/4 斤，活动 3 天后截止。

10. 使用通义为一款防晒帽写作一则测评式的小红书文案，该防晒帽的信息如下。

（1）防晒指数 UPF 50+，宽边设计，帽檐可自由折叠，方便携带的同时，提供更全面的防晒覆盖，保护面部及颈部。

（2）快干材质、轻盈透气，保持头部清爽。

（3）可调节扣带，适配不同头围，穿戴稳固且舒适。

（4）原价 25.9 元/顶，现价 19.9 元/顶。

项目四

图片编辑与制作

学习目标

【知识目标】

1. 知晓图片处理与设计的原则。
2. 熟悉图片处理与设计的工具。
3. 掌握图文排版的规范。
4. 熟悉图文排版的常用工具。

【技能目标】

1. 具备图片处理与设计的能力。
2. 具备图文排版的能力。
3. 具备熟练使用图片生成类 AIGC 工具的能力。

【素养目标】

1. 培养审美，设计既符合内容需求又具有艺术美感的图片。
2. 提升学习能力，提高设计水平。

项目导读

图片作为一种重要的内容表现形式，具有直观明了、视觉冲击力强等优势，是传达信息的有效方式。在完成一系列文案创作任务后，公司安排老李继续负责图文的排版工作，并且负责设计新产品的宣传图，以推动新产品销售。鉴于小赵在图文排版和图片设计方面经验不足，老李计划将其中一篇图文交由小赵排版，并与小赵一同参与图片的设计，以提升小赵在图文设计方面的工作能力。

任务一　图片处理与设计

任务描述

老李带着小赵查看拍摄的产品图，发现部分图片存在过暗或过亮、色彩饱和度较低、背景颜色不一致等问题。为提升图片质量，老李计划先处理图片再进行设计，随后指导小赵填写了任务单（见表 4-1）。

表 4-1　任务单

任务名称	图片处理与设计	
任务背景	公司为新产品拍摄了一系列图片，用于宣传产品。然而，某款运动鞋产品的部分图片的视觉效果不佳，需要进行优化处理。同时，为了进一步提高产品曝光率，老李准备从处理后的图片中选择一张图片，用于设计宣传海报	
任务阶段	□准备阶段　　■实施阶段　　□收尾阶段	
工作任务		
任务内容	任务说明	
任务演练 1：处理运动鞋产品图片	处理图片色彩存在的问题，使图片中的产品恢复到真实的视觉效果；然后使用抠图的方式或裁剪工具将图片处理为白底图	
任务演练 2：设计运动鞋产品竖版海报	使用处理好的图片设计宣传海报，并在其中添加产品卖点相关文字和装饰图形，提升图片的视觉效果	
任务总结：		

知识准备

一、图片处理与设计的原则

为提升图片的质量、确保信息传达的准确性，并优化用户的体验，在处理与设计图片时，需要遵循真实性、主题明确性、服务性、创意性、时效性和细节性等原则。

1. 真实性原则

在处理与设计图片时，除非有特殊需求（如制作特效图片、创意图片等），否则都需要基于客观事实，不能虚构或篡改内容。真实的图片能够显著提升用户对图片的信任度，特别是在新闻报道、广告宣传等领域，真实性是提升公信力的基石。相反，内容虚假或夸大其词的图片可能会误导用户，使用户对图片所传达的信息产生错误的判断，进而损害品牌形象或社会公信力。

2. 主题明确性原则

为了避免图片中存在过多元素导致信息混乱，图片的主题必须明确。一张优秀的图片，应该让用户在看到图片的瞬间便能够迅速捕捉到主要信息，如主体物的特点、所处场景或当前发生的事件，这需要使用较大的字号或视觉效果突出的颜色突显主题文字，或将主题元素放在画面的中心位置，使用箭头、线条等指引性元素引用用户的视线。图 4-1 所示为某户外服装品牌店铺的横幅广告，其主题为"户外冲锋衣"，其在文字内容、主体图（冲锋衣）和背景图（群山）的选择上都紧密围绕该服装展开，让用户一眼就能知道该海报的主题和用意。

图 4-1　店铺横幅广告

3. 服务性原则

图片的风格、文字及排版方式应为核心要素服务，如视觉观感、主题等。例如，若需要展现年轻与活力的视觉观感，可采用鲜艳夺目、明快清新的色彩搭配，笔画不拘一格、笔势自由流畅、富有动感的字体，以及灵活多变、打破常规的排版方式；若需要传达高端与稳重的视觉观感，则可以考虑采用黑、白、灰等经典且沉稳的色彩，笔画严谨、笔势稳健有力的字体，以及更为规整、对称或平衡的排版方式。图 4-2 所示为某艺术展海报，旨在传达传统和现代相结合的主题。背景图采用极具传统色彩的场景图——蓑衣渔民在水面撑筏；文字选用毛笔字体，确保整体视觉上的一致性；为体现现代感，采用描边文字，以线条的形式添加现代设计元素；排版采用文字环绕主体形象的形式，既保证文字清晰易读，又突出主体形象。这种设计方式，让图片上的所有元素都为主题服务。

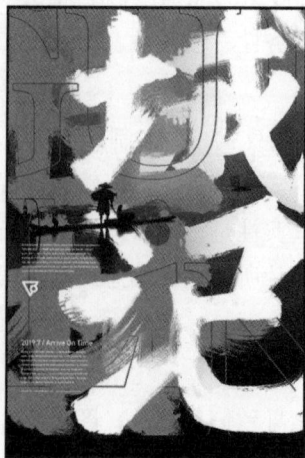

图 4-2　艺术展海报

4. 创意性原则

在构图、色彩、元素搭配等方面展现创意，可以使图片在激烈的市场竞争中形成差异化优势，以独特的视觉效果吸引用户的注意力，使用户在欣赏图片的同时逐步浏览其中的信息，促进转化。图 4-3 所示的产品主图中，巧妙地融入了真实的蝴蝶图像，蝴蝶图像与水杯杯面的蝴蝶元素形成了美妙的呼应；同时，真实的蝴蝶图像与水杯之间呈现出一种亲密而自然的交互场景，这种设计不仅凸显了水杯的艺术美感，还巧妙地暗示了该水杯的高质量——光滑的表面、优质的材质、美丽的外观设计等正是让蝴蝶久久不愿离去的原因。

图 4-3　产品主图

5. 时效性原则

在快速变化的市场中，时效性原则是确保图片保持竞争力和吸引力的核心要素。这意味着图片内容与风格必须紧跟市场潮流和用户需求的变化，实现及时更新和迭代，以有效吸引和留住用户。近年来，弥散风格以独特的模糊、虚化、噪点、朦胧、虚实结合以及色彩渐变等特点，在图片处理和设计领域中独树一帜，备受内容编辑人员和用户的喜爱。图 4-4 所示的节气插画海报便采用弥散风格，背景采用渐变的色彩，主体物采用常见的花朵、气泡等元素，并以朦胧、虚化的视觉效果呈现出来。

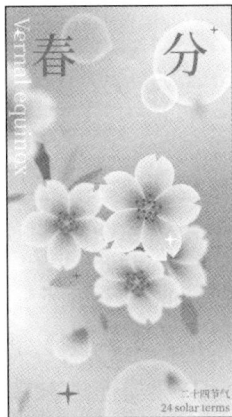

图 4-4　节气插画海报

6. 细节性原则

精心处理图片上的每一个细节，如主体物质感的真实呈现、光影效果的巧妙运用，以及背景环境的精心布置，能够清晰展示图片的亮点、特性和优势，使图片看起来更加精致、高端和专业，从而增强用户对图片内容的信任感。图 4-5 所示的厨具产品图中，每张图片中的背景都经过细心布置，营造出精致的视觉效果，并将产品巧妙地融入充满生活气息的使用场景中，可以让用户联想到自己使用这些产品烹饪食物的温馨景象，有效增强了图片对用户的吸引力。

图 4-5　厨具产品图

二、图片处理与设计的工具

在当今市场上，图片处理与设计工具种类繁多，层出不穷。内容编辑人员可以根据不同工具的特点以及实际的需求进行选择，以确保所选工具既能满足具体的工作需求，又能提高工作效率与成果质量。

（1）Photoshop。Photoshop 是 Adobe 公司旗下的一款专业图片处理与设计工具，提供众多工具和命令，可以对图片进行抠图、修饰、调色、图像合成等操作，强化图片的视觉效果；还可以应用滤镜功能创造独特的艺术风格、应用文字工具为图片添加文字、应用绘图工具为图片添加装饰图形。图 4-6 所示为使用 Photoshop 的滤镜功能制作的邀请函，该图片具有玻璃质感，并添加了文字、装饰图形，效果美观。

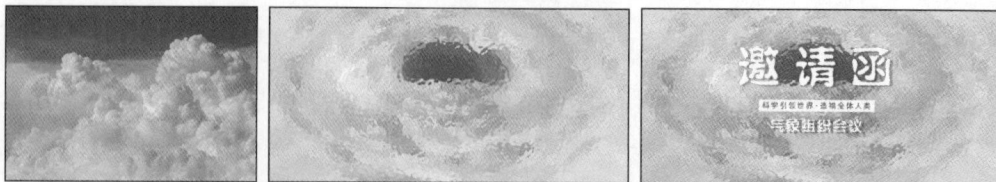

图 4-6　使用 Photoshop 制作的邀请函

（2）Illustrator。Illustrator 同样由 Adobe 公司开发，是一款专门用来处理和设计矢量图片的强大工具，能够轻松绘制精确、流畅的线条和形状，从而制作出常用的 Logo、插画等类型的图片；它还内置多种效果、滤镜，可以轻松让内容编辑人员为图片添加独特的视觉效果，如渐变、阴影、发光、纹理等。图 4-7 所示为利用 Illustrator 制作的不同主题的海报，这些海报使用绘图工具制作出背景图、主体物和装饰物，再使用文字工具输入文字，并且为主体物添加了渐变和立体视觉效果，具有极强的设计感。

图 4-7　使用 Illustrator 制作的不同主题的海报

（3）美图秀秀。美图秀秀是一款由厦门美图网科技有限公司研发并推出的图片处理与设计软件，凭借简单易用、功能丰富的特点，赢得了广大内容编辑人员的喜爱。在图片处理方面，美图秀秀提供了裁剪、旋转、缩放等编辑工具，以及特效滤镜、人像美容、文字和贴纸添加、智能抠图和背景替换等功能；在图片设计方面，美图秀秀提供拼图功能让用户可以自由拼接多张图片，提供场景和边框功能让用户可以自行为图片营造氛围，提供海报模板让用户可以使用模板快速制作海报。图 4-8 所示为使用美图秀秀制作的海报，内容编辑人员只需要更改模板中的文字内容便能完成设计，极大提高了设计效率。

图 4-8　使用美图秀秀制作的海报

（4）创客贴。创客贴是一款由北京艺源酷科技有限公司开发的在线图片处理与设计工具，其首页如图4-9所示。创客贴提供多种应用场景的模板、素材库，包括海报、公众号、PPT，以及海量的正版图片、字体、图标等设计元素，还提供创客贴AI、智能抠图、批量设计等工具，用户只需通过简单的拖、拉操作，便可以轻松处理与设计图片。

图4-9　创客贴首页

（5）稿定设计。稿定设计是一款聚焦商业设计的多场景在线设计工具，由稿定（厦门）科技有限公司开发和运营。它和创客贴类似，提供大量的模板和图片、视频、音乐、字体等素材，确保用户在图片处理与设计过程中拥有丰富的资源；同时还提供稿定AI、批量处理、拼图等工具，以满足用户多样化的需求。图4-10所示为稿定设计首页。

图4-10　稿定设计首页

三、图片的基本处理

拍摄或从其他途径收集的图片素材，可能存在尺寸或色彩不符合需要、主体不突出等问题，因此需要对图片进行一些处理，从而增强图片的视觉效果，突出主体。Photoshop可以根据制作的需要，灵活地处理图片，使用者在 Photoshop 中打开图片后，即可进入图片处理页面，如图 4-11 所示，在其中可以对图片进行抠图、裁剪和调色等处理。

图 4-11　Photoshop 2020 图片处理页面

（1）菜单栏。菜单栏由 11 个菜单组成，每个菜单下包含多个命令。若命令右侧标有 ▶ 标志，则表示该命令还有子命令；若命令呈灰色显示，则表示该命令没有激活或当前不可用。

（2）标题栏。标题栏中显示已打开或已创建图像文件的名称、格式、显示比例、色彩模式、所属通道、图层状态及该图像文件的"关闭"按钮 ×。

（3）工具箱。工具箱集合了 Photoshop 中的所有工具，单击工具箱中对应的工具按钮，可选择该工具。若工具按钮右下角标有 ◢ 标志，则表示该工具位于一个工具组中，该工具组还包含隐藏的工具，此时，在该工具按钮上按住鼠标左键不放或单击鼠标右键，可显示该工具组中的所有工具。

（4）工具属性栏。工具属性栏默认位于菜单栏的下方。当内容编辑人员选择工具箱中的某个工具后，工具属性栏将显示对应工具的参数设置选项。

（5）浮动面板。在浮动面板中可进行选择颜色、编辑图层、新建通道、编辑路径和撤销编辑等操作。在"窗口"菜单中选择某个面板的命令后，该面板被添加到浮动面板中以缩略按钮的形式显示，并且可以通过拖动鼠标指针调整该面板的位置。

（6）图像编辑区。图像编辑区是在 Photoshop 中查看与编辑图像的区域，也是浏览当前图像状态的主要场所，所有的图像处理结果都在图像编辑区中显示。

（7）状态栏。状态栏默认位于图像编辑区的下方。左端显示当前图像编辑区的显示比例，在其中输入数值并按【Enter】键可改变图像的显示比例；中间区域默认显示当前文件的大小；单击右侧的按钮，可在弹出的列表中设置中间区域的显示内容。

1. 抠图

抠图是把一张图片中所需的部分精确地与其他部分分离，使其成为一个独立的图像。Photoshop 提供了多种工具组和命令用于抠图，如魔棒工具组、"焦点区域"命令和"主体"

命令等，它们的使用方法和使用情景不同。

（1）魔棒工具组。该工具组主要用于在抠图对象与图片其他部分颜色相差较大的情况下创建选区，包括对象选择工具、快速选择工具和魔棒工具。

①"对象选择工具" 。该工具用于自动识别所框选区域内的完整对象，实现智能抠图。该工具的使用方法为：单击"对象选择工具"按钮 ，在工具属性栏中根据具体需求设置参数后，在图像编辑区内按住鼠标左键不放并拖动鼠标指针，绘制一个选框区域，Photoshop将自动为区域内明显的图像创建选区，如图4-12所示。

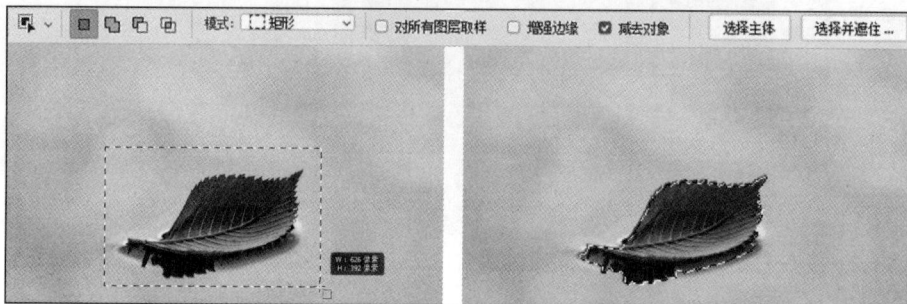

图4-12　使用"对象选择工具"抠图

②"快速选择工具" 。该工具用于快速选择指定区域，使用方法与"对象选择工具"一致。

③"魔棒工具" 。在选择图片中颜色相同或颜色相近的区域时，可以使用"魔棒工具"。单击"魔棒工具"按钮 ，在工具属性栏中根据具体需求设置参数后，在图像编辑区内单击，Photoshop将自动根据单击点下方的像素创建选区。

（2）"焦点区域"命令。该命令适用于抠取主体物清晰而背景模糊的图像，也适用于抠取主体物毛发间存在背景颜色的图像。选择【选择】/【焦点区域】命令，打开"焦点区域"对话框，在"视图"下拉列表中选择所需的视图模式选项，选中"自动"复选框，Photoshop将自动分析位于焦点的对象的区域或像素，将焦点以外的区域或像素选中，并用红色区域覆盖后抹除，如图4-13所示。

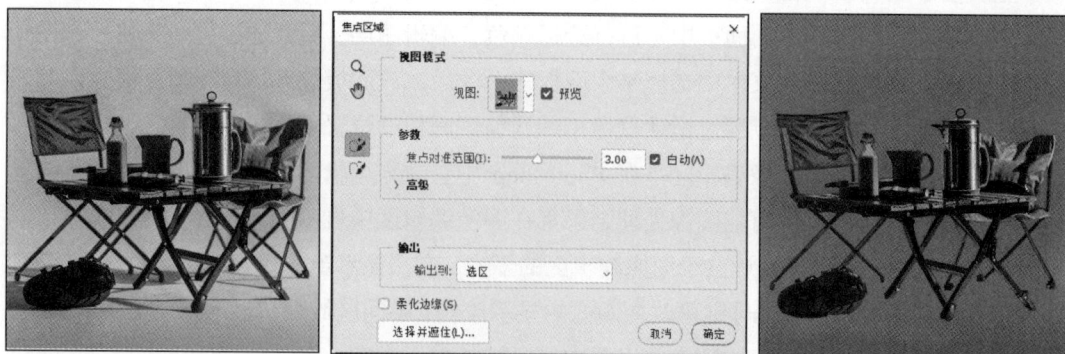

图4-13　使用"焦点区域"命令抠图

（3）"主体"命令。该命令可让Photoshop自动识别图片中的主体物，并为其创建选区。选择【选择】/【主体】命令，Photoshop便可为图片中的主体物创建选区，如图4-14所示。

图 4-14 使用"主体"命令抠图

2. 裁剪

裁剪是指按照一定的尺寸或比例裁剪图片。在使用图片时，常需要各种尺寸和比例的图片，内容编辑人员可以按照实际需求处理图片，裁剪掉图片多余的部分。Photoshop 提供了"裁剪工具" ![] 和"透视裁剪工具" ![] 用于裁剪图片。

（1）"裁剪工具" ![]。该工具可以根据设置的比例裁剪图片。单击"裁剪工具"按钮![]，在工具属性栏设置参数时，图像上将出现一个裁剪框，将鼠标指针移至裁剪框上，当鼠标指针变为 ![] 形状时，拖曳裁剪框可调整裁剪框范围，按【Enter】键完成裁剪操作，如图 4-15 所示。

（2）"透视裁剪工具" ![]。该工具不但可以裁剪图片，还可以矫正图片中的透视问题。单击"透视裁剪工具" ![]，将鼠标指针移至图像编辑区，单击确定第一个点，然后拖曳鼠标指针确定其他三个点，从而创建矩形裁剪框，按【Enter】键完成裁剪操作，如图 4-16 所示。

图 4-15 使用"裁剪工具"裁剪图片　　图 4-16 使用"透视裁剪工具"裁剪图片

> ⏰ 提示
>
> 裁剪图片后，若想调整图片上某一元素的大小，可以选择该元素所在图层，再按【Ctrl+T】组合键进入编辑状态，此时该元素周围将出现定界框，将鼠标指针移至定界框右下角的控制点上，当鼠标指针变成 ![] 形状时，按住鼠标左键不放并拖曳鼠标指针，可等比例放大或缩小元素；将鼠标指针移至定界框的任意一角上，当其变成 ![] 形状时，按住鼠标左键不放并拖曳鼠标指针，可旋转元素。该方法也适用于同时调整多个元素。

3. 调色

调色是指调整图片的色彩，旨在恢复其原本的色彩效果，提升视觉美观度。具体而言，可以通过调整图片的亮度、饱和度、对比度、色调等达到调色的目的。需要注意的是，应在遵循真实性原则的基础上进行调色，避免图片中的主体物颜色失真。图 4-17 所示为通过调整手表图片的亮度和饱和度，恢复原本的颜色。

图 4-17　调色

Photoshop 提供多种调色命令和调整图层功能供内容编辑人员调色。

（1）调色命令。调色命令只能作用于当前选中的图层，并且调整的参数不可逆。选择【图像】/【调整】命令，在打开的子菜单中可选择多种调色命令，如"亮度/对比度""自然饱和度""照片滤镜"等，选择这些命令后会打开对应的对话框，在其中设置参数后，单击 确定 按钮便可以执行命令进行调色。图 4-18 所示为使用"亮度/对比度"命令调整向日葵图片的亮度。

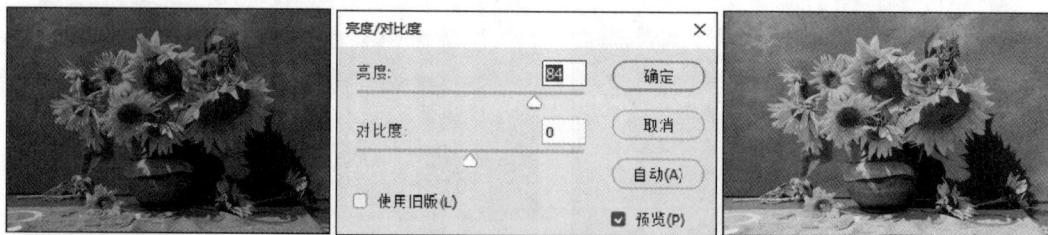

图 4-18　使用"亮度/对比度"命令调色

（2）调整图层功能。该功能的作用范围更广，可以作用于位于调整图层下方的所有图层，并且随时在"属性"面板中编辑调色数值。单击"创建新的填充或调整图层"按钮 ，在弹出的快捷菜单中选择"亮度/对比度"（用于调整图片亮度和对比度）、"自然饱和度"（用于调整图片的饱和度）、"照片滤镜"（用于调整图片的色调）中的任一命令，会在图层中新建对应的调整图层，并在"属性"面板中显示可编辑的参数，通过设置这些参数便可以进行调色。图 4-19 所示为在"背景"图层上方创建"亮度/对比度"调整图层，以调整"背景"图层中的向日葵图片的亮度。

图 4-19　使用调整图层功能调色

四、图像修饰与合成

图片修饰是指消除图像中的污渍、瑕疵，美化局部细节，并突出主体物。图像合成是指将图片、文字、图形等多种元素组合在一起，创造出一个内容丰富的、新的视觉效果。

1. 图像修饰

Photoshop 提供了"污点修复画笔工具" 、"修复画笔工具" 和"仿制图章工具" ，用来修复图片；还提供了"模糊工具" 和"锐化工具" ，用来美化局部细节和突出图片主体物。

（1）"污点修复画笔工具"按钮 和"修复画笔工具"按钮 。这两个工具都需要采集图像中的像素作为样本，再利用样本去除污渍、瑕疵等。

① "污点修复画笔工具" 的使用方法。单击"污点修复画笔工具"按钮 ，在工具属性栏中根据具体需求自行设置参数后，在图像中单击鼠标左键，或者按住鼠标左键不放并拖曳鼠标指针，Photoshop 将修复画笔覆盖的区域。图 4-20 所示为去除墙面投影。

② "修复画笔工具" 的使用方法。单击"修复画笔工具"按钮 ，在工具属性栏中根据具体需求自行设置参数后，按住【Alt】键不放，此时鼠标指针变为 形状，将鼠标指针移至取样点，单击取样，松开【Alt】键完成取样，然后在需要修复的地方单击鼠标左键，或者按住鼠标左键不放并拖曳鼠标指针，即可修复图像。

（2）"仿制图章工具" 。该工具运用图片的一部分修复图片的另一部分。其使用方法为：单击"仿制图章工具"按钮 ，在工具属性栏中根据具体需求自行设置参数后，按住【Alt】键不放，此时鼠标指针变为 形状，将鼠标指针移至取样点，单击取样（取样参考点会出现十字形指针），松开【Alt】键完成取样，这时鼠标指针变为 形状，将其移至图像的其他位置单击，此单击点位置出现取样点位置的图像，即把参考点周围的图像复制到单击点周围。

（3）"模糊工具" 和"锐化工具" 。"模糊工具" 常用于模糊图片背景，从而突出主体物。"锐化工具" 正与之相反，常用于使模糊的图片变得更加清晰、细节更加鲜明。图 4-21 所示为使用"锐化工具" 强化叶片脉络，使其更加突出，以提升视觉观感。这两个工具的使用方法类似，都需要在单击对应的按钮后，在工具属性栏设置参数，然后在图像上单击鼠标左键，或者按住鼠标左键不放并拖曳鼠标指针，涂抹所要处理的区域。

图 4-20　去除墙面投影

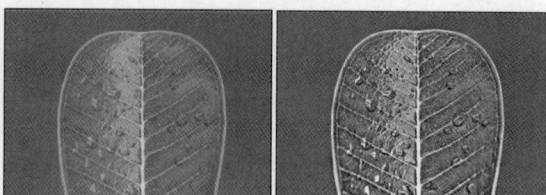

图 4-21　强化叶片脉络

2. 图像合成

Photoshop 提供了用于添加文字的文字工具组、用于绘制图形的形状工具组、用于增加图层的"图层"面板（在 Photoshop 中，图像上所有内容都被放置在图层上），并且提供了一系列命令和按钮用于编辑图层中的内容。图 4-22 所示为先在背景图层添加不同图片，再使用"横排文字工具" T 添加文字，随后使用"矩形工具" □ 和"椭圆工具" ○ 为文字绘制装饰图形进行美化，使内容浑然一体。

图 4-22　图像合成

（1）文字工具组。其包括"横排文字工具" T 和"竖排文字工具" IT，分别用于输入横排文字和竖排文字。这两个工具的使用方式一致，单击对应按钮后，在工具属性栏设置参数，然后单击文本定位点即可输入文字，如图 4-23 所示；在图像编辑区内单击，按住鼠标左键不放并拖曳鼠标指针，绘制文本定界框，在框内即可输入文字，如图 4-24 所示。

图 4-23　输入文字

图 4-24　输入段落文字

（2）形状工具组。其包括"矩形工具" ▭、"圆角矩形工具" ▢、"椭圆工具" ◯、"多边形工具" ⬡、"直线工具" ╱和"自定义形状工具" ✿，它们的使用方法基本一致，都是单击对应按钮后，在工具属性栏设置参数，然后单击并拖曳鼠标指针，绘制对应的图形。效果示例如图 4-25 所示。

（3）"图层"面板。若想查看和管理图层中的内容，则需要用到"图层"面板（见图 4-26）。若要复制图层或图层内容，可先选中图层或图层内容，再按【Ctrl＋J】组合键。若要调整图层的顺序，以图层 A、B 为例（图层 A 位于图层 B 上方），将鼠标指针移至图层 B 上，按住鼠标左键不放并朝上拖曳鼠标指针，可将图层 B 移至图层 A 上；将鼠标指针移至图层 A 上，按住鼠标左键不放并朝下拖曳鼠标指针，可将图层 A 移至图层 B 下方。另外，在合成图像时，还可灵活使用图层混合模式和图层不透明度。

图 4-25　绘制图形

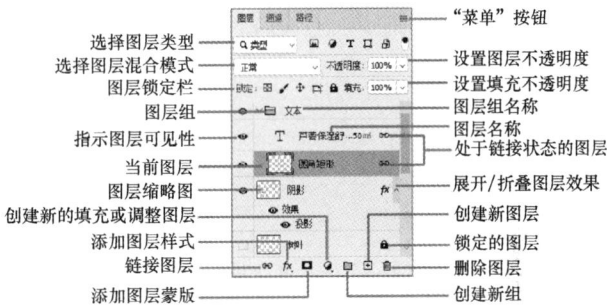

图 4-26　"图层"面板

① 图层混合模式。图层混合模式是一种可以混合所选图层与其下方图层中的颜色的高级功能。下方图层中的颜色为基色，所选图层中的颜色为混合色，混合后得到的颜色为结果色。内容编辑人员选择图层后，可在"图层"面板中的"混合"下拉列表中选择任一图层混合模式（有 27 种图层混合模式可供选择），将当前图层与其下方图层混合后得到结果色，如图 4-27所示。

下方图层（基色）　　　所选图层（混合色）

混合效果（结果色）

图 4-27　使用图层混合模式得到结果色

② 图层不透明度。在 Photoshop 中，图像内容是按照图层的堆叠顺序显示的，若需要在当前画面中展现下方图层中的内容，则需要调整上方图层的不透明度，只有使上方图层中的内容呈现透明效果，才能显现其下方图层中的内容，上下方图层内容叠加显示。选择图层后，设置"不透明度"数值或"填充"数值即可。设置图层不透明度的效果如图 4-28 所示。

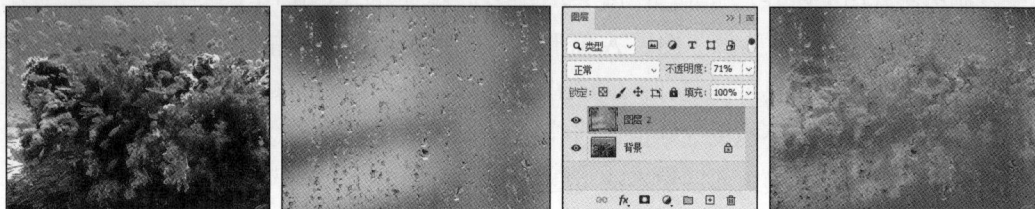

图 4-28　设置图层不透明度的效果

任务实施

任务演练 1：处理运动鞋产品图片

【任务目标】

在 Photoshop 中通过调色、裁剪、抠图、修饰等操作，处理运动鞋产品图片，提升产品图片的质感和吸引力。

【任务要求】

本次任务的具体要求如表 4-2 所示。

表 4-2　任务要求

任务编号	任务名称	任务指导
（1）	调整图片颜色	针对图片过曝、亮度过低、色彩暗淡等问题，逐一进行处理
（2）	裁剪图片	将调色后的图片通过裁剪操作调整为正方形
（3）	抠取图片	将裁剪后的图片通过抠图和添加白色调整图层，调整为白底图
（4）	修饰图片	使用工具来调整投影外形的圆滑度，使视觉效果更加美观、自然

【操作过程】

（1）新建调整图层。使用 Photoshop 分别打开素材图片（配套资源:\ 素材\项目四\任务一\产品图 1.jpg、产品图 2.jpg、产品图 3.jpg），先切换到"产品图 1.jpg"文件，单击"创建新的填充或调整图层"按钮，在弹出的快捷菜单中选择"亮度/对比度"命令，在"图层"面板中新建一个名称为"亮度/对比度 1"的调整图层，如图 4-29 所示。

微课视频

处理运动鞋产品图片

（2）调整图片颜色。观察该图片可发现，该图片曝光过度导致明暗关系不明显，颜色产生偏差。保持选中该图层的状态，打开"属性"面板，拖曳"属性"面板中的"对比度"滑块，设置对比度为"52"，强化明暗关系；再拖曳"亮度"滑块，设置亮度为"-30"，如图 4-30 所示。

图 4-29 新建调整图层

图 4-30 设置对比度和亮度参数

（3）裁剪图片。单击"裁剪工具"按钮 ⏚，在工具属性栏的"尺寸"下拉列表中选择"1：1（方形）"选项，然后依次拖曳图像编辑区的裁剪框的左右顶角，如图 4-31 所示，按【Enter】键确认裁剪。

（4）抠取图片。由于该图片的背景为淡绿灰底，可使用抠图的方式将鞋子与背景分离，再将背景替换成白底。选择【选择】/【主体】命令，Photoshop 将自动分析图片中的主体物，并创建选区。此时仍有部分阴影区域未被选中，单击"快速选择工具"按钮 🖌，在工具属性栏中单击"添加到选区"按钮 🖌，设置画笔大小为"10"，涂抹这些区域。放大该图片，发现鞋带处有些背景区域被选中了，单击"从选区减去"按钮 🖌，设置画笔大小为"5"，涂抹这些区域，效果如图 4-32 所示。

图 4-31 裁剪图片

图 4-32 抠取图片

（5）为图片替换背景色。按【Ctrl＋J】组合键将选区内的图片复制到新图层（名称为"图层 1"）上。隐藏背景图层，单击"创建新的填充或调整图层"按钮 ◐，在弹出的快捷菜单中选择"纯色"命令，打开"拾色器（纯色）"对话框，设置颜色为"#ffffff"，单击 确定 按钮。此时，鞋子所在图层上方新建一个名称为"颜色填充 1"的填充图层，拖曳该图层至"图层 1"图层下方，如图 4-33 所示。

（6）调整图片布局。此时图片顶部留白较多，视觉效果不美观。选择"图层 1"图层，按【Ctrl＋T】组合键进入图片编辑模式。将鼠标指针移至定界框右上角，当鼠标指针变为 ↻ 形状时，旋转图片；将鼠标指针移至定界框左上角，当鼠标指针变为 ↖ 状态时，放大图片。将图片布局修改为对角线布局，如图 4-34 所示，按【Enter】键确认操作。

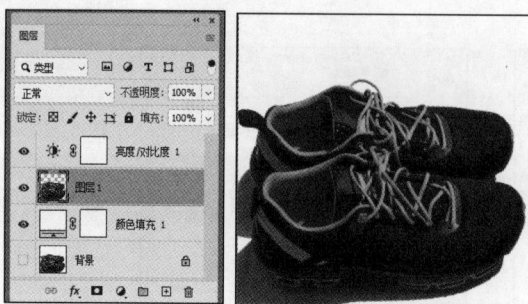

图 4-33　为图片替换背景色

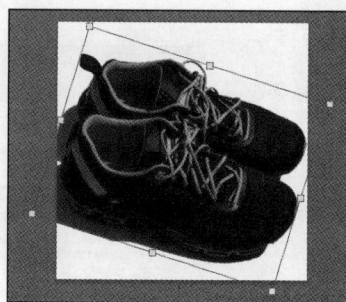

图 4-34　调整图片布局

（7）修饰图片。此时部分投影的外形不自然，单击"修复画笔工具"按钮 ，按住【Alt】键不放，单击投影区域进行采样，然后不断涂抹绘制投影边缘，使其呈圆滑状态。单击"污点修复画笔工具"按钮 ，涂抹新绘制的投影与原投影交汇处，使其效果更加自然，效果如图 4-35 所示。

（8）处理第 2 张图片。切换到"产品图 2.jpg"文件，可发现其亮度过低，按照步骤（1）的方法创建调整图层，设置亮度为"33"、对比度为"17"。此时该图片的色彩仍旧暗淡，再创建"自然饱和度"图层，设置饱和度为"＋39"，随后按照步骤（3）～（5）的方法处理图片，最后移动鞋子的位置，效果如图 4-36 所示。

图 4-35　修饰图片

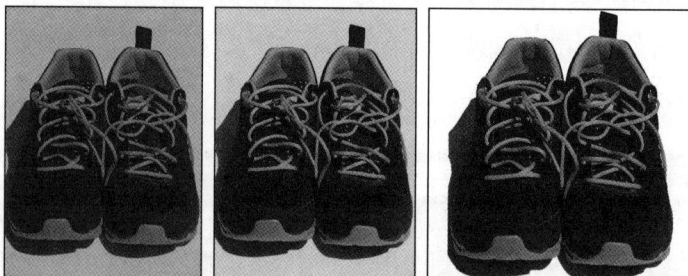

图 4-36　处理第 2 张图片

（9）处理第 3 张图片。切换到"产品图 3.jpg"文件，可发现其亮度过低、色彩暗淡，按照步骤（1）的方法创建调整图层，设置亮度为"49"、对比度为"19"、饱和度为"＋30"，随后按照步骤（3）的方法裁剪图像，再按照步骤（4）～（7）的方法抠取鞋子，调整鞋子的位置，使用"污点修复画笔工具" 修复阴影中的鞋带的图像，并结合"修复画笔工具" 对部分外形不自然的投影进行修饰，如图 4-37 所示。

图 4-37　处理第 3 张图片

（10）保存图片。按【Ctrl+Shift+S】组合键打开“另存为”对话框，在“保存类型”下拉列表中选择“JPEG”选项，单击 保存(S) 按钮（配套资源:\效果\项目四\任务一\产品图 3.jpg）。切换到“产品图 2.jpg”文件，进行相同的操作（配套资源:\效果\项目四\任务一\产品图 2.jpg）；再切换到“产品图 1.jpg”文件，进行相同的操作，并重新保存为 PNG 格式的图片（需要先隐藏白色填充图层再保存），以便后期制作宣传海报（配套资源:\效果\项目四\任务一\产品图 1.jpg、产品图 1.png）。

任务演练 2：设计运动鞋产品竖版海报

【任务目标】

在稿定设计中根据使用场合和产品类型筛选模板，修改模板中的图片和文字内容，并添加装饰元素，设计竖版海报。

【任务要求】

本次任务的具体要求如表 4-3 所示。

表 4-3　任务要求

任务编号	任务名称	任务指导
（1）	选择模板	根据产品类型选择合适的模板
（2）	替换模板中的元素	替换模板中的文字内容和产品图
（3）	删除和新增元素	删除模板中不需要的元素，新增装饰元素和蒙版元素
（4）	下载竖版海报	将设计完毕的海报导出为 JPG 格式的图片

【操作过程】

微课视频

设计运动鞋产品竖版海报

（1）筛选模板。打开稿定设计官网，登录账号后，单击页面左侧“模版”选项卡，在“渠道”栏中选择“电商”选项，在“物料”栏中选择“电商竖版海报”选项，在“行业”栏中选择“服饰箱包”选项，在“风格”下拉列表中选择“潮流”选项，在“版式”下拉列表中选择“竖版”选项，如图 4-38 所示。

图 4-38　筛选模板

（2）替换模板中的产品图。可以看到，第1排第1个模板的视觉效果美观，并且产品类型一致，可选择该模板进行设计，进入该模板编辑页面。选择模板中的鞋子图片，再单击页面右侧的 替换图片 按钮，打开"选择资源"对话框，单击 上传资源 按钮，在弹出的下拉列表中选择"本地上传"选项，打开"打开"对话框，选择处理好的"产品图 1.png"文件，单击 打开(O) 按钮，等待上传完毕后，单击上传的图片便可以成功替换模板中的产品图，效果如图 4-39 所示。单击空白区域，该图片可自动恢复为原堆叠顺序。

（3）替换模板中的 Logo 文字。打开"产品信息.txt"素材文件（配套资源:\素材\项目四\任务一\产品信息.txt）。选择模板右上角的 Logo 图标，此时 Logo 文字被一同选中，单击操作栏的"拆分组"按钮 ⋈，选择 Logo 图标，单击操作栏的"删除"按钮 ▯ 删除 Logo 图标，双击 Logo 文字，修改文字内容为"悦动星轶"，单击空白区域，再选择该文字，在页面右侧"文字"栏中设置字号为"60"，通过拖曳鼠标指针移动该文字位置。效果如图 4-40 所示。

（4）替换模板中的其他文字和删除元素。按照步骤（3）的方法修改模板中的其他文字，文字内容同样参考"产品信息.txt"素材文件。由于模板中两处英文文字字号较小，不易识别，可直接删除，再删除右下角的条形码。效果如图 4-41 所示。

图 4-39 替换模板中的产品图　　图 4-40 替换 Logo 文字　　图 4-41 替换其他文字和删除元素

（5）调整投影特效。观察模板中的内容，可发现产品图的投影特效与背景图的融合比较突兀，应做适当调整。选择产品图，将鼠标指针移至调整框左上角，当鼠标指针变为 ◥ 形状时拖曳鼠标指针，使图片等比例放大直到左侧投影与模板边缘贴合，随后调整右侧调整框，使鞋头位于黑色边框位置。效果如图 4-42 所示。

（6）新增装饰元素。此时产品图自带的投影与背景图的融合仍然较为突兀，可添加白色装饰来衔接。单击页面左侧的"元素"按钮 ◿，在打开的"元素"窗口中选择"形状"选项，在"笔刷"栏中选择第1个笔刷图形，如图 4-43 所示。该图形将被添加到模板中并呈选中状态，单击页面右侧"图形"栏中的填充色块，在打开的"颜色"面板中设置颜色为白色"#FFFFFF"，放大笔刷图形，将鼠标指针移至调整框的旋转控制点上，当鼠标指针变为 ↰ 形状时拖曳鼠标指针以旋转该图形，然后调整位置，单击鼠标右键，在弹出的快捷菜单中选择【图层顺序】/【下移一层】命令，直到该图形位于鞋子图像下方。效果如图 4-44 所示。

图 4-42　调整投影特效　　　　图 4-43　选择笔刷图形　　　　图 4-44　调整笔刷图形

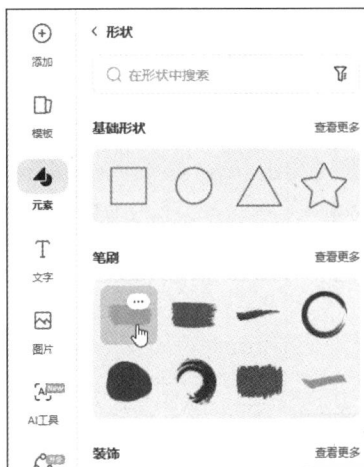

（7）提升模板元素的设计感。此时模板中的内容已添加完毕，但是整体设计感较弱，视觉效果比较平庸。选择文字"潮流新启"，在页面右侧"文字"栏的"变形"下拉列表中选择第 2 个选项，设置强度为"16"，如图 4-45 所示；在"文字特效"下拉列表中选择"描边"选项，在打开的"描边"列表中选择第 2 列第 2 个选项，效果如图 4-46 所示。

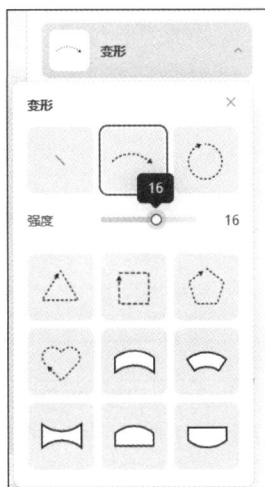

图 4-45　设置"强度"参数　　　　　　　　图 4-46　添加描边特效

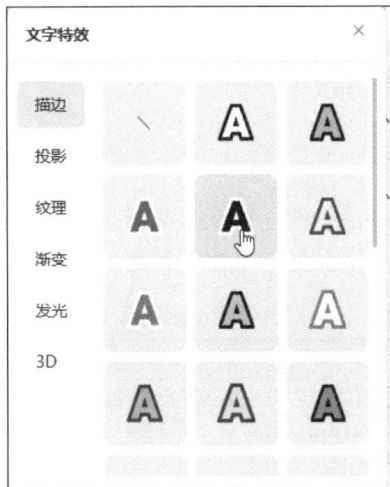

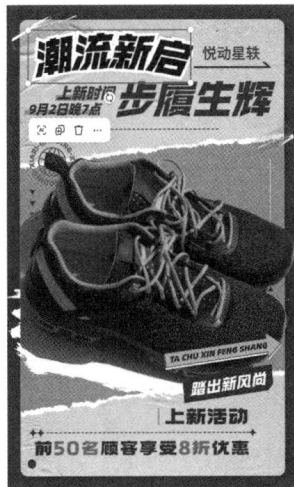

（8）制作蒙版。按照步骤（7）的方法为文字"步履生辉"进行相同设置，其中变形强度为"-14"；为文字"悦动星轶"添加图 4-47 所示的纹理特效。选择产品图，单击操作栏中的"创建副本"按钮 ⏎，此时自动选中复制所得的产品图，在页面右侧"图片"栏的"蒙版"下拉列表中单击"笔刷"选项卡，选择图 4-48 所示的选项，缩小复制所得的产品图，并移至左下角，效果如图 4-49 所示。

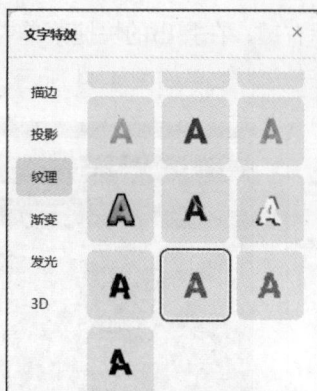

图 4-47　添加纹理特效　　　图 4-48　添加笔刷蒙版　　　图 4-49　调整笔刷蒙版

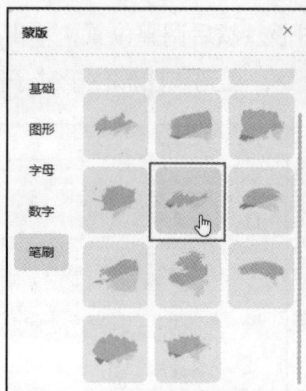

（9）下载竖版海报。单击页面左上角的模板名称，输入文字"竖版海报"，单击 ⟳ 按钮保存文件。单击页面右上角的 [下载] 按钮，在打开的"下载作品"面板中设置格式为"JPG"，尺寸为"原图尺寸"，压缩方式为"高清（接近无损、文件小）"，下载范围为"分画板下载"，单击 [开通会员免费下载] 按钮，等待合成结束，即可将设计的竖版海报（配套资源:\效果\项目四\任务一\竖版海报.jpg）下载到设置的保存位置。

技能练习

在 Photoshop 中使用"产品图 1.jpg"制作横版宣传海报，提升使用不同软件设计图片的能力。

任务二　图文排版

任务描述

老李让小赵排版一篇推广新品的微信公众号文案，让用户全面了解产品，同时锻炼小赵的图文排版能力，接着老李安排小赵填写了任务单（见表 4-4）。

表 4-4　任务单

任务名称	图文排版	
任务背景	公司针对徒步鞋、登山包和冲锋衣等一系列新品特意创作了一篇微信公众号文案。临近新品上市时间，需要提前排版好这篇微信公众号文案，通过良好的视觉效果，让用户对新品留下深刻印象，从而使其保持对新品的持续关注	
任务阶段	☐准备阶段　■实施阶段　☐收尾阶段	
工作任务		
任务内容		任务说明
任务演练 1：使用 135 编辑器排版推广新品的微信公众号文案		根据长文章的排版规范排版新品推广的微信公众号文案
任务演练 2：使用秀米编辑器设计公众号文案封面		为排版好的微信公众号文案设计封面
任务总结：		

📖 **知识准备**

一、图文排版规范

图文排版常见于长文章和海报的制作过程中，为确保图片和文字的视觉效果和谐一致，内容编辑人员在排版图片和文字时，通常需要遵循一些排版规范。

（一）长文章的图文排版

长文章的文字内容较多，合理编排图片能够有效提升用户的视觉体验。在具体排版时，需要注意以下事项。

（1）布局合理。合理安排图片与文字的空间位置，是提高视觉流畅性的关键。排版时，要在整体内容一致性的前提下，灵活采用左图右文、上图下文、图文环绕等多种布局形式，如图 4-50 所示。同时，还要注意图片和文字之间的距离，一般应在图片两侧和图片前后适当留白，以提高整体的视觉舒适度。

（2）图文结合。图片与文字应相互补充，确保信息传达的完整性，同时又应各自发挥独特作用。图 4-51 所示为图文结合的文章排版效果，其中文字内容介绍特仑苏积极探索低碳环保的包装方案，在世界地球日更新产品包装，图片内容即新的产品包装，图片和文字内容相符且效果直观。同时，还要注意选择清晰、无水印的图片，并确保对使用的所有图片都拥有使用权，避免造成侵权问题。

图 4-50　布局合理　　　　　图 4-51　图文结合

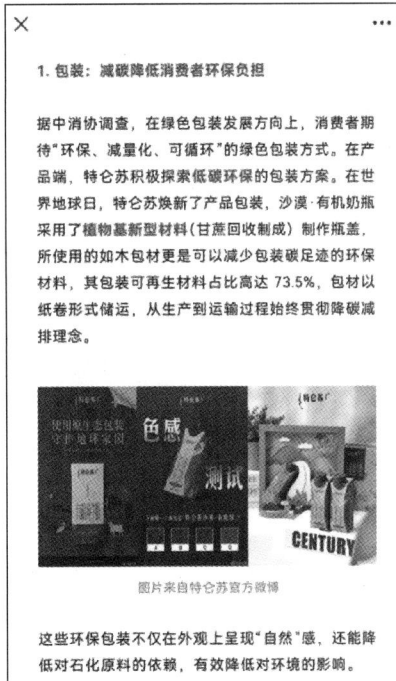

（3）图文大小恰当。在排版时，为呈现和谐一致的视觉效果，图片的大小应与周围文字

及整体版面设计相协调，不能过大或过小。一般建议正文的字号为 14px～16px，正文标题的字号可以比正文内容的字号稍大一些。

（4）图文风格一致。为确保文章整体视觉效果的和谐统一，图片和文字的风格应保持一致，包括色彩搭配、字体选择、排版风格等。

（二）海报的图文排版

在海报中，图片和文字的排版效果不仅影响海报的视觉效果，还影响信息的传达，因此海报中的图文排版也需要遵循一些基本要求。

（1）简洁明了。在海报中排版图片和文字时，为迅速传达核心信息，图片和文字都应简洁明了，如图 4-52 所示。一方面，文字要简洁凝练，如直接表明活动的时间、地点、主题等。另一方面，图片要直观且具有代表性，能够配合文字共同传达核心信息，以便用户快速抓住海报的关键信息。

（2）视觉效果美观。美观的视觉效果是吸引用户注意力的重要因素。在色彩运用上，图片和文字都应选择与内容主题相匹配的色彩，确保图片和文字的色彩搭配和谐，增强视觉吸引力。在排版图片和文字时，还要适当留白，避免布局拥挤造成阅读压迫感。此外，为了提升阅读流畅性，关键性文字应采用统一的对齐方式，如居中对齐、左对齐（见图 4-53）和右对齐，优化用户的阅读体验。

图 4-52　简洁明了　　　　　　图 4-53　采用统一的左对齐方式

（3）层次分明。层次分明的图文排版效果能够提升海报的视觉观感，有助于用户接收信息。在排版图片和文字时，要合理地划分信息层次，将最重要的信息置于最显眼的位置，并通过文字大小、颜色、位置等区分不同信息的重要性。例如，标题采用大号加粗字体并配以鲜明色彩，正文则使用较小且易读的字体。图 4-54 所示为通过大号加粗字体突出重要信息，通过小号字体展现次要信息。

图 4-54　层次分明

> **⏰ 提示**
>
> 　　在遵循图文排版规范的基础上，可以尝试运用创意性的手法，将图片和文字以独特的方式结合起来，如将文字作为背景图像，形成纹理效果。这不仅可以增强海报的趣味性和吸引力，还可以突出海报的个性和特色，迅速吸引用户的注意力。

二、图文排版的常用工具

图文排版的工具较为丰富，其使用方法大体上相似，在排版时可以灵活选用合适的工具，提高排版效率和质量。

1. 135 编辑器

135 编辑器是一款在线图文排版工具，拥有大量的模板，简单易上手。此外，135 编辑器支持将内容同步至微信公众号后台，一个 135 编辑器账号支持同步管理多个微信公众号，适合团队管理。135 编辑器还支持将排版好的文章生成图片并发布到小红书 App，也支持生成长图发布到微博、知乎等新媒体平台。

另外，135 编辑器还提供 AI 排版、AI 写作和 AI PPT 等功能，其中，AI 排版功能支持图文排版和小红书排版两种类型。使用图文排版功能，用户可以输入文章主题，由 AI 自动生成一篇图文排版文章，或者导入文章由 AI 生成大纲后，再一键排版文章；使用小红书排版功能，用户只需输入笔记标题，选择笔记语气，AI 就能自动生成一篇小红书笔记。图 4-55 所示为 135 编辑器的主页面。

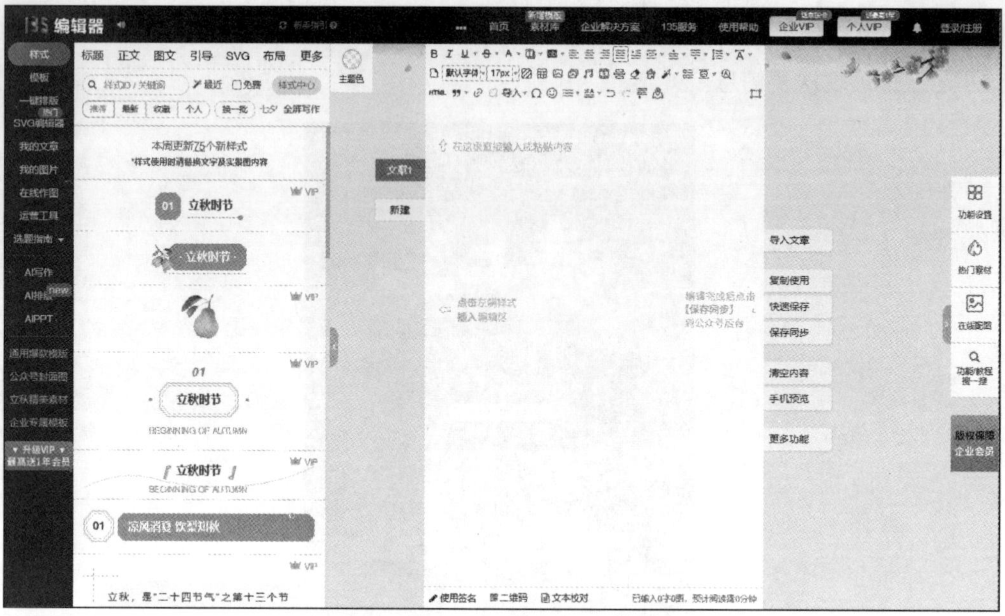

图 4-55　135 编辑器的主页面

2. 秀米编辑器

秀米编辑器是一款在线图文排版工具，常用于微信公众号文案的排版，也可以用于制作 H5 动态图片，或者进行图片设计，支持设计公众号首图、手机海报和小红书图片等。秀米编辑器支持通过复制粘贴和同步上传两种方式上传至微信公众号后台，后者需要授权，非会员只能授权一个微信公众号，每次同步至微信公众号都会默认新增一个图文素材。没有微信公众号的用户，可使用秀米编辑器的图文功能排版图文，排版好的图文可以以图文链接或二维码的形式放到其他宣传物料里。图 4-56 所示为秀米编辑器的图文排版页面。

图 4-56　秀米编辑器的图文排版页面

3. i 排版

i 排版的功能与上面两个排版工具类似。此外，i 排版中提供设置签名的功能，其首页还介绍了运营和排版的技巧。

任务实施

任务演练 1：使用 135 编辑器排版推广新品的微信公众号文案

【任务目标】

　　根据长文章的排版规范，使用 135 编辑器排版推广新品的微信公众号文案。

【任务要求】

　　本次任务的具体要求如表 4-5 所示。

表 4-5　任务要求

任务编号	任务名称	任务指导
（1）	选择模板	根据文案内容选择合适的模板
（2）	替换模板中的元素	替换模板中的文字、图片和样式等元素

【操作过程】

　　（1）选择合适的模板。登录 135 编辑器，进入 135 编辑器首页，在页面左侧的导航栏中选择"模板"选项，在打开页面的搜索栏中输入关键词"运动"，选中"免费"复选框，在搜索结果列表中选择合适的模板（ID：133782）。将鼠标指针移至该模板上，单击 整套使用 按钮，如图 4-57 所示。

　　（2）替换文字。在编辑区中出现该模板的所有样式模块，将文字"宅家健身指南"修改为"户外运动指南"，将文字"KEEP FIT WITH EXERCISE"修改为"装备升级，探索无限可能"。选择文字"宅家健身不用……准备起来!"，替换成素材文件（配套资源:\素材\项目四\任务二\新品推广微信公众号文案.docx）中的正文第一段，选择"只保留文本"选项，效果如图 4-58 所示。

微课视频

使用 135 编辑器排版推广新品的微信公众号文案

图 4-57　选择模板

图 4-58　文字修改效果

（3）修改文字格式。将文字"运动服饰"修改为"全能冲锋衣，四季无忧"，选择修改后的文字，在编辑区上方单击"文字颜色"按钮 A▾，如图 4-59 所示，在打开的下拉列表中选择黑色（#000000），如图 4-60 所示。然后将素材文件（配套资源:\素材\项目四\任务二\新品推广微信公众号文案.docx）中的"一、全能冲锋衣，四季无忧"下的文字复制过来，选择"只保留文本"选项。

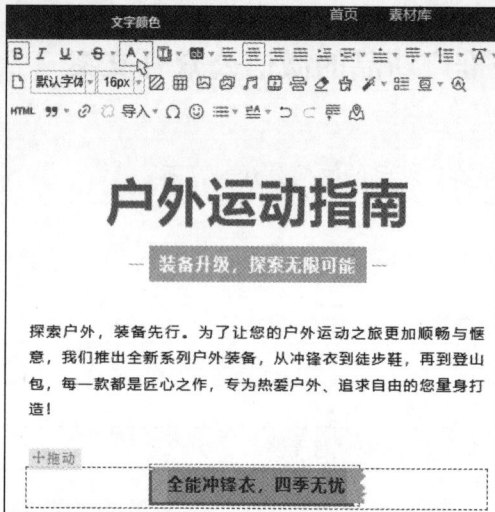

图 4-59　单击"文字颜色"按钮

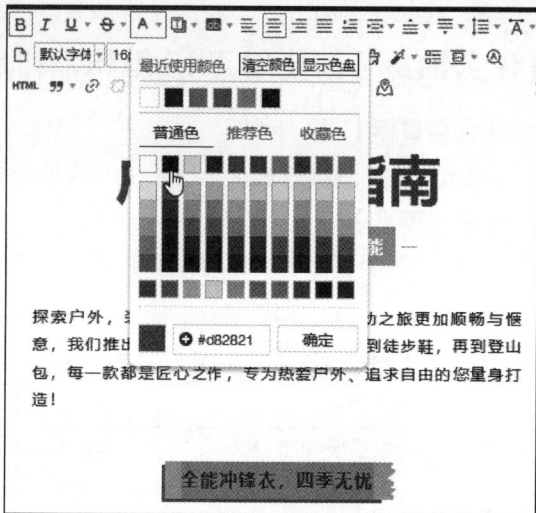

图 4-60　选择黑色

（4）替换图片。单击复制的文字上方的第一张图片，在编辑区右侧单击"换图"按钮，如图 4-61 所示。打开"多图上传"对话框，单击"本地上传"选项卡，单击 普通图片上传 按钮，如图 4-62 所示。打开"温馨提示"对话框，单击 我已知晓 按钮，打开"打开"对话框，选择"冲锋衣 1.png"（配套资源:\素材\项目四\任务二\冲锋衣 1.png）文件，单击 打开(O) 按钮，如图 4-63 所示。图片上传成功后，单击 确定 按钮。使用相同的方法上传图片"冲锋衣 2.png"（配套资源:\素材\项目四\任务二\冲锋衣 2.png），效果如图 4-64 所示。

图 4-61　单击"换图"按钮

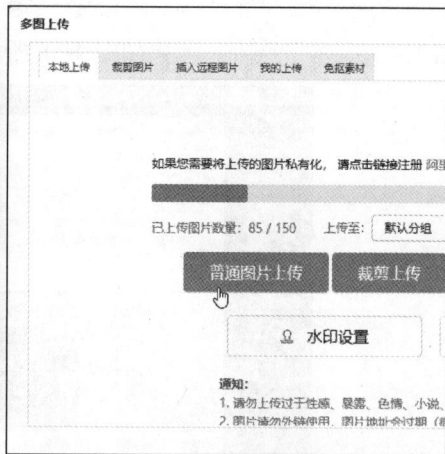

图 4-62　单击"普通图片上传"按钮

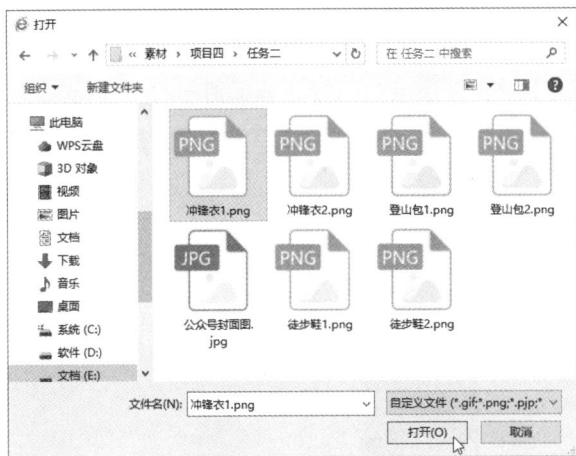

图 4-63 选择图片

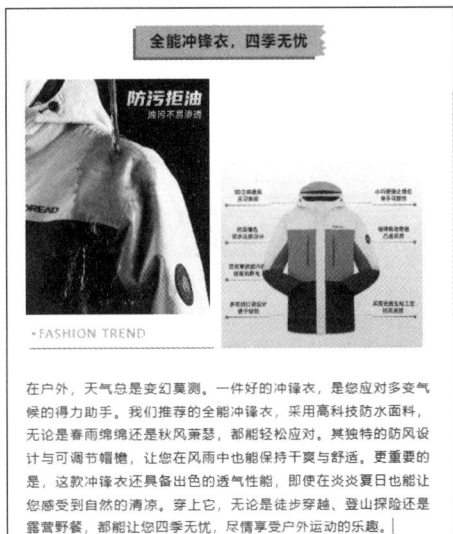

图 4-64 图片替换效果

（5）替换其他文字和图片。使用相同的方法将文字"瑜伽垫"替换为"步步为赢，徒步新体验"，并修改文字颜色为黑色，将素材文件（配套资源:\素材\项目四\任务二\新品推广微信公众号文案.docx）中的"二、步步为赢，徒步新体验"下的文字复制过来，选择"只保留文本"选项。使用相同的方法将该段文字上方的图片分别替换为"徒步鞋 1.png"和"徒步鞋 2.png"（配套资源:\素材\项目四\任务二\徒步鞋 1.png、徒步鞋 2.png），效果如图 4-65 所示。使用相同的方法替换"健身指南"部分的文字和图片，效果如图 4-66 所示。

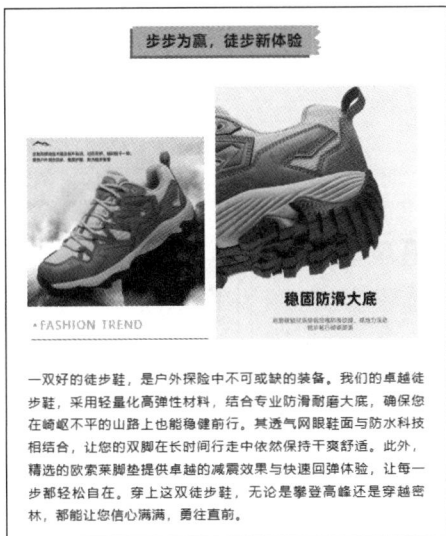

图 4-65 替换图片

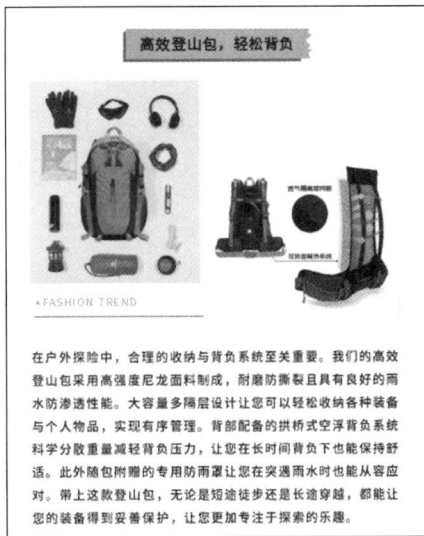

图 4-66 其他文字和图片替换效果

（6）将鼠标指针定位至文案末尾，按两次【Enter】键换行，复制"新品推广微信公众号文案.docx"文件中的最后一段文字并粘贴到该位置。选择文案最下方的整个模块，单击"删除"按钮。

（7）将鼠标指针定位至文案末尾，按【Enter】键换行，在页面左侧的导航栏中选择"样式"选项，将鼠标指针移至"引导"选项卡上，选择"End/结束"选项，如图4-67所示。选中"免费"复选框，在搜索结果列表中选择图4-68所示的样式。样式应用成功后，将鼠标指针定位至编辑区的最后一行，按【Backspace】键删除多余空白行，只保留一行空白行。

图4-67 选择"End/结束"选项

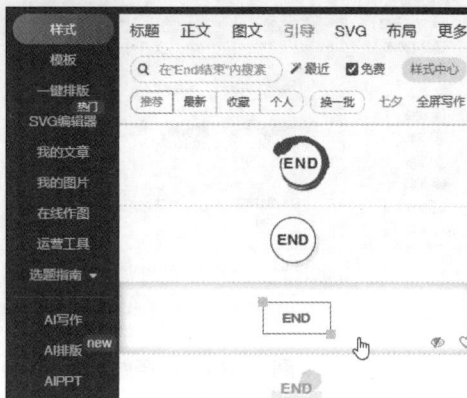

图4-68 选择样式

（8）保存文章。在编辑区右侧单击 快速保存 按钮保存排版好的文案，此时文案将以草稿形式保存。

（9）编辑文章标题。在页面左侧的导航栏中选择"我的文章"选项，找到刚刚保存的文案，将鼠标指针移至文案上，单击"编辑文章标题"按钮 ✎，在打开的文本框中输入文案标题"嗨！您有一份野途户外运动指南待查收~"，单击"保存文章标题"按钮 💾，如图4-69所示。文案的部分排版效果如图4-70所示（配套资源:\效果\项目四\任务二\新品推广微信公众号文案排版效果.jpg）。

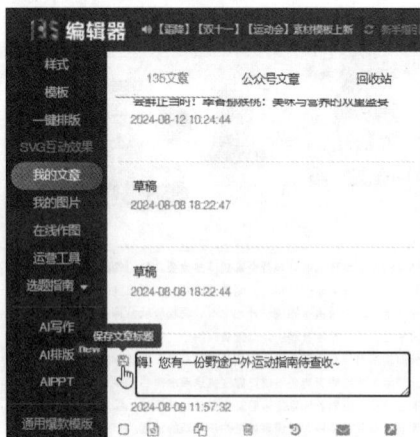

图4-69 编辑文章标题

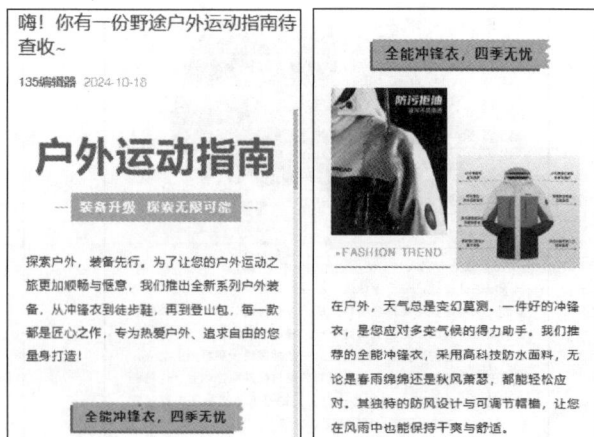

图4-70 文案部分排版效果

▌任务演练2：使用秀米编辑器设计公众号文案封面

【任务目标】

使用秀米编辑器为排版好的微信公众号文案设计封面,提升微信公众号文案的视觉效果。

【任务要求】

本次任务的具体要求如表4-6所示。

表4-6　任务要求

任务编号	任务名称	任务指导
（1）	选择模板	根据文案内容和风格选择合适的模板
（2）	替换模板中的元素	替换模板中的文字、图片和样式等元素

【操作过程】

（1）准备设计图片。登录秀米编辑器，进入秀米编辑器首页，在首页底部选择"图片设计"栏中的"挑选风格设计"选项，如图4-71所示。

（2）选择图片模板。打开"风格设计"页面，在"用途"栏中选择"公众号封面"选项，在"行业"栏中选择"时尚"选项，在"价格"栏中选择"免费"选项，在搜索结果列表中选择合适的图片模板。这里将鼠标指针移至图4-72所示的模板上，单击"预览"按钮 ⬤ ，在打开的面板中单击 另存给自己 按钮，图片可保存至"我的设计"中。

微课视频

使用秀米编辑器设计公众号文案封面

图4-71 选择"挑选风格设计"选项

图4-72 单击"预览"按钮

（3）上传图片。单击"我的设计"选项卡，打开"我的设计"页面，将鼠标指针移至保存的图片模板上，单击"编辑"按钮 ✎ ，如图4-73所示。打开"设计"页面，在页面左侧的导航栏中选择"我的图库"选项，单击 上传图片(无水印) 按钮，如图4-74所示。在弹出的"打开"对话框中，选择"公众号封面图.jpg"文件（配套资源:\素材\项目四\任务二\公众号封面图.jpg），如图4-75所示。

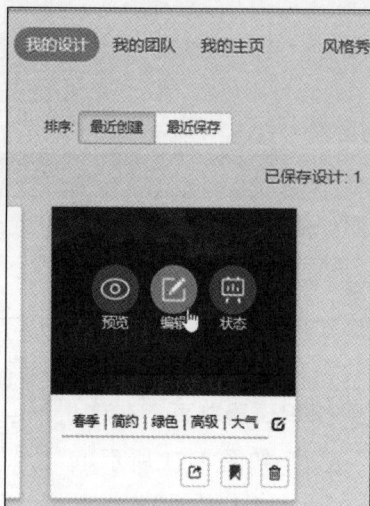

图 4-73　单击"编辑"按钮

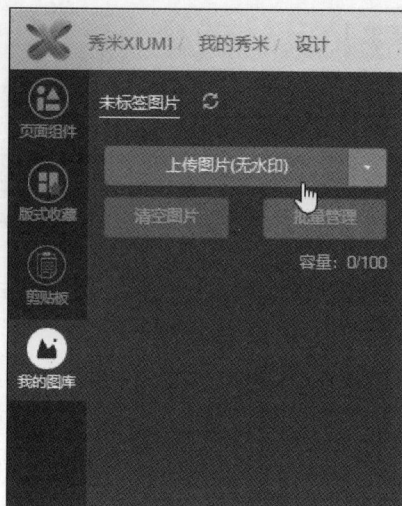

图 4-74　上传图片

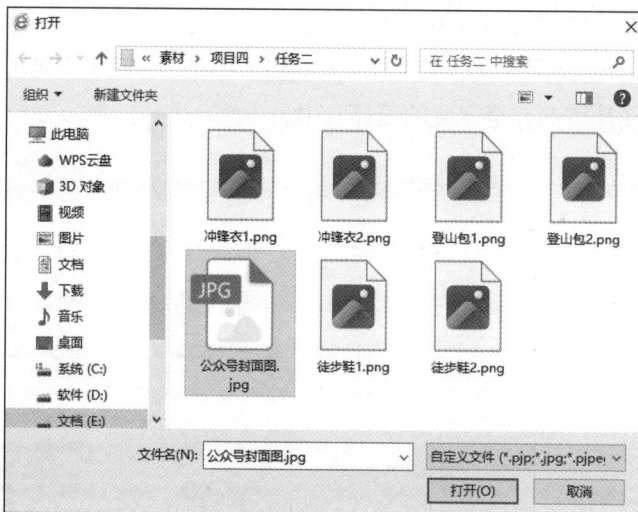

图 4-75　选择文件

（4）替换图片。图片上传成功后，选择模板中的图片，在左侧导航栏中选择"公众号封面图.jpg"选项，替换原有图片。

（5）修改文字。将文字"LOGO"修改为"野途"，将文字"春日限定 春意盎然"修改为"探索户外 装备先行"，效果如图 4-76 所示。

图 4-76　文字修改效果

（6）修改文字底色。双击"探索户外"文本框，选中文字和文字底色文本框，在打开的工具栏中单击颜色选项右侧的下拉按钮，在打开的下拉列表中选择"文字底色"选项，如图 4-77 所示。打开"文字底色"面板，将鼠标指针移至"页面颜色"栏中的"绿色"选项上，如图 4-78 所示。单击"绿色"选项，在打开的面板中修改 GRB 为"（95，140，64）"，拖动横向滑块调整底色的透明度为"0.93"，单击应用颜色按钮，如图 4-79 所示。按照相同的方法修改文字"装备先行"的底色，效果如图 4-80 所示。

图 4-77　选择"文字底色"选项

图 4-78　选择页面颜色

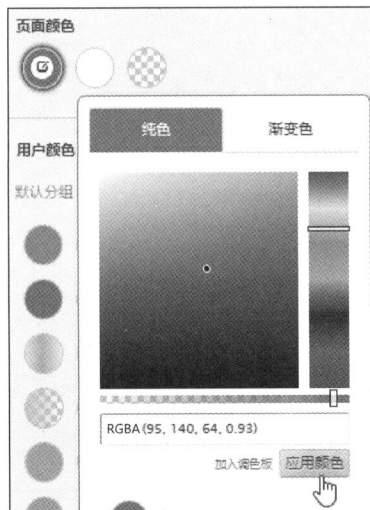

图 4-79　应用颜色

图 4-80　文字底色修改效果

（7）删除多余的图片。向下滑动页面，单击第 2 页图片右侧的"删除页面"按钮，按照相同的方法删除第 3 页图片。

（8）导出图片。单击页面顶部的"保存"按钮，单击"导出"按钮，如图 4-81 所示。打开"生成图片"对话框，保持默认设置，单击确定按钮，如图 4-82 所示。打开"新建下载任务"对话框，在"名称"栏中输入"公众号封面图.jpg"，单击下载按钮下载图片（配套资源:\效果\项目四\任务二\公众号封面图.jpg），如图 4-83 所示。

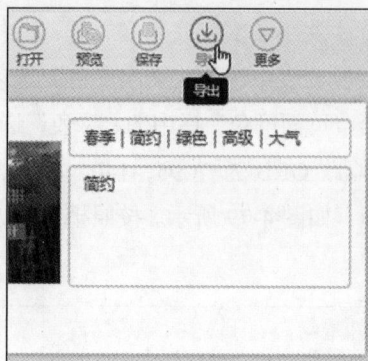

图 4-81 单击"导出"按钮

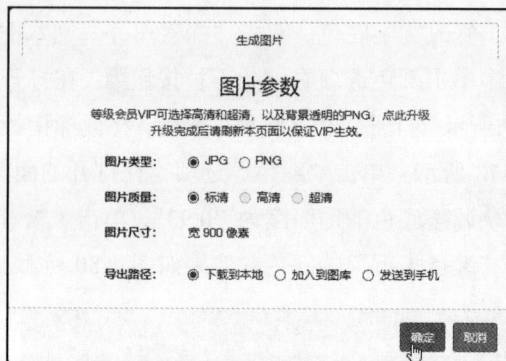

图 4-82 单击"确定"按钮

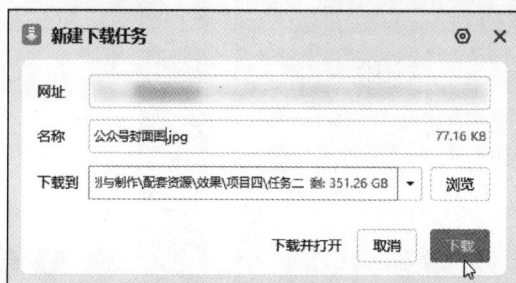

图 4-83 下载图片

技能练习

使用秀米编辑器排版关于新品推广的微信公众号文案，练习不同排版工具的使用方法。

任务三 使用 AIGC 工具生成图片

任务描述

目前，图片生成类 AIGC 工具十分丰富，功能也非常强大，老李打算通过使用创客贴 AI 为徒步鞋生成宣传海报，提升宣传效果。为此，老李制定了任务单（见表 4-7），以便小赵有条理地开展工作。

表 4-7 任务单

任务名称	使用 AIGC 工具生成图片	
任务背景	新的户外运动产品即将上市，但徒步鞋的宣传海报还未准备好。商议过后，老李决定借助图片生成类 AIGC 工具为徒步鞋设计宣传海报，提高制作效率，并在海报中表明此次产品上市有 9 折优惠	
任务阶段	□准备阶段　　■实施阶段　　□收尾阶段	
工作任务		
任务内容		任务说明
任务演练：使用创客贴 AI 生成徒步鞋的宣传海报		根据徒步鞋的卖点设计海报文案，然后根据需要编辑海报
任务总结：		

一、图片生成类 AIGC 工具

在图片生成方面，通义万相、文心一格、Midjourney、创客贴 AI 等提供了丰富的选择。

（1）通义万相。通义万相是一款由阿里云推出的 AI 绘画大模型，目前支持文本生成图像、相似图像生成和图像风格迁移等功能，其创作页面如图 4-84 所示。通义万相在图片生成领域具有广泛的应用前景，可以满足广告创意、产品设计、游戏开发等多个行业的图片需求。

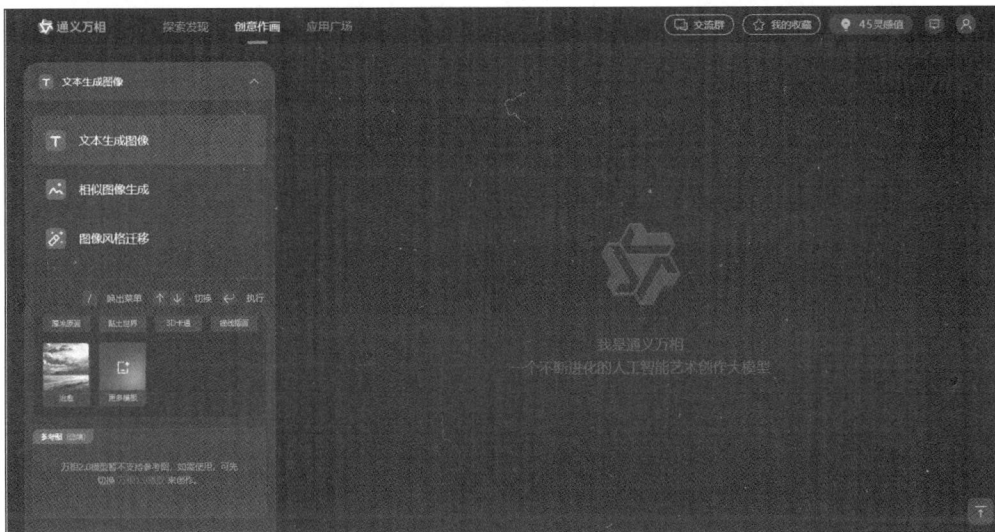

图 4-84　通义万相的创作页面

（2）文心一格。文心一格是百度依托飞桨和文心大模型的技术创新推出的 AI 艺术和创意辅助平台，提供 AI 创作、AI 编辑等功能，支持创作产品图、海报和艺术字，以及智能抠图、图片扩展等。文心一格能够生成各种风格的图片，包括油画、水彩、动漫、写实等。图 4-85 所示为文心一格的 AI 创作页面。

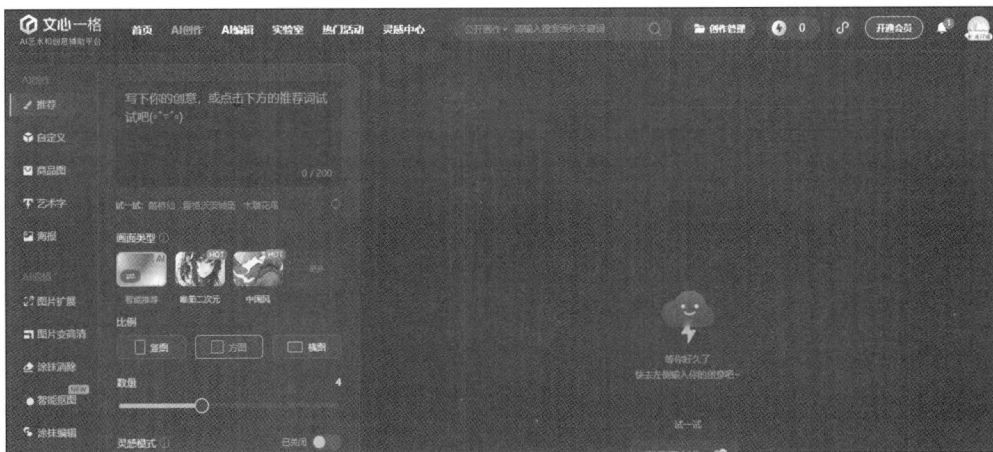

图 4-85　文心一格的 AI 创作页面

（3）Midjourney。Midjourney 是一款强大的 AIGC 绘画工具，可以根据用户输入的关键词，快速生成各种风格的图片，其生成的图片质量高、风格多样，深受艺术家和创作者的喜爱。同时，Midjourney 还提供丰富的参数选项供用户调整，以获得更满意的生成效果。另外，该工具还支持多种应用场景，如艺术创作、设计、广告等。图 4-86 所示为 Midjourney 中文站的创作页面。

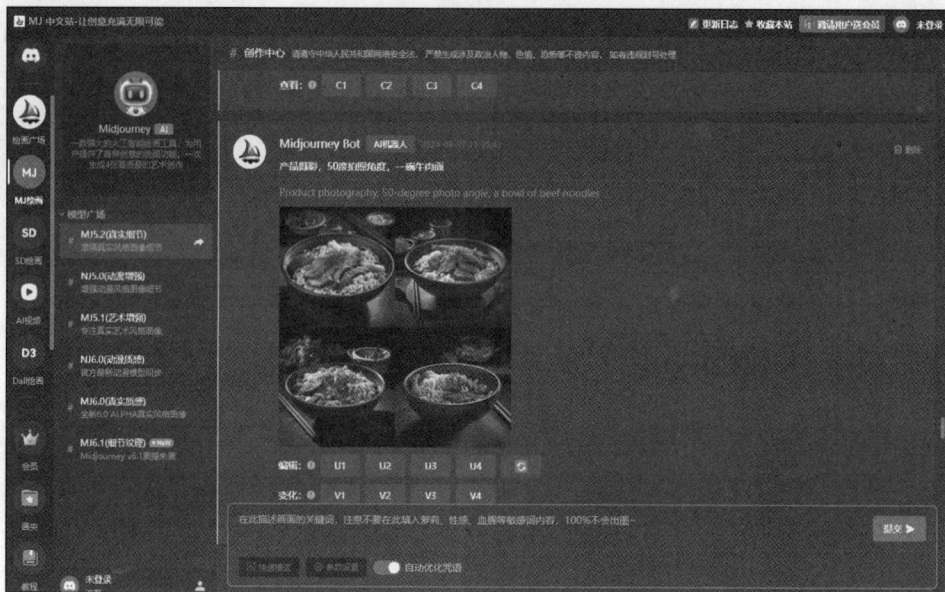

图 4-86　Midjourney 中文站的创作页面

（4）创客贴 AI。创客贴 AI 集创意内容和 AI 算法于一体，拥有智能设计和 AI 生图等功能，支持文生图、文生素材和图生图。用户只需在画面描述框内输入关键词或描述词，即可快速得到高质量图片。创客贴 AI 还具备文本联想功能，帮助用户更好地输入文本，从而得到更优质的图片。图 4-87 所示为使用创客贴 AI 生成产品图页面。

图 4-87　使用创客贴 AI 生成产品图页面

二、使用 AIGC 工具生成图片的方法

使用 AIGC 工具生成图片主要有文生图和图生图两种形式。

（1）文生图。文生图是通过输入文本生成与之对应的图片，其生成方法较为简单，首先选择合适的图片生成类 AIGC 工具后，根据创作需求输入一段描述性的文本，这段文本应尽可能详细地描述要生成图片的内容、风格、色彩等；然后根据需要，针对生成的图片进行优化，既可以再次提出图片生成要求，也可以通过调整参数的方式，获得高质量且符合需求的图片。图 4-88 所示为利用通义万相的文字作画功能，输入文字后生成的图片效果。

图 4-88　文生图效果

（2）图生图。图生图是根据提供的参考图片生成与之相关的图片，其侧重于在已有图片的基础上进行再创作。在进行图生图时，用户首先需要提供一张或多张图片作为生成新图片的参考；然后根据需要，选择图片的生成风格、设置图片参数等；最后在图片生成后，还可以使用图片编辑功能进一步优化图片。图 4-89 所示为利用通义万相的相似图像生成功能，提供参考图后生成的图片效果。

图 4-89　图生图效果

任务实施

任务演练：使用创客贴 AI 生成徒步鞋的宣传海报

【任务目标】

使用创客贴 AI 为徒步鞋生成宣传海报，提高图片设计与制作效率。

【任务要求】

本次任务的具体要求如表 4-8 所示。

表4-8 任务要求

任务编号	任务名称	任务指导
（1）	制作海报	徒步鞋的卖点为轻盈稳健、防水透气，促销活动的折扣为9折，根据卖点和促销信息写作海报的主标题、副标题和促销文案
（2）	编辑海报	根据需要优化海报

【操作过程】

（1）准备制作宣传海报。登录创客贴官网，在首页的"工具箱"栏中选择"创客贴AI"选项，如图4-90所示。在打开的页面中选择"热门推荐"栏中的"智能设计"选项，如图4-91所示。在打开的页面中选择"电商"栏中的"电商海报"选项，如图4-92所示。

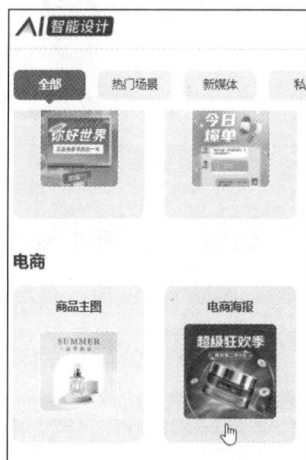

图4-90 选择"创客贴AI"选项　图4-91 选择"智能设计"选项　图4-92 选择"电商海报"选项

（2）制作海报。打开"电商海报"设计页面，根据徒步鞋的卖点和促销信息写作主标题、副标题和促销文案，如图4-93所示。

（3）上传商品图。在"商品图"栏下方单击 ⊕ 按钮，打开"打开"对话框，选择"徒步鞋.png"（配套资源:\素材\项目四\任务三\徒步鞋.png）选项，单击 打开(O) 按钮。上传成功后，将显示上传的图片。

（4）选择海报。单击 智能生成设计 按钮，在右侧生成的商品海报中选择合适的海报，将鼠标指针移至选择好的海报上，单击 编辑 按钮，如图4-94所示。

（5）编辑海报。打开海报编辑页面，选择文字"TIME:1/29-2/10"所在的文本框，按【Delete】键删除。因文字"新品9折，探索无忧"遮挡了产品，所以需要调整文字的位置。选择文字背后的背景图，按【↓】键向下移动，选择文字"新品9折，探索无忧"所在的文本框，按【↓】键向下移动，以完全显示产品。

（6）下载宣传海报。调整完成后，单击页面右上角的 下载 按钮，打开"下载作品"对话框，单击 下载 按钮，打开"新建下载任务"对话框，在"名称"栏中输入"徒步鞋宣传海报.png"，

单击 下载 按钮下载图片（配套资源:\效果\项目四\任务三\徒步鞋宣传海报.png），宣传海报效果如图 4-95 所示。

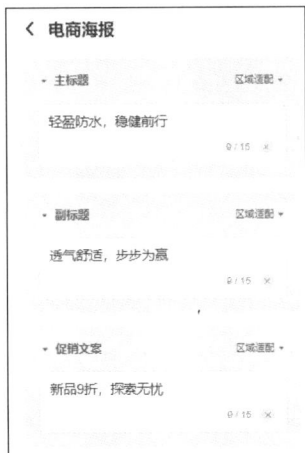

图 4-93　写作海报文案　　　　图 4-94　单击"编辑"按钮　　　　图 4-95　宣传海报效果

综合实训

实训一　设计运动手表网页横幅广告

实训目的： 练习处理图片的方法，掌握图片的基本处理、修饰和合成的方法，提升处理和设计图片的能力。

实训要求： 某运动品牌为热销的运动手表拍摄了一张产品图，计划使用该产品图制作一张横幅广告添加在品牌的官网中（配套资源:\素材\项目四\综合实训\实训一\光.png、运动手表装饰.png），用于宣传针对运动手表系列产品展开的促销活动（全场运动手表 8 折起）。

实训思路： 本次实训将根据图片的基本处理、修饰和合成方法，利用 Photoshop 处理和设计图片，具体操作思路可参考图 4-96。

处理产品图　　　　设计背景图　　　　合成图片

- 使用"魔棒工具"和"复制"命令抠取出运动手表
- 使用"亮度/对比度""自然饱和度"命令调整复制所得图片的色调

新建文件，添加"运动手表装饰.png""光.png"素材，利用填充图层和图层混合模式设计背景图

将处理好的产品图添加到背景图中，再添加文字

图 4-96　设计运动手表网页横幅广告的思路

实训结果： 本次实训完成后的部分参考效果如图 4-97 所示（配套资源:\效果\项目四\综合实训\实训一\运动手表网页横幅广告.psd）。

图 4-97　运动手表网页横幅广告的部分参考效果

实训二　使用 AI 排版介绍水果的微信公众号文案

实训目的：练习图文排版的方法，掌握图文排版的规范，提升图文排版能力。

实训要求：水果品牌果乐针对即将上市的翠香猕猴桃写作了详细的介绍文案，商议后决定发布在品牌的微信公众号上。发布前，果乐将使用 135 编辑器的 AI 排版功能排版文案（配套资源:\素材\项目四\综合实训\实训二\"翠香猕猴桃"文件夹），提升文案的视觉效果。

实训思路：本次实训将根据图文排版的规范排版微信公众号文案，具体操作思路可参考图 4-98。

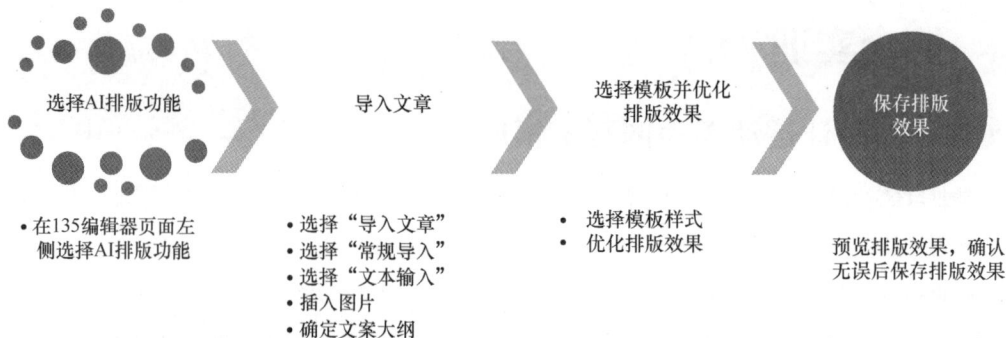

图 4-98　排版微信公众号文案的思路

实训结果：本次实训完成后的部分参考效果如图 4-99 所示（配套资源:\效果\项目四\综合实训\实训二\介绍水果微信公众号文案的排版效果.jpg）。

图 4-99　排版微信公众号文案的部分参考效果

实训三　使用创客贴 AI 生成活动倒计时海报

实训目的： 练习图片生成类 AIGC 工具的使用方法，提升图片设计与制作能力。

实训要求： 家居品牌悦居计划于 2024 年 9 月 2 日开展家具以旧换新活动，活动主题为"品质生活，从换新开始"，宣传语为"让家更美，家具换新就现在"。为提高活动关注度，悦居计划在活动开始前 3 天发布活动倒计时海报。根据活动信息，使用创客贴 AI 生成活动倒计时海报。

实训思路： 本次实训将根据 AIGC 工具的使用方法生成活动倒计时海报，具体操作思路可参考图 4-100。

选择创作场景	输入海报文案	优化海报
在创客贴AI页面选择倒计时海报	输入活动主题、副标题、倒计时天数和宣传语	根据需要优化海报

图 4-100　使用创客贴 AI 生成活动倒计时海报的思路

实训结果： 本次实训完成后的参考效果如图 4-101 所示（配套资源:\效果\项目四\综合实训\实训三\活动倒计时海报.jpg）。

图 4-101　活动倒计时海报的参考效果

巩固提高

1. 图片处理与设计的原则有哪些？

2. 图片处理与设计的工具有哪些？

3. 图片的基本处理包括哪些操作？

4. 图文排版的规范有哪些？

5. 图文排版的常用工具有哪些？

6. 图片生成类 AIGC 工具有哪些？

7. 使用 Photoshop 处理图片并制作小红书文案封面（配套资源:\素材\项目四\巩固提高\"小红书文案封面"文件夹），要求以宠物狗喂养为主题，尺寸为 1242 像素×1660 像素，视觉效果美观，主题突出，布局简洁。

8. 使用 Photoshop 处理随身听图片中的污渍，并将图片裁剪为 800 像素×800 像素的尺寸，以用于后期制作产品图（配套资源:\素材\项目四\巩固提高\"随身听"文件夹）。

9. 使用 135 编辑器排版一篇微信公众号文案（配套资源:\素材\项目四\巩固提高\"排版文案"文件夹）。

10. 使用文心一格为女款徒步鞋生成产品图（配套资源:\素材\项目四\巩固提高\徒步鞋.png）。

项目五 视频拍摄与制作

学习目标

【知识目标】

1. 熟悉视频拍摄的技巧。
2. 掌握视频剪辑的方法。
3. 知晓常用的音视频类 AIGC 工具。

【技能目标】

1. 具备视频拍摄能力，能够拍摄高质量的视频。
2. 具备视频剪辑能力，能够使用合适的剪辑工具和方法剪辑视频。
3. 具备使用音视频类 AIGC 工具的能力，提高视频制作效率。

【素养目标】

1. 树立自主学习意识，提高视频拍摄和制作水平。
2. 提高社会责任意识，创作和传播积极、健康的视频内容。

项目导读

内容的表现形式多样，视频作为一种直观且富有感染力的表现形式，能够有效地传达产品和品牌信息。新品上市后，老李发现有一款登山包的销量不佳，为打动用户，进一步激发其购买欲望，决定为该款登山包制作宣传视频。为积累实践经验，小赵申请参与此次的视频创作工作。老李思索后，决定带领小赵体验视频创作的全过程，包括撰写视频脚本、拍摄视频、剪辑视频等，以便小赵能够全面了解并掌握视频制作的各个环节。随后，老李便带领小赵开始准备视频拍摄工作。

任务一　视频的拍摄

任务描述

老李打算先带领小赵做好一系列准备工作，再开始拍摄视频。随后，老李指导小赵填写了任务单（见表5-1）。

表5-1　任务单

任务名称	视频的拍摄	
任务背景	老李安排小赵先写作分镜头脚本，以明确拍摄思路，然后选择合适的拍摄设备，以便有条不紊地开展拍摄工作	
任务阶段	□准备阶段　　■实施阶段　　□收尾阶段	
工作任务		
任务内容	任务说明	
任务演练1：撰写登山包的分镜头脚本	按照"明确内容主题—搭建内容框架—撰写分镜头脚本"的思路写作	
任务演练2：拍摄登山包宣传视频	选择拍摄设备，设置拍摄参数，根据分镜头脚本依次拍摄	
任务总结：		

知识准备

一、视频拍摄的设备

视频拍摄的设备主要分为拍摄设备和辅助设备两种。选择合适的拍摄设备，有助于获得较好的视频拍摄效果。

（一）拍摄设备

常见的拍摄设备主要有手机、相机和无人机3种，三者的优势和使用场景有所不同。

（1）手机。手机具有拍摄方便、操作智能、编辑便捷等优势。随着手机摄像头的不断升级，手机可以满足大部分拍摄需求，如拍摄产品、记录活动或事件等。

（2）相机。相机是专业性设备，具有更高的像素和更好的图像质量。如果需要制作高品质、专业感强的视频，如品牌宣传片、专业访谈等，选择相机更佳。

（3）无人机。无人机具有清晰度高、比例尺大、体积小等优点，适合拍摄一些高空、远距离、俯视等视角的画面，如企业工厂、物流基地等的航拍展示，可以为视频增添新鲜感和震撼力。

（二）辅助设备

辅助设备包括稳定设备、灯光设备和收音设备等，它们有利于实现更好的拍摄效果。

（1）稳定设备。稳定设备能够保持拍摄设备的稳定，以免视频画面产生抖动。常见的稳定设备主要有三脚架（见图5-1）、手持稳定器、滑轨等，前两者在相机和手机拍摄中应用广泛。

> **知识拓展**
>
> 　　滑轨是一种用于辅助拍摄设备移动的工具，它通过精密的轨道与滑块系统，能够使拍摄设备沿预定轨迹平稳移动，从而提升画面质量，增强视觉效果。

（2）灯光设备。灯光设备可以构建光影环境，弥补光线的不足，还原画面色彩、增强艺术感。常见的灯光设备有摄影灯（如LED灯、卤素灯等）、便携灯（可直接安装在手机上）、柔光箱（光线柔和，可消除光斑和阴影，见图5-2）、反光板、反光伞等。

（3）收音设备。当手机、相机等的收音效果不佳时，可以采用专业的收音设备。视频拍摄中常见的收音设备有枪式话筒、领夹式话筒（见图5-3）等。其中，枪式话筒在户外拍摄中十分实用，可安装在相机上；领夹式话筒可以夹在人的衣服上，十分便捷。

　　图5-1　三脚架　　　　　　　图5-2　柔光箱　　　　　　　图5-3　领夹式话筒

▌二、视频拍摄的技巧

熟练运用以下拍摄技巧，有利于拍摄出优质的视频。

（1）稳定拍摄。在拍摄视频时，要确保画面的平稳流畅，以提升用户的观看体验，必要时可以使用三脚架、手持稳定器等辅助设备来保证画面的清晰稳定。

（2）选择合适的光线。在拍摄视频时，要尽可能选择在光线充足的时段拍摄。在光线不符合拍摄要求或不佳时，可以使用摄影灯或反光板来调节光线。

（3）合理运用镜头。不同的镜头可以展现不同的视觉效果。拍摄视频时，常见的镜头有固定镜头和运动镜头。

① 固定镜头。固定镜头指在拍摄画面的过程中，机位、镜头光轴和焦距都固定不变，没有任何运动，而拍摄主体可以是静态的，也可以是动态的。这种镜头会让用户产生一种驻足观看的体验。

② 运动镜头。运动镜头指通过机位、镜头光轴的运动，或者改变镜头焦距进行拍摄。运动镜头包括推、拉、摇、移、跟等。

（4）调整拍摄参数。根据不同的拍摄需求和场景，调整拍摄设备的拍摄参数，如快门速度、光圈、感光度等。例如，在拍摄运动场景时，需要使用较快的快门速度捕捉瞬间画面。

① 快门速度。快门速度是指相机快门打开和关闭所需的时间长度，它决定光线进入相机传感器的时间长短，即光线照射时间的长短，通常用 S 表示。快门速度越快，光线照射时间越短，照片越暗；反之，快门速度越慢，光线照射时间越长，照片越亮。较快的快门速度适合拍摄运动场景和瞬间动作，较慢的快门速度则能捕捉运动物体的模糊轨迹。快门速度的设置范围为 1/4000～30 秒，专业相机的快门速度可以达到 1/8000 秒。在拍摄人像、风景或街景时，快门速度一般设置为 1/500～1/250 秒；拍摄运动场景时，快门速度至少为 1/500 秒。

② 光圈。光圈是镜头内用来控制光线透过镜头进入机身内感光面光量的装置。光圈大小通常用 f 值表示，f 值越小，光圈越大，进光量越多。光圈的大小还影响景深，大光圈能够产生浅景深效果，使主体清晰而背景模糊，适用于拍摄人像、微距画面。小光圈则能产生深景深效果，前景和背景都较为清晰，适合拍摄自然风景、建筑等广阔场景。一般而言，拍摄人像或微距画面时，光圈可以设置为 f/1.2～f/4；拍摄风景或街景时，光圈可以设置为 f/5.6～f/11。

③ 感光度。感光度又称为 ISO，是指相机对光线的敏感程度。ISO 值越高，传感器对光线的反应越敏感，可以在光线较弱的环境下拍摄，但同时会增加画面的噪点，降低画质；反之，ISO 值越低，画面的噪点越少，画质越清晰。

（5）变换构图方法。构图是影响视频画面效果的重要因素之一。合理使用构图方法可以增强画面的吸引力和视觉效果。常见的构图方法如下。

① 对角线构图法。对角线构图法是指在画面中的两个对角之间存在一条连线，拍摄主体沿着画面的对角线方向排列的构图方法，如图 5-4 所示。对角线构图法利用画面中对应的两个角，形成一条极长的斜线，让画面富有动感、活力，牵引用户的视线，达到突出拍摄主体的效果。

② "S"形构图法。"S"形构图法中的拍摄主体以"S"的形状在画面中延伸（见图 5-5），具有优美和活泼的特点，使用户的视线随着"S"形曲线移动，能够有力地表现场景的空间感和纵深感。"S"形构图法适用于表现自身富有曲线美的景物，如弯曲的河流、庭院中的曲径、山中的羊肠小道等；也适用于表现人体或物体的曲线，如排队购物、游行表演等场景。

③ 中心构图法。中心构图法是指将拍摄主体放到画面中间的构图方法，画面中间一般是视觉焦点，也是中心点，如图 5-6 所示。采用中心构图法的画面中拍摄主体突出，易取得左右平衡的效果。

图 5-4　对角线构图法　　　图 5-5　"S"形构图法　　　图 5-6　中心构图法

④ 九宫格构图法。九宫格构图法是指在画面上横、竖各画两条与边平行、等分的直线，将画面分成 9 个大小相等的方块，并形成 4 个交叉点，然后在其中任意一个或多个交叉点上放置拍摄主体的构图方法，如图 5-7 所示。

⑤ 三角形构图法。三角形构图法是指在画面中安排 3 个视觉中心，使其形成一个稳定的三角形的构图方法，可以增强视频画面的稳定性，如图 5-8 所示。三角形构图法可以用于拍摄人物、建筑、山峰、植物枝干等。

⑥ 引导线构图法。引导线构图法是指借助线条，串联拍摄主体与背景，吸引用户的注意力，完成视觉焦点转移的构图方法，如图 5-9 所示。引导线不一定是具体的线条，可以是一条小路、一条小河、伸向远处的树木，甚至是人的目光。

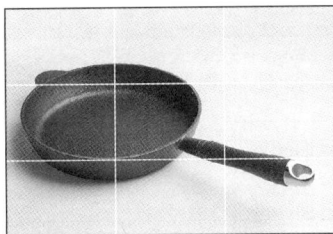

图 5-7　九宫格构图法　　　图 5-8　三角形构图法　　　图 5-9　引导线构图法

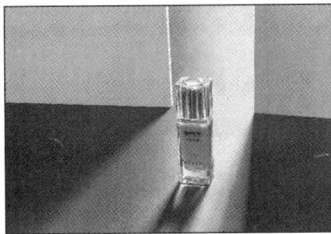

三、撰写视频脚本

视频脚本主要用来规划视频的制作方向，分为提纲脚本、文学脚本和分镜头脚本 3 种。

（1）提纲脚本。提纲脚本即视频的拍摄提纲，对视频拍摄有一定的提示作用，适用于一些不容易提前掌握或预测的内容，常用于新闻类、旅行类视频。在写作提纲脚本时，首先要明确视频的选题，然后根据选题列出视频的主要画面内容，并按照一定的逻辑顺序排列，形成完整清晰的内容框架。表 5-2 所示为探索城市老街文化的提纲脚本示例。

表 5-2　探索城市老街文化的提纲脚本示例

提纲要点		要点阐述
选题	探索城市老街文化	
画面	老街全貌	老街整体风貌（以全景、中景为主），包括街道布局、建筑风格等
	老街特色建筑	老街中的历史建筑、传统民居等（以近景和中景为主），介绍其历史背景和文化意义
	老街手工艺	老街上的手工艺人及其作品展示（以近景和特写为主），如剪纸、泥塑、刺绣等
	老街美食	老街特色小吃、传统菜肴（以近景和特写为主），如糖葫芦、炸酱面等
	老街生活	老街居民的日常生活场景（以近景和中景为主），如晨练、下棋、聊天等
	人文交流	与老街居民、手工艺人的互动交流（以近景和中景为主），了解他们的故事

（2）文学脚本。文学脚本适用于不存在剧情、直接展现画面的视频，如教学视频、测评

视频等。在写作文学脚本时，只需说清楚人物执行的任务、讲述的台词、选用的镜头和视频的长短。

（3）分镜头脚本。分镜头脚本以文字的形式直接表述不同镜头的画面，主要包括景别、运镜方式、拍摄方向、画面内容、台词、背景音乐/音效、时长等项目。分镜头脚本的内容比较精细，易耗费时间、精力。在写作分镜头脚本时，可以先根据视频内容和需要表达的情感，选择合适的景别，然后详细描述每个镜头中需要呈现的画面内容，包括人物的动作、表情、场景布置及道具等。在此基础上，再细化视频的其他细节，如背景音乐/音效、时长等。表5-3所示为美食制作教程的分镜头脚本示例。

表5-3　美食制作教程的分镜头脚本示例

镜号	景别	运镜方式	拍摄方向	画面内容	台词	背景音乐/音效	时长
1	全景	推	正面	从厨房一角推进到操作台	无		3s
2	中景	固定	正面	展示所有准备的食材	欢迎来到我们的美食节目！今天，我们将为您呈现一道经典的川菜——鱼香肉丝		5s
3	特写	摇	侧面	展示切好的肉丝	首先，我们需要把猪肉切成细丝		5s
4	近景	推	正面	展示切好的蔬菜	接着，我们准备好胡萝卜和青椒		5s
5	特写	固定	正面	加入酱油、料酒、淀粉腌制肉丝	将肉丝腌制一下，让它更加入味		5s
6	近景	移	侧面	往热锅里倒冷油，油温慢慢升高直至锅里冒青烟	现在我们往热锅里倒冷油，让油温慢慢升高	轻松愉悦的背景音乐	3s
7	中景	固定	正面	倒入肉丝翻炒	当油温合适时，先下肉丝，快速翻炒至变色		5s
8	近景	拉	侧面	加入蔬菜	接着加入蔬菜，一起翻炒均匀		5s
9	特写	摇	侧面	先展示调味料瓶，再展示锅内正在翻炒的食物	加入适量的调味料，包括糖、醋、酱油等		5s
10	中景	推	侧面	展示食物从锅里倒到菜盘的过程	最后翻炒均匀，就可以出锅装盘了		5s
11	全景	固定	正面	成品展示	一道美味的鱼香肉丝就完成了，快来做做看吧		3s

知识拓展

景别是指由于拍摄距离的改变或焦距的不同而形成的照片画面取景范围大小、画面中主体与环境关系的变化。景别主要分为远景、全景、中景、近景和特写，如图 5-10 所示。

（1）远景。远景一般用来表现与拍摄设备距离较远的环境全貌，展示人物及其周围广阔的空间环境、自然景色和群众活动大场面的画面。

（2）全景。全景用来展示场景的全貌或者拍摄人物的全身（包括体形、衣着等），来交代一个相对窄小的活动场景里人与周围环境或者人与人之间的关系。

（3）中景。中景指拍摄成人演员膝盖以上的画面。在所有景别中，中景重点表现的是人物的上身动作，环境处于相对次要地位。视频中表现人物的身份、动作及动作的目的，甚至多人之间的人物关系，以及包含对话、动作和情绪交流的场景都可以采用中景。

（4）近景。近景指拍摄人物上半身的画面，有时也用于表现景物的某一局部。近景拍摄的视频画面可视范围较小，人物和景物的尺寸足够大，细节比较清晰，非常有利于表现人物的面部表情或其他部位的细微动作，以及景物的局部状态。

（5）特写。特写指画面的下边框在成人演员肩部以上的头像，或其他拍摄对象的局部。由于特写拍摄的画面视角最小，视距最近，整个拍摄主体充满画面，所以能够更好地表现拍摄主体的线条、质感和色彩等特征。在视频中使用特写镜头能够向用户提示信息、营造悬念，还能细微地表现人物表情，在描绘人物内心活动的同时带给用户深刻的印象。

图 5-10　不同景别的效果

四、拍摄视频

在开始拍摄视频之前，还需要设置好一些必要的拍摄参数，以保证视频的画面效果。

1. 了解分辨率和帧速率

分辨率是指一张照片或者视频画面的像素点的数量，通常用显示画面在水平和垂直方向能够达到的最大像素点表示。常见的分辨率主要有 720P（标清）、1080P（高清）、1440P（超清）和 4K（超高清）。一般来说，分辨率越高，拍摄的视频画面越清晰，一般建议选择 1080P 及以上的分辨率。

视频是由很多连续的照片组成的，每张照片都是一个静止的画面，帧速率（Frames Per Second，FPS）是指每秒刷新的图片的帧数。在影像动画中，帧（Frame）表示最小单位的单幅影像画面，一帧即一幅静止的画面。一般来说，在分辨率相同的情况下，帧速率越高，画面越流畅，动作就越连贯，用户的视觉体验也就越好。相反，低帧速率的视频可能会出现画面卡顿、动作不连贯等问题，影响观看效果。一般建议设置帧速率为 24 fps 或 30 fps，两者均具有较高的流畅度。

2. 设置分辨率和帧速率

日常生活中使用手机拍摄视频的情况较为普遍，这里主要介绍手机的拍摄设置。由于手机系统和品牌的差异，不同的手机分辨率和帧速率的设置操作不同，在华为手机中设置分辨率和帧速率的操作如下：进入手机相机的视频拍摄页面，点击"设置"按钮💿，进入设置页面，分别选择"视频分辨率""视频帧率"选项，在打开的页面中选择对应的数值。

完成参数设置后，便可以按照视频脚本拍摄视频。例如，使用手机拍摄视频的具体操作如下：打开手机自带的相机，点击"录像"按钮开始录制；录制好一个镜头后，点击"结束录制"按钮结束拍摄，然后按照相同的方法拍摄剩余的镜头。

🔗 **任务实施**

任务演练 1：撰写登山包的分镜头脚本

【任务目标】

通过撰写登山包的分镜头脚本，规划视频拍摄的流程，确保视频内容条理清晰、连贯有序。

【任务要求】

本次任务的具体要求如表 5-4 所示。

表 5-4　任务要求

任务编号	任务名称	任务指导
（1）	明确内容主题和搭建内容框架	首先确定视频的内容主题，然后根据内容主题规划视频的内容框架
（2）	撰写分镜头脚本	根据内容框架，细化每个镜号的景别、运镜方式、拍摄方向、画面内容、台词、背景音乐/音效和时长等要素，最后形成分镜头脚本

【操作过程】

（1）明确内容主题。本任务的视频主要是为了展示登山包各方面的特点，从而促进登山包的销售，因此可将视频的内容主题确定为"全方位探索登山包的魅力"。

（2）搭建内容框架。根据视频的内容主题，大致规划内容框架。为全面地展示登山包，确定内容框架为：展示登山包收纳能力—展示登山包细节—展示登山包优势。

（3）撰写分镜头脚本。根据内容框架确定每个镜头需要展示的内容，然后确定合适的运镜方式和拍摄方向，再细化与画面内容对应的台词、背景音乐/音效和时长等。例如，镜号 1 采用中景，运镜方式为固定，拍摄方向为正面拍摄，画面内容为"将桌子上的物品

——放进登山包中，将雨伞和水杯放进两侧的网兜中，并拉上拉链"，台词为"登山包采用大容量设计，轻松装下平板电脑、书本和耳机。两侧有网兜，雨伞水杯随取随放"，背景音乐/音效为轻松愉悦的背景音乐，时长为 13 秒。按照这种思路撰写完整的分镜头脚本。表 5-5 所示为登山包宣传视频的分镜头脚本。

表 5-5　登山包宣传视频的分镜头脚本

镜号	景别	运镜方式	拍摄方向	画面内容	台词	背景音乐/音效	时长
1	中景	固定	正面	将桌子上的物品——放进登山包中，将雨伞和水杯放进两侧的网兜中，并拉上拉链	登山包采用大容量设计，轻松装下平板电脑、书本和耳机。两侧有网兜，雨伞水杯随取随放		13s
2	近景	固定	正面	将手机放进登山包背部一侧的口袋中	背部一侧也配备有口袋，手机存放安全便捷		3s
3	近景	固定	正面	展示肩带的正反面，并拉扯肩带	肩带采用透气网布，舒适耐拉扯	轻松愉悦的背景音乐	5s
4	近景	固定	侧面	用小刀刮登山包，然后用水泼登山包	优质尼龙面料，耐磨防刮，防水不渗透		4s
5	特写	推	侧面	反复拉动拉链	拉链顺滑，开合自如		2s
6	中景	固定	正面	一步一步折叠登山包	设计巧妙，轻松几步即可折叠成小巧形态，随身携带更方便		16s

任务演练 2：拍摄登山包宣传视频

【任务目标】

根据撰写的分镜头脚本进行拍摄，得到产品宣传视频素材，为后续制作视频提供视频素材。

【任务要求】

本次任务的具体要求如表 5-6 所示。

表 5-6　任务要求

任务编号	任务名称	任务指导
（1）	选择拍摄设备设置拍摄参数	首先选择合适的拍摄设备，然后设置视频分辨率和视频帧率
（2）	拍摄视频	按照分镜头脚本依次拍摄，拍摄完成后整理视频素材

【操作过程】

（1）选择拍摄设备。首先根据需要选择合适的拍摄设备，因手机便捷易用，这里选择手机进行拍摄。

（2）设置拍摄参数。打开手机相机，点击"设置"按钮⚙️，如图 5-11 所示。进入"设置"页面，分别设置视频分辨率为"[16：9]1080p（推荐）"、视频帧率为"30fps"，如图 5-12 所示，以确保视频的质量。将手机固定在手机落地支架上，竖屏拍摄，对焦至桌面。

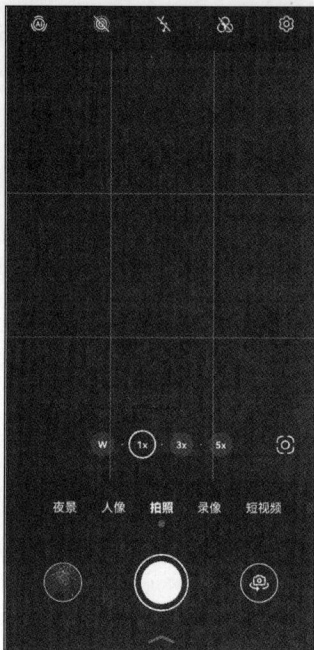

图 5-11　点击"设置"按钮

图 5-12　设置视频分辨率和视频帧率

（3）拍摄镜号 1。将平板电脑、书本和耳机等物品摆放在桌面上，手机固定在桌面，镜头高于桌面，中景俯拍一步一步将平板电脑、书本和耳机等物品装进登山包，以及将水杯和雨伞装进登山包两侧网兜的过程，如图 5-13 所示。拍摄完成后暂停拍摄。

（4）拍摄镜号 2。继续拍摄，将手机放进登山包背部一侧的口袋中，如图 5-14 所示。使用相同的方法继续拍摄其他镜号，部分拍摄效果如图 5-15 所示。

（5）整理视频素材。拍摄完成后，将所有视频素材整理在同一个文件夹中（配套资源：\素材\项目五\任务一\"登山包视频素材"文件夹），以方便后续剪辑工作的开展。

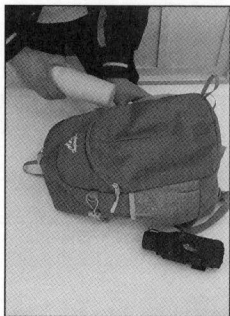

图 5-13　拍摄镜号 1　　图 5-14　拍摄镜号 2　　图 5-15　其他镜号的部分拍摄效果

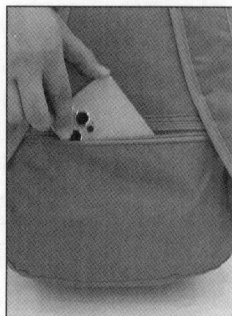

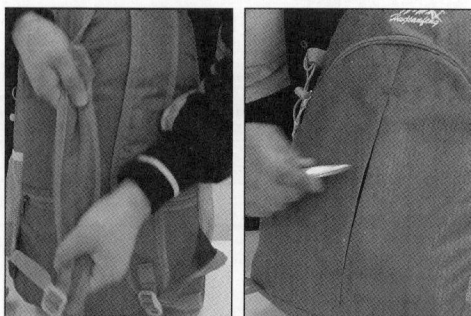

任务二　视频剪辑与制作

任务描述

老李安排小赵参与视频的剪辑工作，帮助小赵熟悉视频剪辑的流程。小赵随即填写了老李下达的任务单（见表5-7），根据任务单开展工作。

表5-7　任务单

任务名称	视频剪辑与制作	
任务背景	老李让小赵剪辑好登山包的宣传视频，以便尽快开展宣传工作，提高登山包的销量	
任务阶段	□准备阶段　■实施阶段　□收尾阶段	
工作任务		
任务内容	**任务说明**	
任务演练：剪辑登山包宣传视频	首先导入视频素材，删除多余或无用的视频素材，然后依次添加转场效果、字幕、人声效果和背景音乐，最后导出视频	
任务总结：		

知识准备

一、视频剪辑的工具

拍摄好的视频还需要进行剪辑，内容编辑人员通过取舍、重新组合片段、处理声音、添加字幕和特效等操作，制作出精良且吸引人的视频。视频剪辑的工具有很多，内容编辑人员选择合适的剪辑工具，可以提高剪辑效率。

（一）剪映

剪映是一款功能较为全面的剪辑软件，是抖音官方推出的视频剪辑工具，支持在移动端（剪映App）和计算机端（剪映专业版）使用。剪映的操作比较简单，其中提供大量的剪辑模板，以及各类视频特效、贴纸、滤镜等，而且剪辑完成后的视频可以直接同步到抖音或西瓜视频平台，适合抖音或西瓜视频用户使用。图5-16所示为剪映专业版的剪辑页面，页面上半部分从左至右分别为素材面板组、"播放器"面板和功能面板，页面下半部分为时间线面板。

1. 素材面板组

素材面板组包括"媒体""音频""文本""贴纸""特效""转场""字幕""滤镜"面板。

①"媒体"面板。"媒体"面板支持导入视频、音频、图片等素材，面板左侧有云素材和素材库，用户可以根据自己的需求搜索需要的素材。

②"音频"面板。"音频"面板支持添加音频素材，用户可以自行搜索或直接应用推荐的音频素材，还可以导入视频文件提取音频。

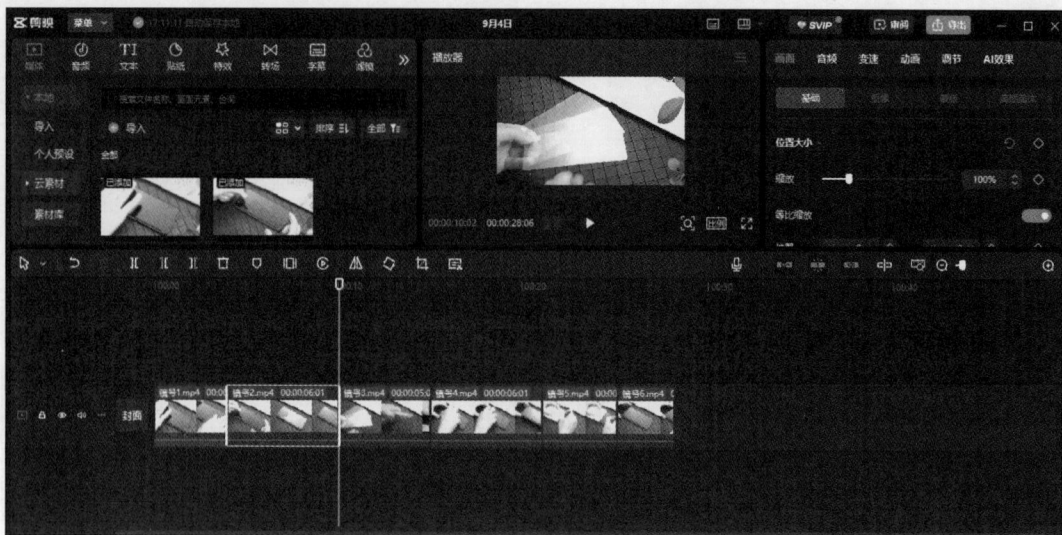

图 5-16　剪映专业版的剪辑页面

③ "文本"面板。"文本"面板具有新建文本、AI 生成文本、添加花字、文本模板、识别歌词和智能字幕等功能，侧重于视频中文本的编辑。

④ "贴纸"面板。"贴纸"面板提供了丰富的贴纸素材，还支持 AI 生成贴纸素材。

⑤ "特效"面板。"特效"面板提供了画面特效和人物特效，特效效果丰富多样。

⑥ "转场"面板。"转场"面板提供了丰富的转场效果，可实现多种方式的过渡。

⑦ "字幕"面板。"字幕"面板具有新建字幕、识别字幕、字幕模板、智能包装等功能，用户可以自行导入字幕文件，或直接使用字幕模板。

⑧ "滤镜"面板。"滤镜"面板提供了丰富的滤镜效果，用户可以通过拖曳滤镜效果至视频素材上的方式应用滤镜效果。

2. "播放器"面板

"播放器"面板主要为剪辑提供实时预览，用户将视频素材添加至时间线面板后，可以在"播放器"面板中调节视频素材的比例、当前预览的质量，以及开启调色示波器，显示画面中色彩的分布范围，帮助调色。

3. 功能面板

功能面板默认显示当前视频的基本信息，包括名称、保存位置、比例、分辨率等。选择时间线面板中的视频素材，可以在功能面板中调整素材的画面、音频、变速、动画等参数。

4. 时间线面板

时间线面板是展示和编辑素材的主要区域，有多个轨道，每个轨道可以放置不同类型的素材，包括图片、音频、视频、转场效果、特效等。根据编辑需要，还可以添加、删除或调整轨道的数量和顺序。在编辑视频时，时间线面板提供了重要的剪辑工具，包括分割⚏、删除⊡、定格▣、倒放◉、镜像▲和旋转◇等。同时，在编辑视频时，还可以缩放时间线，以更精细地编辑视频。

（二）Premiere

Premiere 是一款专业的视频编辑软件，其编辑画面质量较高，兼容性较好，能与 Adobe 公司推出的其他软件相互协作，是视频编辑爱好者和专业人士必不可少的视频编辑工具。Premiere 提供了剪辑、调色、美化音频、字幕添加、视频输出、DVD 刻录等功能，能够满足用户制作高质量视频的要求，但对计算机配置要求较高。图 5-17 所示为 Adobe Premiere Pro 2020 的剪辑页面。

图 5-17 Adobe Premiere Pro 2020 的剪辑页面

（三）爱剪辑

爱剪辑的功能较为全面，包含特效、字幕、素材和转场动画，操作简单，适合新手使用。此外，爱剪辑对计算机配置要求较低，即使是低配置的计算机也很少出现卡顿现象。

（四）会声会影

会声会影是一款功能强大的视频编辑软件，其功能与爱剪辑类似，但对计算机配置要求较高。会声会影不仅能够满足视频剪辑爱好者的影片剪辑需求，还能满足专业人士的影片剪辑需求，适合大部分用户使用。

二、视频剪辑的方法

视频剪辑的方法多种多样且各有特色，内容编辑人员合理运用各种方法可以使视频内容更加引人入胜。

（1）标准剪辑。标准剪辑是常用的视频剪辑方法，它将不同的视频片段按照事先规划好的故事情节或时间流程进行拼接组合。这种剪辑方法注重流畅性和逻辑性，确保用户能够清晰地理解视频所传达的信息和情节的发展。

（2）J Cut。J Cut是一种在画面出现之前播放音效的剪辑方法。这种方法常用于制造悬念或引导用户的注意力。例如，在展示小溪流水的画面之前，响起潺潺的流水声，激发用户的好奇心和期待感。

（3）L Cut。L Cut是一种让上一视频画面的音效延续到下一视频画面的剪辑方法。这种方法常用于保持场景之间的连续性。例如，在一个人物转身离开后，他的声音继续在下一个镜头中回荡，这种声音的延续能够增强用户的沉浸感。

（4）匹配剪辑。匹配剪辑是一种通过保持相邻视频画面中的主要拍摄对象不变，但切换不同的场景来创造视觉跳跃感的剪辑方法。例如，在一段旅行视频中，可以通过匹配剪辑将不同地点相同人物的画面连接起来，形成一种时空穿梭的效果。

（5）跳跃剪辑。跳跃剪辑是一种在场景不变的情况下，通过主要拍摄对象的变化创造视觉效果的剪辑方法。常见的"卡点换装"视频就采用了跳跃剪辑这一方法。

（6）交叉剪辑。交叉剪辑是指不同的两个场景来回切换的剪辑方法，这种方法通过来回频繁地切换画面建立角色之间的交互关系。

三、视频剪辑的流程

为提高视频剪辑的效率，一般可按照以下流程开展工作。由于剪辑需求和偏好的不同，剪辑流程也会有所区别。

（1）剪辑视频。首先浏览导入的视频素材，根据需要去掉多余的片段，然后根据视频的主题和叙事结构安排视频素材的顺序。

（2）调色。调色是调整视频的色彩，包括色温、饱和度、对比度等，以匹配视频风格和情感。在调色时，需要注意色彩的自然感和整体色彩的一致性。

（3）添加特效。合理地添加视觉特效和滤镜，增强某些场景的表现力。在添加特效时，要注意特效应与视频内容相匹配，同时控制特效的使用数量，以免特效与内容不符或过多，影响用户的观看体验。

（4）添加转场。在镜头之间添加适当的转场效果，如溶解、擦除、叠化等，让画面过渡更加自然。一般不宜使用太过复杂和花哨的转场效果，以免影响内容的呈现效果。

（5）添加字幕。在视频中添加字幕，以便用户理解视频内容，增强用户的观看体验。在添加字幕时要注意字幕的位置、大小、颜色、字体等。一般而言，字幕应该避免遮挡视频内容，字体通常以宋体、黑体和楷体为主，确保用户能够轻松阅读并理解字幕内容。

（6）添加音频。音频包括背景音乐、配音和音效，可以增强视频的情感表达，营造特定的氛围。在选择音频时，要确保音频契合视频内容且不干扰视频内容。同时，还要注意版权问题，使用合法的音频素材。

任务实施

任务演练：剪辑登山包宣传视频

【任务目标】

使用剪映，采用标准剪辑的方法剪辑视频，最终得到具有吸引力的登山包宣传视频。

【任务要求】

本次任务的具体要求如表 5-8 所示。

表 5-8　任务要求

任务编号	任务名称	任务指导
（1）	导入视频	导入整理好的视频素材
（2）	剪辑视频	浏览视频素材，根据需要删除多余片段，再为视频素材添加转场效果、字幕和背景音乐等，最后导出视频

【操作过程】

（1）导入视频素材。打开剪映专业版，在主页面单击"开始创作"按钮，打开剪辑页面，将视频素材（配套资源\素材\项目五\任务一\"登山包视频素材"文件夹）直接拖到时间线面板中，如图 5-18 所示。

微课视频

剪辑登山包宣传视频

图 5-18　导入视频素材

（2）删除视频素材。检查导入后的视频素材发现，镜号 1 开头有部分内容未对上焦，需删除这部分内容。移动视频滑轨，使时间线位于第 2 秒的第 10 帧处，单击"分割"按钮，如图 5-19 所示。单击被分割后的第 1 段视频素材，单击"删除"按钮，如图 5-20 所示。

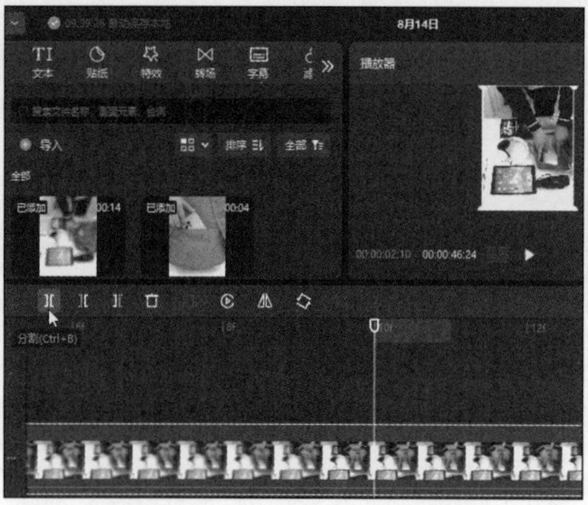

图 5-19 单击"分割"按钮

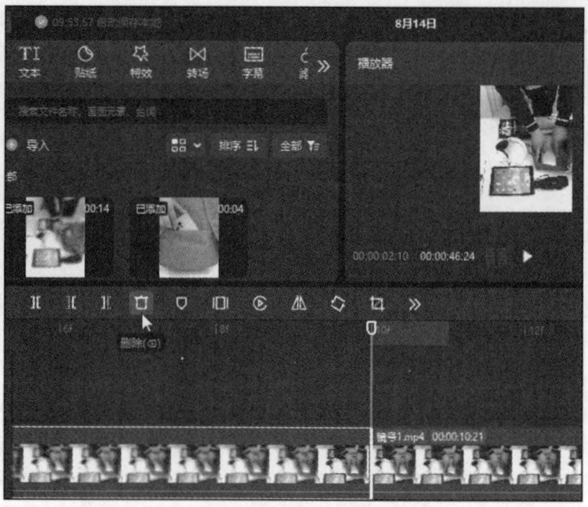

图 5-20 删除视频素材

> **提示**
>
> 　　在剪映专业版中，导入"媒体"面板中的视频素材的实际时长一旦超过整数，其显示时长将自动增加 1 秒，如原视频素材时长为 13 秒 1 毫秒，在"媒体"面板中会显示为 14 秒。

　　（3）设置视频转场。为使视频过渡更加自然，在两段视频之间添加转场效果。移动视频滑轨，使时间线位于第 10 秒的第 21 帧处，单击页面左上角的"转场"按钮，在打开的列表中选择"叠化"选项，转场效果下载成功后，将鼠标指针移至"叠化"选项上，单击"添加"按钮应用转场效果，如图 5-21 所示。单击"转场"面板中的 应用全部 按钮，如图 5-22 所示，为所有视频素材应用"叠化"的转场效果。

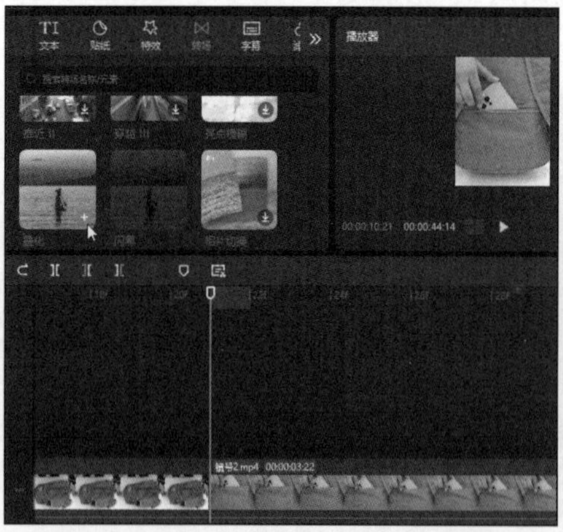

图 5-21 应用"叠化"转场效果

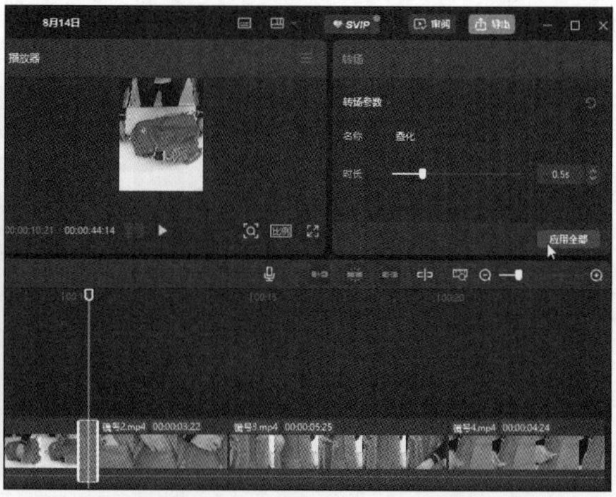

图 5-22 单击"应用全部"按钮

　　（4）添加字幕。为便于用户理解视频内容，这里为视频添加字幕。将时间线移至第 1 段视频素材起始处，单击"文本"按钮，打开"文本"面板，在"新建文本"页面中将鼠标指针移至"默认"栏中的"默认文本"选项上，单击"添加到轨道"按钮，如图 5-23 所示，视频素材的上方将出现字幕素材。

（5）输入并调整字幕。在页面右侧的"文本"选项卡下的文本框中输入与镜号 1 对应的台词，这里输入"登山包采用大容量设计"，然后根据画面内容调整字幕的时长。将鼠标指针移至字幕素材的末尾处，待鼠标指针变为形状时，按住鼠标左键不放，向左拖曳鼠标指针至第 1 秒处，如图 5-24 所示。

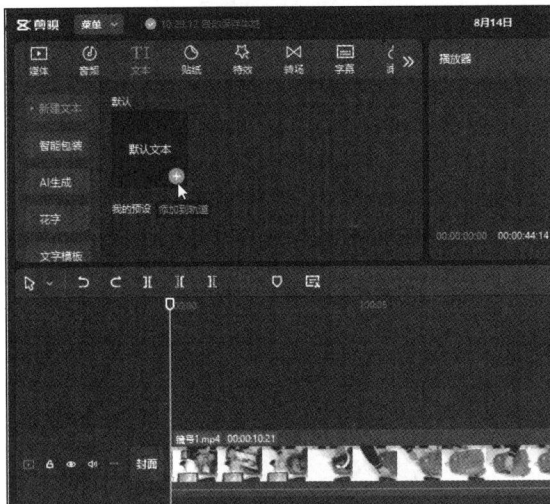

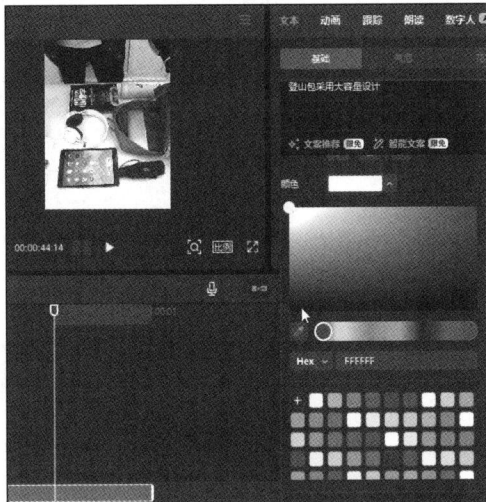

| 图 5-23　添加字幕 | 图 5-24　调整字幕素材的时长 |

（6）调整字幕的位置。保持字幕素材的选中状态，在"播放器"面板中选择字幕，按住鼠标左键不放，向下拖曳字幕素材至视频底部。

（7）调整字幕的字号。双击选中文本，在"字号"栏右侧文本框中输入"13"，按【Enter】键，如图 5-25 所示。

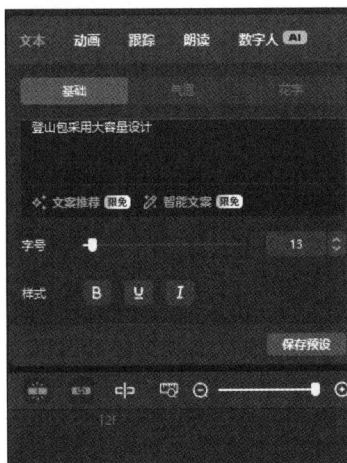

图 5-25　调整字幕的字号

（8）调整字幕的颜色。在"文本"选项卡中单击"颜色"栏右侧的下拉按钮，如图 5-26所示。在打开的下拉列表中选择"Hex"，在其右侧文本框中输入"000000"，按【Enter】键，如图 5-27 所示。

图 5-26　单击"颜色"下拉按钮

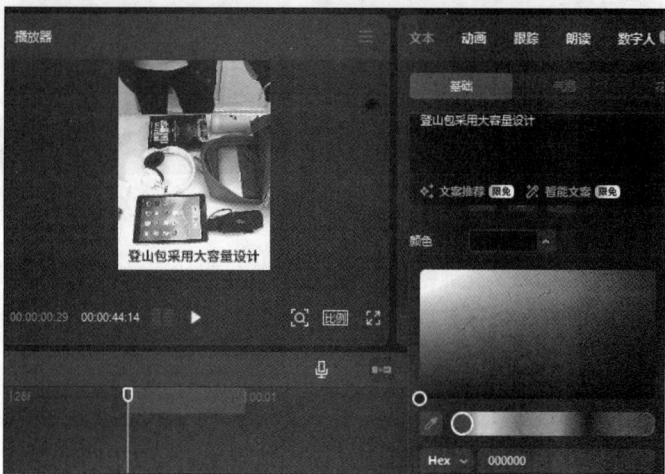

图 5-27　调整字幕的颜色

（9）保存字幕预设。单击"文本"选项卡底部的 保存预设 按钮，如图 5-28 所示，页面左侧"文本"面板"我的预设"栏中新增"预设文本 1"选项。

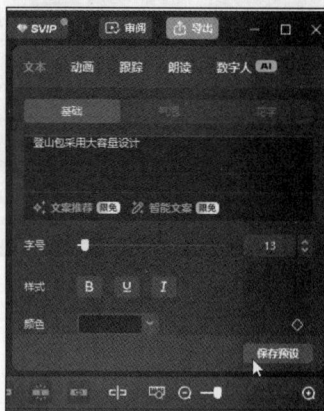

图 5-28　单击"保存预设"按钮

（10）添加其他字幕。将时间线移至需要添加字幕的视频素材起始处,将鼠标指针移至"预设文本1"选项上,单击"添加到轨道"按钮➕,如图5-29所示,添加一个预设好的字幕素材,按照画面内容修改字幕,并使用相同的方法添加其他字幕,调整字幕的时长。添加好的部分字幕效果如图5-30所示。

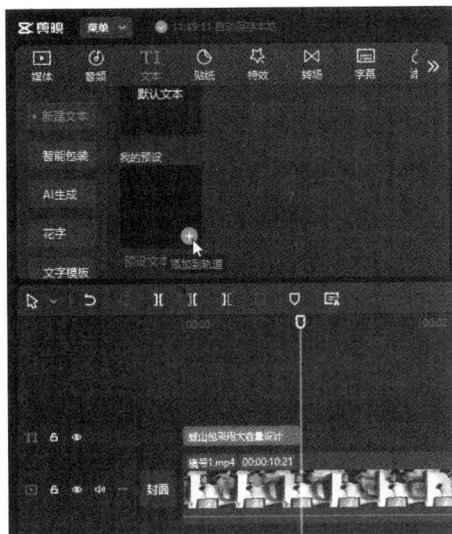

图5-29　单击"添加到轨道"按钮

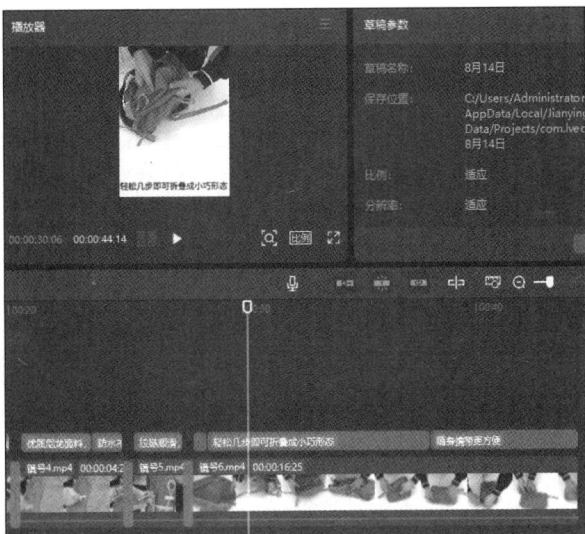

图5-30　部分字幕效果

（11）添加人声效果。为字幕添加人声效果,选中第1段字幕素材,在页面右上方单击"朗读"选项卡,在打开的选项卡中选择"解说"选项,在"解说"栏中选择合适的人声,这里选择"清爽男声"选项,单击 开始朗读 按钮,如图5-31所示。

（12）调整人声素材。保持人声素材的选中状态,在页面右上方的"基础"面板中调整人声素材的声音。在"音量"栏右侧的文本框中输入"20"。选择第2段字幕素材,向右拖曳第2段字幕素材至第1段字幕素材末尾处,使用相同的方法为其他字幕素材添加"清爽男声"的声音效果,并调整音量为"20"。根据画面内容调整字幕素材的时长,并调整人声素材的位置。部分人声素材的添加效果如图5-32所示。

图5-31　单击"开始朗读"按钮

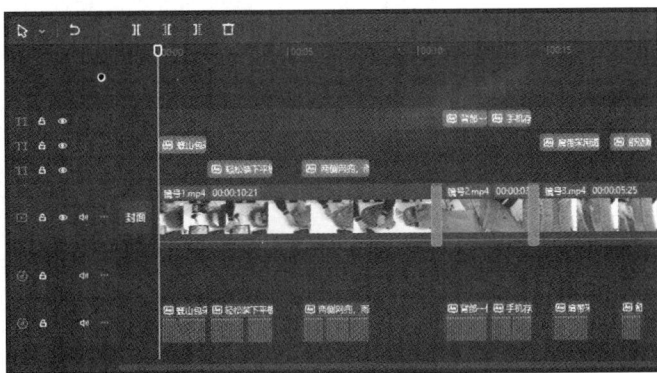

图5-32　部分人声素材的添加效果

（13）添加背景音乐。移动视频滑轨，使时间线位于起始处，单击"音频"按钮🎵，在搜索框中输入"轻松愉悦"，在搜索结果列表中选择合适的背景音乐；音乐下载成功后，将鼠标指针移至该音乐选项上，单击"添加到轨道"按钮➕，如图 5-33 所示。

（14）调整背景音乐。保持背景音乐素材的选中状态，在"基础"面板中调整背景音乐素材的音量，在"音量"栏右侧的文本框中输入数值"-25.0dB"，如图 5-34 所示。

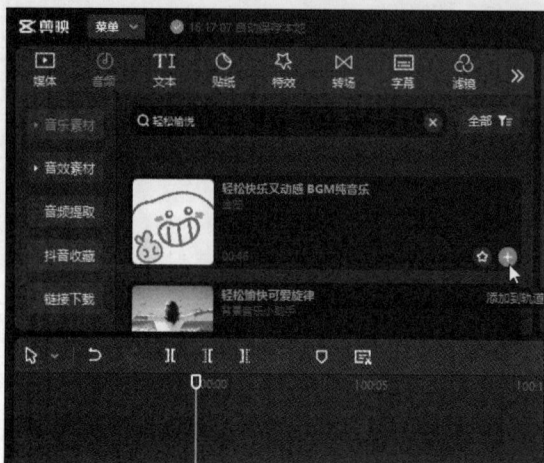

图 5-33　添加背景音乐

图 5-34　调整背景音乐

（15）导出视频。设置完成后，单击页面右上角的 导出 按钮，打开"导出"对话框，在"标题"栏中输入"登山包宣传视频"，单击 导出 按钮，如图 5-35 所示，导出视频（配套资源：\效果\项目五\任务二\登山包宣传视频.mp4）。

图 5-35　导出视频

技能练习

选择一款手机膜制作测评视频。为该测评视频写作分镜头脚本，然后根据脚本拍摄视频，再使用剪映专业版剪辑视频，完成手机膜测评视频的制作。

任务三 使用 AIGC 工具生成音视频

任务描述

体验过视频的制作过程后，小赵觉得对新手来说，视频剪辑有些耗时。老李告诉小赵，可以使用音视频类 AIGC 工具提高视频制作的效率，接着指导小赵填写了任务单（见表 5-9）。

表 5-9 任务单

任务名称	使用 AIGC 工具生成音视频	
任务背景	在老李的启发下，小赵使用剪映的 AI 功能，为一款溯溪鞋制作营销视频，探索音视频类 AIGC 工具在视频制作方面的应用	
任务阶段	□准备阶段　■实施阶段　□收尾阶段	
工作任务		
任务内容		**任务说明**
任务演练：使用剪映生成溯溪鞋营销视频		使用剪映的图文成片功能生成视频，然后根据需要编辑视频
任务总结：		

知识准备

一、音频生成类 AIGC 工具

音频包括背景音乐、音效和配音，具有增强情感表达、提升叙事能力和营造氛围等作用。在音频生成领域，涌现出许多 AIGC 工具，这些工具不仅功能强大，而且各具特色，能够满足不同的音频创作需求。

（1）Suno。Suno 是一个专业的 AI 音乐创作平台，用户只需输入简单的文本提示词，Suno 即可根据流派风格和歌词生成带有人声的歌曲。Suno 支持文本描述生成歌曲、输入和输出 50 种语言的歌曲，歌曲的音乐风格多样。另外，Suno 拥有丰富的音效库，涵盖各种乐器、声音效果和循环片段。

（2）BGM 猫。BGM 猫是一款智能生成 BGM（Background Music，背景音乐）的工具，用户可以自行选择音乐时长（时长范围为 30 秒～5 分钟），同时可以选择风格、场景和心情标签，BGM 猫将据此生成视频配乐或片头音乐。图 5-36 所示为 BGM 猫的音频生成效果。

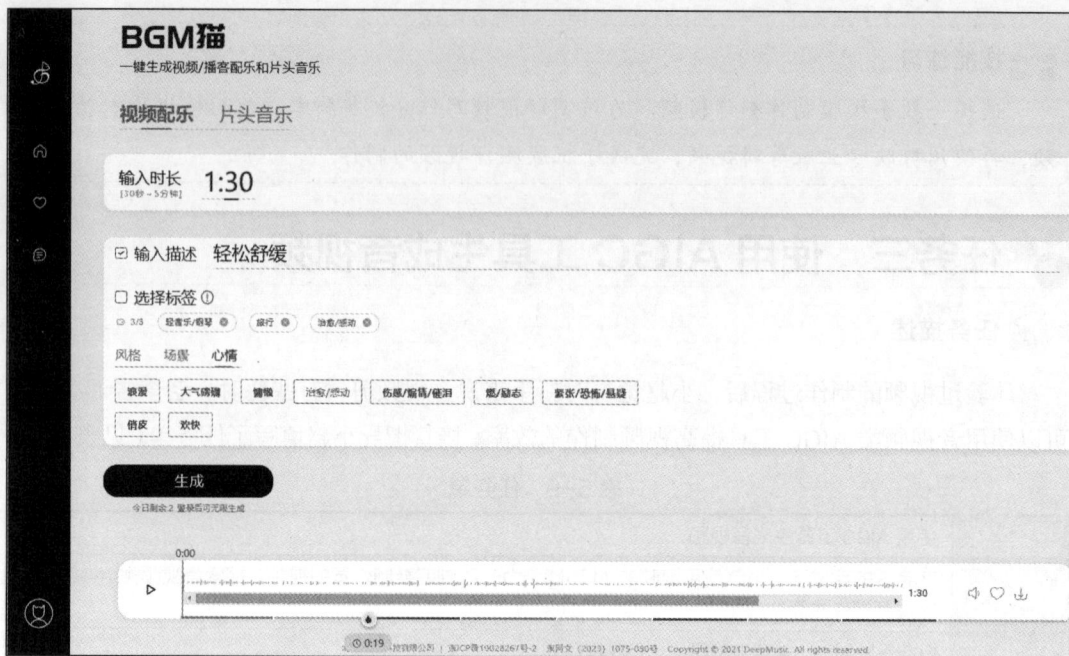

图 5-36　BGM 猫的音频生成效果

（3）网易天音。网易天音是网易云音乐推出的一站式 AI 音乐创作工具，支持 AI 编曲、AI 写歌和 AI 作词等。用户只需输入创作灵感，网易天音就能快速生成相应的内容，并且支持用户进一步调整生成的内容。图 5-37 所示为网易天音 AI 写歌的歌曲编辑页面。

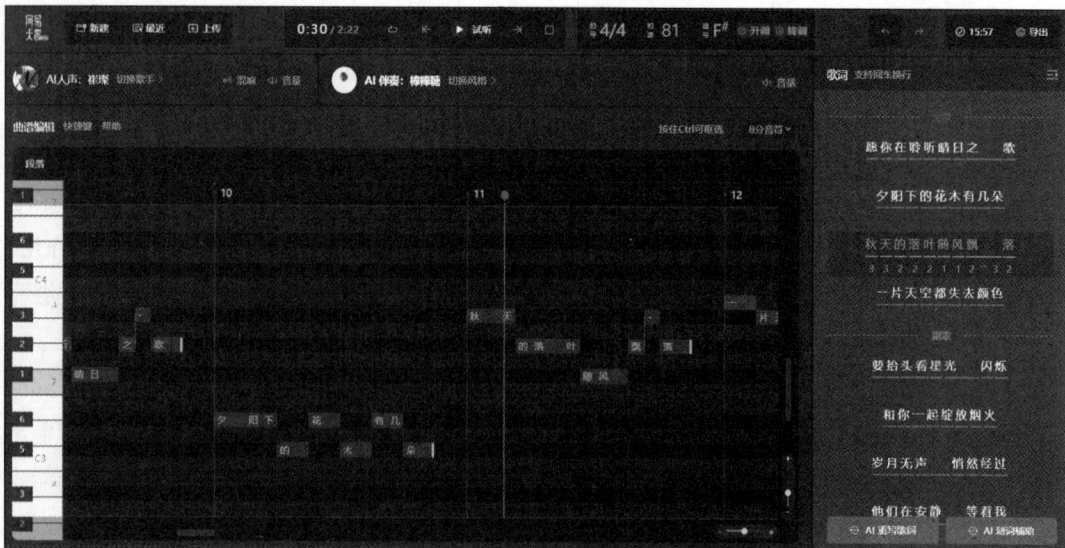

图 5-37　网易天音 AI 写歌的歌曲编辑页面

▌二、视频生成类 AIGC 工具

视频生成类 AIGC 工具十分丰富，各有特色，常见的有腾讯智影、剪映和 Sora。

（一）腾讯智影

腾讯智影是一款集成 AI 创作能力的智能创作工具，提供视频多轨道剪辑、添加特效与转场、添加素材、添加关键帧、添加动画等功能。同时，腾讯智影还具备文本配音、数字人播报、自动字幕识别和文章转视频等功能。用户可以先输入文字，然后选择不同的语音风格为视频配音，或者选择数字人形象制作播报类视频。图 5-38 所示为腾讯智影的数字人播报页面。

图 5-38　腾讯智影的数字人播报页面

（二）剪映

剪映作为一款视频编辑工具，也提供了多种 AI 功能，包括 AI 作图、智能裁剪、克隆音色、图文成片、营销成片等。其中，图文成片和营销成片在剪映专业版中较为常用，能帮助内容编辑人员轻松制作出高质量的视频。需要注意的是，剪映 App 和剪映专业版的 AI 功能存在差异。图 5-39 所示为剪映专业版的部分 AI 功能。

图 5-39　剪映专业版的部分 AI 功能

（1）图文成片。用户手动输入文案，或者选择智能写文案（即输入文案的主题和话题，在选择视频时长后生成文案，在文案生成后，用户可以根据需要进行编辑），然后选择智能匹配素材或使用本地素材生成视频。

（2）营销成片。用户自行导入视频素材后，选择 AI 写文案或手动输入文案，然后设置视频尺寸和时长，生成视频文案，在文案生成后，可以根据需要进行编辑，确认视频文案无误后便可一键生成视频。

（三）Sora

Sora 是一款基于文本描述生成视频的 AIGC 工具。用户只需输入详细的文本描述，Sora 即可将文字转化为生动的视频画面，其生成的视频时长可达 1 分钟左右。Sora 能够生成的复杂场景包含多个角色、特定动作以及主体和背景细节，这极大地降低了视频创作的技术门槛和时间成本。

知识拓展

除了上面提到的视频生成类 AIGC 工具，还有其他视频生成类 AIGC 工具可供选择。

（1）可灵大模型（可灵 AI）。可灵大模型是快手推出的视频生成大模型，具备强大的视频生成能力，支持文生视频、图生视频和视频续写。

（2）秒创（一帧秒创）。秒创支持图文转视频，通过快速识别语义、划分镜头与匹配素材，可在 1 分钟左右完成视频生成，支持智能数字人、智能配音。

（3）Runway。Runway 提供先进的视频处理功能，如根据文本生成图像、视频局部无损放大、动态追踪、智能调色等。

（4）即梦 AI（Dreamina）。即梦 AI 是由抖音开发的一款 AI 视频和绘画工具，支持文字绘图、文字生成视频和图片生成视频，其具有创新的首帧图片和尾帧图片输入方式（即用户输入一张图片作为首帧或尾帧，即梦 AI 可据此生成视频），视频生成的可控性较强。

（5）即创。即创是抖音推出的一站式智能创意生产与管理平台，提供 AI 视频创作、图文创作和直播创作 3 个功能，这 3 个功能各有丰富的 AI 创作工具作为支撑。例如 AI 视频创作功能中，有智能创作和 AI 视频脚本两种工具，能够帮助抖音内容创作者节省短视频和直播内容的制作成本及时间。

任务实施

任务演练：使用剪映生成溯溪鞋营销视频

【任务目标】

使用剪映的图文成片功能，生成溯溪鞋营销视频。

【任务要求】

本次任务的具体要求如表 5-10 所示。

表 5-10　任务要求

任务编号	任务名称	任务指导
（1）	生成视频	首先使用剪映的图文成片功能生成文案，适当优化文案后，再根据文案生成视频
（2）	编辑视频	根据视频的生成效果进行相应的调整，包括替换素材、替换背景音乐等，最后导出视频

【操作过程】

（1）生成文案。打开剪映专业版，在主页面选择"图文成片"选项。打开"图文成片"对话框，选择"营销广告"选项，在"产品名"栏的文本框中输入"溯溪鞋"，在"产品卖点"栏的文本框中输入"防水、透气"，在"视频时长"栏下选择"1分钟左右"选项，单击 生成文案 按钮生成文案，如图 5-40 所示。

（2）编辑文案。查看生成的视频文案，根据需要修改文案；修改完成后，单击 生成视频 ▾ 按钮，在打开的列表中选择"智能匹配素材"选项，如图 5-41 所示。

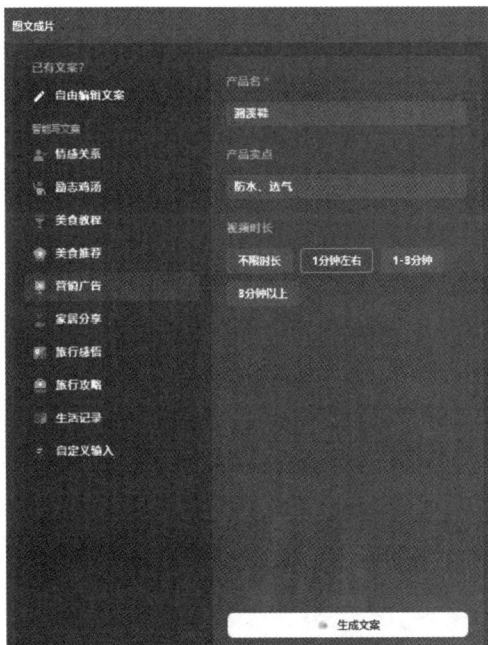

微课视频

使用剪映生成
溯溪鞋营销视频

图 5-40　生成文案

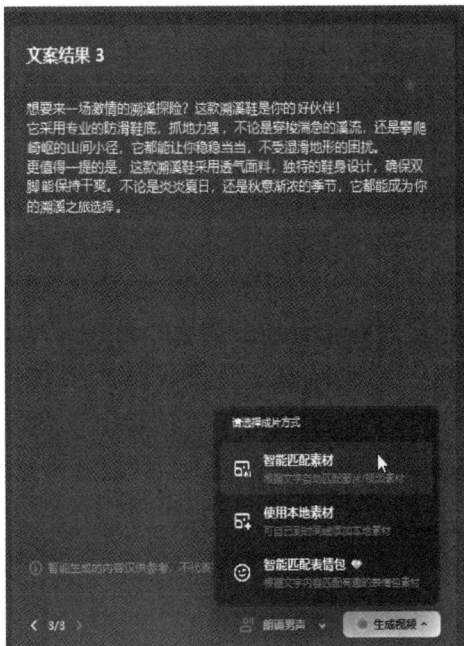

图 5-41　选择"智能匹配素材"选项

（3）替换第 1 段视频素材。视频生成后自动打开编辑页面，查看生成的视频，发现其中的部分图片和视频素材不符合品牌产品的实际情况，需要替换素材。选择第 1 段视频，在素材上单击鼠标右键，在打开的列表中选择"替换片段"选项，如图 5-42 所示。打开"请选择媒体资源"对话框，选择"视频 1.mp4"选项（配套资源\素材\项目五\任务三\溯溪鞋\视频1.mp4），如图 5-43 所示，单击 打开(O) 按钮。

（4）替换其他素材。打开"替换"对话框，单击 替换片段 按钮。选择第 2 段视频，使用与步骤（3）相同的方法替换为图片素材 1（配套资源:\素材\项目五\任务三\溯溪鞋\图片 1.png）。使用相同的方法将第 1 张图片替换为图片素材 2（配套资源:\素材\项目五\任务三\溯溪鞋\图片 2.png）；将第 2 张图片替换为视频素材 2（配套资源:\素材\项目五\任务三\溯溪鞋\视频 2.mp4）；将第 3 段视频替换为视频素材 3（配套资源:\素材\项目五\任务三\溯溪鞋\视频 3.mp4）；删除第 3 张图片；将第 4 段视频替换为视频素材 4（配套资源:\素材\项目五\任务三\溯溪鞋\视频 4.mp4）；将第 4 张图片替换为图片素材 3（配套资源:\素材\项目五\任务三\溯溪鞋\图片 3.png）；将第 5 张图片替换为图片素材 4（配套资源:\素材\项目五\任务三\溯溪鞋\图片 4.png）。替换好的部分效果如图 5-44 所示。

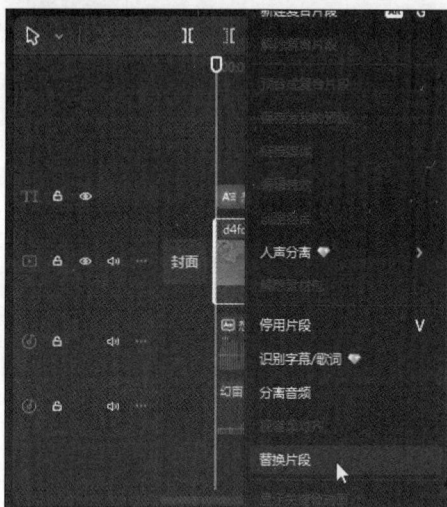

图 5-42 选择"替换片段"选项　　图 5-43 选择视频素材

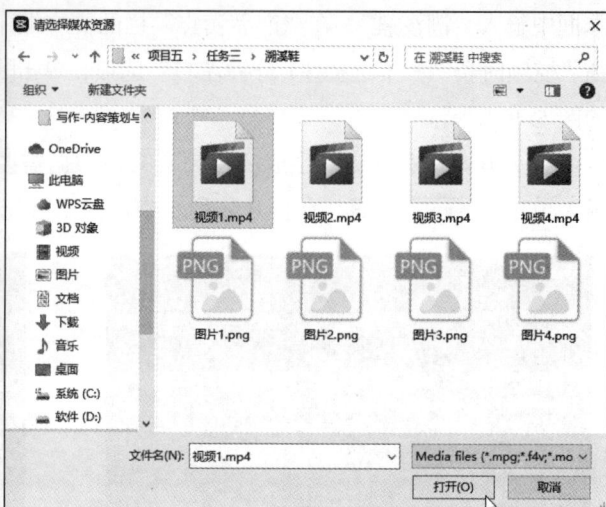

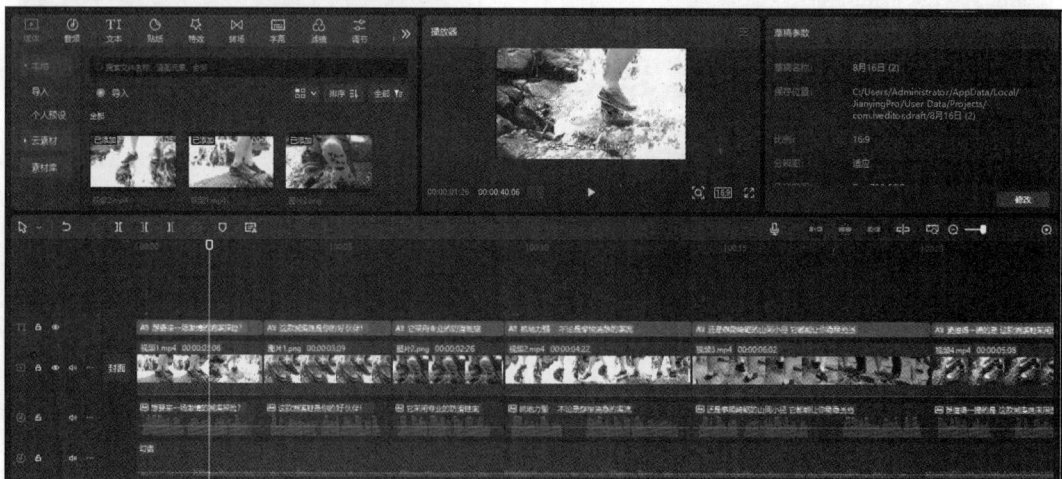

图 5-44 部分素材替换效果

（5）替换背景音乐。因生成的背景音乐的风格稍显悲伤，这里将其替换为轻快的背景音乐。选择背景音乐素材，按【Delete】键删除。移动视频滑轨，使时间线位于起始处，单击"音频"按钮，在搜索框中输入"轻快"，在搜索结果列表中选择合适的背景音乐；

音乐下载成功后，将鼠标指针移至该音乐选项上，单击"添加到轨道"按钮，如图 5-45
所示。

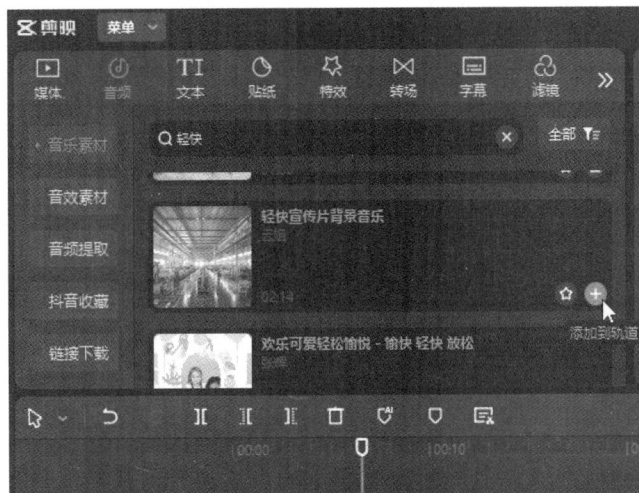

图 5-45 替换背景音乐

（6）裁剪背景音乐。保持背景音乐素材的选中状态，移动视频滑轨，使时间线位于视频
结尾处，单击"分割"按钮，选择第 2 段背景音乐素材，按【Delete】键删除。

（7）调整背景音乐音量。选择背景音乐素材，在页面右上方的"基础"面板中调整音量，
在"音量"栏右侧的文本框中输入数值"-30.0dB"，如图 5-46 所示。使用相同的方法将人声
素材的音量全部设置为"15.0dB"。

图 5-46 调整背景音乐音量

（8）导出视频。编辑完成后，单击页面右上角的 导出 按钮，打开"导出"对话框，在"标
题"栏中输入"溯溪鞋营销视频"，单击 导出 按钮，导出视频（配套资源：\效果\项目五\
任务三\溯溪鞋营销视频.mp4）。

综合实训

实训一　撰写血橙宣传视频的分镜头脚本

实训目的：通过撰写血橙宣传视频的分镜头脚本，提升脚本写作能力。

实训要求：近年来，视频逐渐成为商家营销推广的重要方式。一家专门种植血橙的农产品商家想以视频的形式推广其精品血橙，以提高产品销量。血橙的果形圆润饱满、果肉鲜红可口；果香浓郁、汁水充盈、皮薄易剥；价格为 29.9 元/5 斤。请为血橙写作一个宣传视频的分镜头脚本，视频时长在 1 分钟以内，要求充分展示血橙的果形、果肉、汁水等方面的特点。

实训思路：本次实训将按照分镜头脚本的写作思路进行，具体操作思路可参考图 5-47。

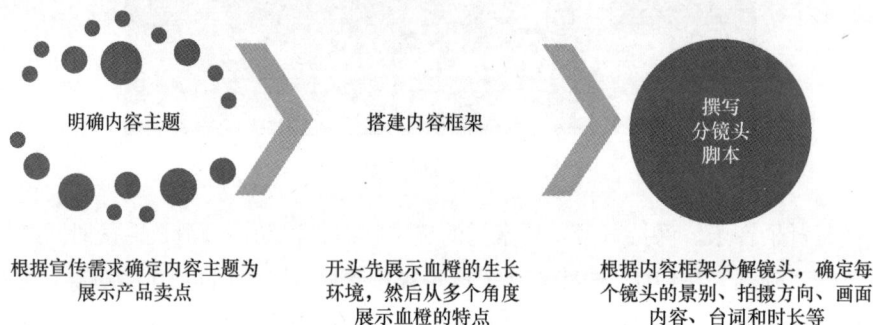

图 5-47　分镜头脚本的写作思路

实训结果：本次实训完成后的部分参考效果如图 5-48 所示（配套资源:\效果\项目五\综合实训\实训一\血橙宣传视频的分镜头脚本.docx）。

血橙宣传视频的分镜头脚本

镜号	景别	运镜	拍摄方向	画面内容	台词	背景音乐/音效	时长
1	全景	摇	正面	血橙的生长环境	生态果园，优质好果		4s
2	近景	固定	正面	血橙挂在树枝上，被刀慢慢划开	果形圆润饱满		4s
3	近景	固定	正面	切开后的半个血橙在阳光的照射下，显得晶莹剔透	果肉鲜红可口，晶莹剔透		1s
4	近景	固定	侧面	半个血橙的皮被慢慢削去			2s
5	近景	固定	正面	血橙鲜红的果肉	色泽艳丽、果香浓郁	充满活力的背景音乐	1s
6	近景	固定	侧面	半个血橙的果肉被削开，汁水流出	果肉饱满、汁水充盈		4s
7	近景	固定	正面	被削成两个部分的血橙果肉	好看又好吃		2s
8	近景	固定	侧面	手剥一个完整的血橙	皮薄易剥		4s
9	近景	固定	侧面	削去血橙上的白皮	咬一口，尽享美味盛宴		2s
10	特写	固定	正面	手上拿着整个削好的血橙			3s

图 5-48　分镜头脚本的部分参考效果

▌实训二 拍摄和剪辑血橙的宣传视频

实训目的： 练习拍摄和剪辑视频的方法，提升视频制作能力。

实训要求： 根据"实训一"的分镜头脚本拍摄视频，并整理好视频素材（配套资源:\素材\项目五\综合实训\实训二\"血橙"文件夹），最后使用剪映专业版剪辑视频，并根据视频内容添加合适的背景音乐。

实训思路： 本次实训将按照视频拍摄和剪辑的流程开展，具体操作思路可参考图 5-49。

图 5-49　拍摄和剪辑视频的思路

实训结果： 本次实训完成后的部分参考效果如图 5-50 所示（配套资源:\效果\项目五\综合实训\实训一\血橙宣传视频.docx）。

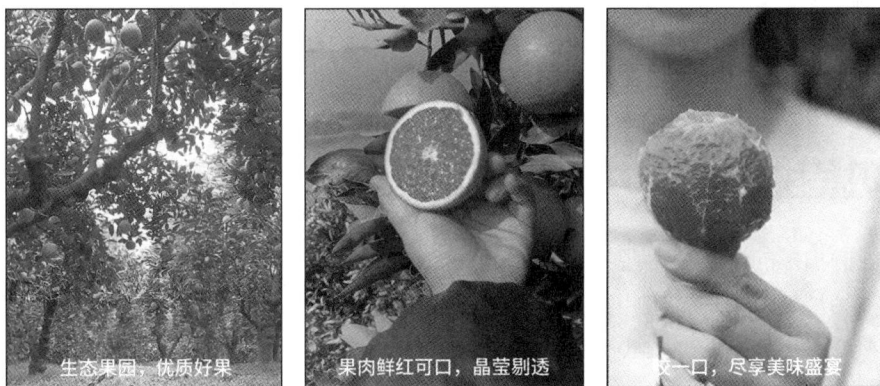

图 5-50　宣传视频的部分参考效果

▌实训三 使用剪映生成血橙的营销短视频

实训目的： 体验剪映的 AI 功能，掌握视频类 AIGC 工具的使用方法。

实训要求： 血橙商家推出了立减 3 元的优惠活动，为此，需要使用拍摄好的视频素材，利用剪映的营销成片功能，为血橙生成 15 秒以内的竖版（尺寸比例为 9：16）营销短视频，推广优惠活动，促进血橙的销售。

实训思路： 本次实训的具体操作思路可参考图 5-51。

```
选择营销成片          输入产品信息          生成并
                                      编辑视频
```

在剪映主页面选择
"营销成片"选项

首先导入血橙的视频素材，然后
输入产品名称、卖点（香甜多汁、
果香浓郁、皮薄易剥）、适用人
群和优惠活动信息，最后选择视
频尺寸和时长

在生成的视频文案列表中选择
合适的文案生成视频，然后查
看视频生成效果，根据需要编
辑或直接导出视频

图 5-51　生成营销短视频的思路

实训结果：本次实训完成后的部分参考效果如图 5-52 所示（配套资源:\效果\项目五\综合实训\实训三\血橙营销短视频.mp4 ）。

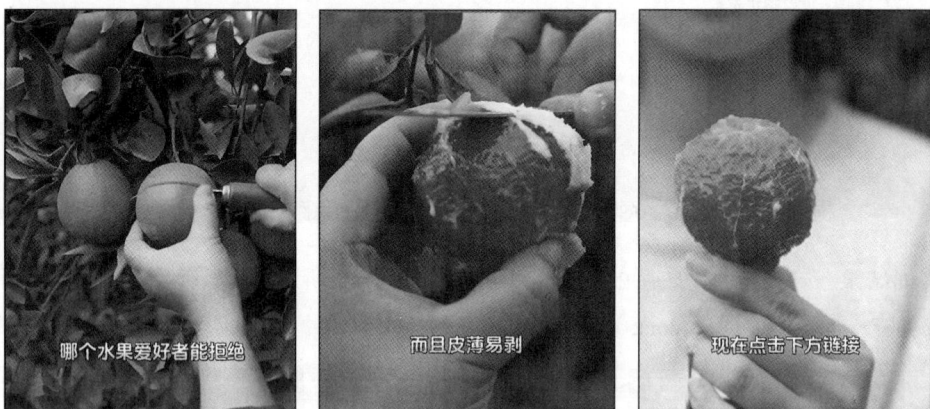

图 5-52　部分参考效果

巩固提高

1. 视频拍摄的设备有哪些？

2. 视频拍摄的技巧有哪些？

3. 视频脚本的类型有哪些？

4. 视频剪辑的工具有哪些？

5. 视频剪辑的方法有哪些？

6. 视频剪辑的流程是怎样的？

7. 音频生成类 AIGC 工具有哪些？

8. 视频生成类 AIGC 工具有哪些？

9. 近日，某品牌推出新款便携式智能水杯，该水杯既时尚又实用。为提高水杯的销量，该品牌计划为其拍摄宣传视频。请为该水杯撰写产品宣传视频的分镜头脚本，并根据分镜头脚本拍摄视频，最后剪辑宣传视频。以下为该水杯的基本信息。

（1）智能温控显示。杯身配备高清 LED 显示屏，实时显示水温。

（2）长效保温保冷。采用双层不锈钢材质与真空隔热技术，热水保温长达 12 小时，冷水保冷可达 24 小时。

（3）智能提醒饮水。水杯与手机 App 连接，可根据个人饮水习惯设定提醒时间，定时推送饮水提醒。

（4）环保健康材质。杯体内外均采用食品级 304 不锈钢制作，无毒无味、耐腐蚀、易清洗。

（5）便携轻盈设计。杯身轻巧，搭配防滑杯盖与人体工学设计手柄。

请使用合适的视频生成类 AIGC 工具为该水杯生成营销短视频。

项目六

直播内容写作

项目六

学习目标

【知识目标】

1. 熟悉直播脚本的类型。
2. 掌握常见的直播话术设计要点。
3. 知晓直播宣传文案的类型。
4. 掌握直播宣传文案的写作技巧。

【技能目标】

1. 具备撰写整场直播脚本和单品直播脚本的能力。
2. 具备设计各类直播话术的能力。
3. 具备写作直播宣传文案的能力。

【素养目标】

1. 树立终身学习意识,不断提升专业能力。
2. 保证直播内容的真实性、合法性,维护良好的直播环境。

项目导读

随着直播行业的发展,直观且互动性强的直播逐渐引起大量用户的关注,成为企业推广产品和增强品牌影响力的重要方式。野途的直播销售部门决定在新品上市当天开展一场直播促销活动,以促进产品的销售。老李被公司委以重任,负责撰写直播脚本和直播话术等直播内容。鉴于小赵前期的各项工作完成得非常不错,老李准备继续让小赵参与直播内容的撰写工作,带领小赵设计结构清晰的直播脚本、吸引力强的直播话术,以打动用户,激发其购买兴趣,从而实现销售转化和品牌传播的双赢。

任务一　撰写直播脚本

任务描述

老李告诉小赵，直播脚本可以明确直播活动的流程，是确保直播活动顺利开展的关键，因此直播内容撰写的首要任务就是撰写直播脚本，直播脚本包括整场直播脚本和单品直播脚本。在老李的指导下，小赵填写了任务单（见表 6-1）。

表 6-1　任务单

任务名称	撰写直播脚本	
任务背景	野途本次直播活动的时间为 2024 年 9 月 2 日，直播时长为 2 小时，直播亮点为 9 折优惠，直播参与人员为主播 1 人、助理 1 人、场控 1 人；直播销售 10 款新品，包括冲锋衣、软壳衣、防晒衣、抓绒外套、徒步瑜伽裤、束脚工装裤、徒步鞋、溯溪鞋、登山包、登山杖	
任务阶段	□准备阶段　■实施阶段　□收尾阶段	
工作任务		
任务内容	任务说明	
任务演练 1：为户外运动品牌撰写整场直播脚本	根据直播主题和直播时间规划直播活动的流程，并确定团队成员工作职责，最后撰写整场直播脚本	
任务演练 2：为软壳衣撰写单品直播脚本	按照"产品介绍—产品卖点阐述—产品利益点强调—引导转化"的思路撰写单品直播脚本	
任务总结：		

知识准备

一、撰写整场直播脚本

整场直播脚本是对直播流程和内容的详细说明，主要包括直播主题、直播人员、直播时间、直播流程和人员分工等要素。

（1）直播主题。直播主题是整场直播的灵魂，是对直播核心内容的精准提炼。用户通过直播主题可以快速了解直播的主要内容和预期收获。

（2）直播人员。直播人员即直播活动的参与人员，一般为主播、助理和场控。

（3）直播时间。其包括开播时间、结束时间以及每个重要环节的时间节点。例如，直播时间为 2024 年 9 月 2 日 17:00—19:00。

（4）直播流程。直播流程主要用于详细规划从直播开场到产品介绍，再到直播互动，最后到直播结束的每个环节。每个环节都要有明确的时间节点和工作内容，以确保直播按计划进行。例如，17:00—17:10 为开场介绍，17:11—17:40 为产品介绍，17:41—18:00 为用户互动，18:01—18:50 为产品返场讲解，18:51—19:00 为直播总结与告别。

（5）人员分工。其主要是明确直播团队成员的职责，如主播负责讲解产品、演示产品功能、引导用户关注和下单等；助理负责协助主播与用户互动、回复用户问题等；场控负责上下架产品、收集用户信息等。

在撰写整场直播脚本时，应根据直播时长划分直播流程，并明确直播人员的工作安排。直播流程的每个环节有不同的侧重点，如直播开场环节需要使用开场话术欢迎用户，给用户留下良好的第一印象；产品介绍环节主要介绍产品的基本信息，展示产品的卖点，促进产品的销售。

表6-2所示为整场直播脚本示例。

表6-2　整场直播脚本示例

脚本要素	直播概述		
直播主题	××品牌年中促销		
直播人员	主播：××。助理：××。场控：××		
直播时间	6月18日 15:00—17:00		
直播流程			
时间段	流程规划	人员分工		
		主播	助理	场控
15:00—15:05	开场预热	自我介绍，向进入直播间的用户问好	问候用户	向各平台分享开播链接
15:06—15:10	直播剧透	简单介绍本场直播的所有产品，说明直播间的优惠情况	产品配套展示，补充主播遗漏的内容	向各平台推送直播活动信息
15:11—15:25	产品介绍	讲解第一款、第二款产品，全方位展示产品的外观，详细介绍产品特点，回复用户问题，引导用户下单	与主播完成"画外音"互动，协助主播回复用户问题	发布产品链接，收集在线人数和转化数据
15:26—15:30	红包活动	与用户互动，发红包	提示发红包的时间节点，介绍红包活动规则	发红包，收集互动信息
15:31—15:45	产品介绍	讲解第三款、第四款产品	与主播完成"画外音"互动，协助主播回复用户问题	发布产品链接，收集在线人数和转化数据
15:46—15:50	福利赠送	提示点赞达到一定数量即可抽奖，开展抽奖活动并介绍奖品	提示发送福利的时间节点，介绍抽奖规则	收集中奖信息，与中奖者取得联系
15:51—16:10	产品介绍	讲解第五款、第六款和第七款产品	与主播完成"画外音"互动，协助主播回复用户问题	发布产品链接，收集在线人数和转化数据
16:11—16:15	福利赠送	提示点赞达到一定数量即可抽奖，开展抽奖活动并介绍奖品	提示发送福利的时间节点，介绍抽奖规则	收集中奖信息，与中奖者取得联系
16:16—16:35	产品介绍	讲解第八款、第九款和第十款产品	与主播完成"画外音"互动，协助主播回复用户问题	发布产品链接，收集在线人数和转化数据
16:36—16:40	红包活动	与用户互动，发红包	提示发红包的时间节点，介绍红包活动规则	发红包，收集互动信息
16:41—16:55	产品返场	对销售情况较好的产品进行返场讲解	协助场控/客服向主播提示返场产品，协助主播回复用户问题	收集、分析每款产品的在线人数和转化数据，提示返场产品
16:56—17:00	直播结尾	感谢用户的支持	感谢用户，协助主播退场和回复用户问题	收集本场直播数据

二、撰写单品直播脚本

单品直播脚本是基于单个产品的脚本，其核心是突出产品卖点，它对应整场直播脚本的产品介绍部分。单品直播脚本一般包含产品介绍、产品卖点阐述、产品利益点强调、引导转化等要素，可以帮助主播熟悉产品，更好地推荐产品。在撰写单品直播脚本时可以按照以下思路进行。

（1）产品介绍。首先引出产品，然后介绍产品的基本信息，包括产品的名称、特点、使用方法等，以便用户对产品有基本的了解。

（2）产品卖点阐述。通过阐述产品卖点，突出产品的优势和吸引力。阐述前，可以使用FAB法则提炼产品的卖点。

（3）产品利益点强调。介绍产品可以给用户带来的好处，把非刚需变为刚需。

（4）引导转化。引导用户转化，包括引导用户购买产品、关注直播间等。在引导转化时，可以通过展示产品的实际使用效果、介绍优惠活动等方式激发用户的购买欲望。

表6-3所示为单品直播脚本示例。

表6-3 单品直播脚本示例

要素	具体内容
产品介绍	大家好，今天我为大家介绍一款来自东北黑土地的新鲜玉米，它来自绿色农庄品牌。绿色农庄一直秉承"自然种植，健康生活"的理念，确保每一根玉米都是自然成熟的，无添加，无污染
产品卖点阐述	看这玉米，色泽金黄，颗粒饱满。让我煮一根给大家看看，煮熟后的玉米香气四溢，咬一口，鲜嫩多汁，甜而不腻，满口都是玉米的清甜味。值得一提的是，我们的玉米用清澈的山泉水灌溉，不使用化学肥料和农药，保证了玉米的纯正口感和食品安全
产品利益点强调	玉米富含膳食纤维、维生素和多种微量元素，是健康饮食的理想选择。而且，今天我们的直播间还有优惠活动，购买我们的玉米，您不仅能享受到超值价格，还能为家人带来健康和美味的双重享受
引导转化	这款玉米的日常价格是6根58元，今天在直播间6根只需38元，12根只要68元！这样的价格，这样的品质，错过今天就要等很久了

任务实施

任务演练1：为户外运动品牌撰写整场直播脚本

【任务目标】

按照整场直播脚本的要素和设计思路，梳理直播流程，完成野途整场直播脚本的撰写。

【任务要求】

本次任务的具体要求如表6-4所示。

表6-4 任务要求

任务编号	任务名称	任务指导
（1）	确定直播主题和时间	根据直播需求确定直播主题和时间
（2）	规划直播流程	根据直播活动的时长规划直播流程，并细化每一个环节的工作内容和时长
（3）	明确成员职责	根据直播流程明确直播团队成员的具体工作

【操作过程】

（1）明确直播主题。由于该品牌的直播目的是促进产品的销售，因此为确保直播活动具有一定的吸引力，直播主题需要突出品牌及促销信息，如"野途初秋上新，新品特惠来袭"。

（2）确定直播时间。直播活动的日期为2024年9月2日，结合该品牌目标用户的活跃时间，选择一个合适的时间段进行直播，这里选择用户活跃程度高的时间段19:00—21:00。

（3）规划直播流程。设计合理的直播流程，包括直播开场、产品介绍、抽奖活动和结束环节等，并大致规划每个环节所需的时间。例如，直播开场时间为10分钟，分为开场预热和直播剧透两个部分，每个部分各5分钟；直播抽奖分为3轮，每轮5分钟，共15分钟；直播结尾时间为5分钟。

（4）确定团队成员工作职责。明确团队成员的职责，主播之外的人要为主播提供必要的支持和协助。例如，主播负责介绍产品、回答用户问题等；助理负责协助主播展示产品、介绍抽奖规则等。通过明确团队成员的职责，确保直播活动顺利进行。

（5）撰写整场直播脚本。根据以上内容进行细化，撰写整场直播脚本，如表6-5所示。

表6-5 整场直播脚本

脚本要素	直播概述		
直播主题	野途初秋上新，新品特惠来袭		
直播人员	主播：王乐。助理：李琦。场控：刘宇		
直播时间	9月2日 19:00—21:00		

直播流程				
时间段	流程规划	人员分工		
		主播	助理	场控
19:00—19:05	开场预热	自我介绍，向进入直播间的用户问好	问候用户	向各平台分享开播链接
19:06—19:10	直播剧透	简单介绍本场直播的所有产品，说明直播间的优惠情况	补充主播遗漏的内容	向各平台推送直播活动信息
19:11—19:25	产品介绍	讲解冲锋衣和软壳衣，全方位展示产品的外观，详细介绍产品特点，回复用户问题，引导用户下单	展示冲锋衣和软壳衣的上身效果，协助主播回复用户问题	发布产品链接，收集在线人数和转化数据
19:26—19:30	红包活动	发放口令红包	提示发红包的时间节点，告知用户红包口令	发红包，收集互动信息
19:31—19:45	产品介绍	讲解防晒衣和抓绒外套	展示防晒衣和抓绒外套的上身效果，协助主播回复用户问题	发布产品链接，收集在线人数和转化数据

直播流程				
时间段	流程规划	人员分工		
		主播	助理	场控
19:46—19:50	抽奖活动	开展评论抽奖活动	告知用户抽奖的时间节点和评论内容，介绍抽奖规则、奖品和抽奖人数等	收集中奖信息，与中奖者取得联系
19:51—20:05	产品介绍	讲解徒步瑜伽裤和束脚工装裤	展示徒步瑜伽裤和束脚工装裤的上身效果，协助主播回复用户问题	发布产品链接，收集在线人数和转化数据
20:06—20:10	抽奖活动	开展福袋抽奖活动	提示福袋发放的时间节点，介绍抽奖规则和奖品等	收集中奖信息，与中奖者取得联系
20:11—20:25	产品介绍	讲解徒步鞋和溯溪鞋	展示徒步鞋和溯溪鞋的上身效果，协助主播回复用户问题	发布产品链接，收集在线人数和转化数据
20:26—20:40	产品介绍	讲解登山包和登山杖	展示登山包的上身效果，以及登山杖的使用方法，协助主播回复用户问题	发布产品链接，收集在线人数和转化数据
20:41—20:45	红包活动	发放倒计时红包	提示红包发放的时间节点、参与规则和方法等	发红包，收集互动信息
20:46—20:55	产品返场	返场讲解销售情况较好的产品	协助场控向主播提示返场产品，协助主播回复用户问题	收集、分析每款产品的在线人数和转化数据，提示返场产品
20:56—21:00	直播结尾	感谢用户的支持	感谢用户，协助主播退场和回复用户问题	收集本场直播数据

任务演练 2：为软壳衣撰写单品直播脚本

【任务目标】

根据软壳衣的基本信息，按照单品直播脚本的设计思路，写作软壳衣的单品直播脚本。

【任务要求】

本次任务的具体要求如表 6-6 所示。

表 6-6　任务要求

任务编号	任务名称	任务指导
（1）	提炼产品卖点	首先查看软壳衣的基本信息，然后使用 FAB 法则提炼软壳衣的卖点
（2）	撰写单品直播脚本	根据提炼的卖点，按照单品直播脚本的设计思路，撰写软壳衣的单品直播脚本

【操作过程】

（1）查看软壳衣的基本信息。该款软壳衣为秋季新品，采用尼龙四面弹复合面料，穿着舒适，延展性强；采用特殊防泼工艺，具备荷叶拒水效应；腋下透气活页设计，通风散热；面料反面磨毛后形成薄绒，亲肤又保暖；抽绳风帽设计，防风保暖；日常价329元，上市9折优惠，下单即送价值49元的防风手套一副。

（2）产品介绍。根据软壳衣的基本信息简单介绍产品，如介绍该款产品是秋季时尚单品，激发用户的好奇心。

（3）提炼产品卖点。根据软壳衣的基本信息，使用FAB法则提炼其卖点，结果如表6-7所示。

表6-7　软壳衣的卖点

序号	F	A	B
1	尼龙四面弹复合面料	穿着舒适，延展性强	活动自如，无束缚感
2	特殊防泼工艺	具备荷叶拒水效应	遇雨雪天气仍保持干爽
3	腋下透气活页设计	通风散热	运动时保持凉爽，减少汗湿不适
4	面料反面磨毛后形成薄绒	亲肤又保暖	温暖舒适，适合秋季穿着
5	抽绳风帽设计	防风保暖	有效阻挡寒风，保护头部和颈部

（4）提炼利益点。提炼软壳衣的利益点，介绍购买软壳衣可以给用户带来的好处。根据产品信息可知，该款软壳衣具有防泼水、透气性强、保暖性好等优势，是用户秋季出行的理想选择，因此将软壳衣的实用性作为利益点。

（5）确定引导转化的内容。由于产品价格通常是用户比较关心的内容，由产品信息可知，本次直播活动软壳衣有9折优惠，且赠送礼物，整体价格与日常相比较为划算，因此将软壳衣的优惠活动作为引导转化的重点。

（6）撰写单品直播脚本。根据以上写作思路写作软壳衣的单品直播脚本，如表6-8所示。

表6-8　单品直播脚本

要素	具体内容
产品介绍	大家好，今天我要为大家介绍一款秋季必备时尚单品——软壳衣。它不仅是一件衣服，更是您秋日里的一份温暖守护
产品卖点	这款软壳衣采用尼龙四面弹复合面料，不仅穿着舒适，延展性还强，让您在任何时候都能自由活动，无拘无束。它还采用特殊的防泼工艺，就像荷叶一样拒绝水珠，小雨或意外泼溅都不怕！腋下采用透气活页设计，拒绝汗水停留，保持身体干爽。面料反面磨毛后形成的薄绒，亲肤又保暖，秋风再大也不怕。还有它的抽绳风帽设计，防风又保暖，细节之处尽显匠心
产品利益点	无论是日常出行，还是郊外徒步，这款软壳衣都能满足您的需求。它穿起来不仅时尚有型，还能适应多变的天气，非常实用
引导转化	最重要的是，这样一款集时尚、舒适与实用于一身的软壳衣，日常价要329元，但今天在我们的直播间，直接享受9折优惠，立省近33元！不仅如此，下单的朋友还将获得我们精心准备的价值49元的防风手套一副！您还在等什么呢

任务二 设计直播话术

任务描述

接下来，老李打算带领小赵设计一套既有吸引力又能精准传达信息的直播话术，以便吸引用户留存、提高互动率。在老李的指导下，小赵填写了任务单（见表6-9）。

表6-9 任务单

任务名称	设计直播话术	
任务背景	野途的直播销售团队直播经验不足，在此前的直播中，主播的表述方式稍显单调乏味，无法激发用户的兴趣与共鸣，导致许多用户在短暂停留后便离去。为充分吸引用户的关注，促进用户留存，团队需要为本次直播精心设计直播开场、直播过程中和直播结束时的话术	
任务阶段	□准备阶段　　■实施阶段　　□收尾阶段	
工作任务		
任务内容	任务说明	
任务演练1：设计抓绒外套的推销话术	根据抓绒外套的基本信息及推销话术的设计要点设计推销话术	
任务演练2：设计抓绒外套的催付话术	根据抓绒外套的基本信息及催付话术的设计要点设计催付话术	
任务总结：		

知识准备

一、设计直播开场话术

直播开场话术主要用于直播刚开始时，对吸引用户、营造良好的直播氛围非常重要。

（一）直播开场话术的类型

在直播开场阶段，主要有欢迎用户和直播暖场两项工作，因此可将直播开场话术分为欢迎类话术和暖场类话术。

（1）欢迎类话术。其主要用于欢迎用户，可分为欢迎单个用户和欢迎所有用户两类。前者是在用户进入直播间时，通过称呼用户昵称的方式欢迎用户的到来，如"你好××，欢迎来到我的直播间"。这类话术可以表现对用户的重视，有利于拉近与用户的心理距离。后者用于欢迎每一位用户，如"大家好，欢迎来到我的直播间！我是××，非常开心又和大家见面了"。

（2）暖场类话术。其主要用于活跃直播气氛，一般在正式介绍产品前使用，以便引发用户的兴趣。暖场类话术的内容一般与福利和产品预告相关，如"点赞数达到××次，主播就给大家发红包，大家赶紧动动手指""今天有大家期待已久的神秘产品返场，大家不要走开"。

（二）直播开场话术的设计要点

为确保直播开场话术充分发挥作用，在设计直播开场话术时，可以按照以下要点实施。

（1）使用个性化用语。通过设计一个独特且富有个性的开场问候，给用户留下深刻印象。话术包含直播特色或主播的个性化特征，如"嗨，大家好，欢迎来到××的欢乐小屋，我是你们的购物搭子××。"

（2）邀请互动。在开场时邀请用户参与互动，如提问、点赞或简单地评论等，让用户感到被重视。例如，"刚进来的朋友们，快打个'哈喽'让我看到你们的热情吧"，这样的互动能够迅速提升直播间的活跃度。

（3）设置期待。通过简短地提及接下来的直播内容或亮点，激发用户的好奇心，延长用户在直播间的停留时间。例如，"今晚我们邀请了惊喜嘉宾，还会揭秘你们期待已久的××，千万不要错过"。

表 6-10 所示为常见的直播开场话术。

表 6-10　直播开场话术

序号	示例
1	欢迎我们的老朋友××准时来到直播间，记得加入粉丝群，里面有很多粉丝福利
2	欢迎新进来的××，每次开播都能看见你，记得关注主播，到时可以及时收到我们的开播提醒
3	欢迎直播间的所有朋友，今天有很多惊喜福利，大家不要错过
4	欢迎新进直播间的朋友，刚进来的朋友给主播点一点关注
5	大家好！我是××，非常感谢你们今天能够抽出时间来观看我的直播。今天直播间优惠多多，很多产品低至 39 元，非常划算
6	大家好，我是主播××，大家准备好了吗？此次直播会给大家带来新款的时尚单品和时尚套装，还有 9.9 元的珍珠耳钉
7	欢迎大家来到直播间，大家不要走开，今天我们有多款新品上架，性价比都很高
8	大家好，我是××，欢迎小伙伴们准时来到直播间！今天是我们的"零食特卖专场直播"，很多品牌的零食都有折扣

二、设计引关注话术

引关注话术是引导用户关注直播账号的话术。在直播过程中，用户会随时进入直播间，使用引关注话术引导用户关注直播账号，有助于提升直播间的人气和增加直播账号的粉丝数量。在设计引关注话术时，一方面可以突出关注直播账号的好处，另一方面可以结合福利等方式，激发用户的关注欲望。

（1）突出关注的好处。通过强调用户关注直播账号后可以第一时间知晓直播时间、直播优惠，或者强调用户关注直播账号后可以获得实用信息或有价值的内容，如获得护肤知识、穿搭技巧等，从而吸引用户关注直播账号。

（2）福利引导。利用红包、优惠券、专属礼物等福利引导用户关注直播账号，如"关注主播可以获得 5 元无门槛红包""关注主播可以获得满 200 元减 30 元的优惠券"等。

表 6-11 所示为引关注话术的示例。

表 6-11　引关注话术

序号	示例
1	喜欢主播的小伙伴们请动动你们的小手，点一下关注，这样就可以第一时间知晓主播的直播时间啦
2	大家如果喜欢今天的直播内容，可以给主播点一下关注，这样就不会错过直播了！主播将继续为大家带来更多有趣、实用的内容和精彩活动
3	感谢××的关注，还没关注的朋友们抓紧啦！主播每天准时分享实用干货，让你们收获满满
4	关注主播，解锁更多独家福利和惊喜！快来加入我们这个温馨的大家庭吧
5	欢迎新进来的朋友们，点个关注，我们一起探索更多有趣的内容
6	点赞/关注人数达到××，我们就开始抽奖！想参与抽奖的朋友快动动手指关注主播
7	刚进来的××可以关注一下主播，主播会准点给大家发放福利
8	欢迎××来到我的直播间，想获得更多福利，请给主播点个关注

三、设计推销话术

推销话术主要用于推销产品，其通常会详细地描述产品的价格、特色、质量、使用方法等信息，以便用户全面地了解产品，进而产生购买欲望。

（一）推销话术的设计要点

推销话术的核心是增强用户的购买信心。在设计推销话术时，需要考虑以下设计要点。

（1）突出产品卖点。突出产品卖点是推销成功的关键。推销话术中的产品卖点可以使用FAB法则进行设计。表 6-12 所示为根据 FAB 法则设计的突出大米卖点的推销话术。

表 6-12　根据 FAB 法则设计的突出大米卖点的推销话术

组成	具体话术
F	详细说明产品的规格、重量、产地、制作方式、口感、配料、保质期等基本属性，如"下面要介绍的这款大米，来自土壤肥沃、光照充足的东北黑土地，生长条件优越，品质高"
A	说明产品的优势，如"它的米粒颗颗饱满，晶莹剔透，每一颗都是精挑细选的，煮出的饭软糯可口，满屋飘香"
B	介绍产品能带给用户的利益，如"吃这样的好米，不仅能满足您的味蕾，还能补充多种营养，让全家人都吃得健康，吃得开心"

（2）建立信任。推销话术需要真诚可信，以坚定用户的购买信心。在设计推销话术时，要保持真诚和专业的态度，避免夸大其词或传达不实信息，可以通过提供详细的产品信息、用户评价或第三方认证来增强用户对产品的信任感。同时，推销话术中还可以展现对用户需求的理解和关心，通过倾听和回应用户的疑虑来建立信任关系。此外，强调优质的售后服务和保修政策，也能有效地提升用户的信任度。例如，"我们承诺提供 7 天无理由退换货服务，无论您遇到什么问题，我们的专业客服团队都会第一时间为您解决，让您购物无忧"。

（3）号召行动。直接的行动号召可以刺激用户做出购买决策。在设计推销话术时，可以使用"立即购买""点击链接直接下单"等直接的号召描述，引导用户立即做出行动。例如，"现在下单立减 50 元！点击链接购买，开启你的健康生活新篇章"。

（二）常见品类的推销话术

由于产品品类的不同，其推销话术的侧重点也有所差异。

（1）服装产品的推销话术。服装产品的推销话术一般与服装的品牌、风格、面料、版型、价格、亮点、细节、穿搭效果和使用场景等内容相关。同时，其话术要着重描述服装的穿搭效果和使用场景，如"这件衣服不挑身材，很显气质""上班、运动、旅游时都可以穿这件衣服"。

（2）美妆产品的推销话术。美妆产品的推销话术通常与产品的品牌、质地、价格、功效、使用方法、使用感受等内容相关。由于美妆产品通常与个人的感官体验密切相关，因此美妆产品的推销话术一般要着重描述产品的使用方法和使用感受，如"上嘴很滋润""上脸不会假白"，以激发用户的购买欲望。

（3）食品产品的推销话术。食品产品的推销话术通常与产品的品牌、产地、价格、配料、规格、营养价值、味道、保质期等内容相关。由于用户较为关注食品产品的口味、口感，因此食品产品的推销话术多使用"鲜美多汁""酥脆可口""浓郁醇厚""色泽诱人"等生动、形象的词汇，唤起用户的感官体验，进而激发其购买欲望。

表 6-13 所示为常见品类的推销话术示例。

表 6-13　常见品类的推销话术示例

品类	示例
服装	这款舒适棉质 T 恤采用纯棉面料，柔软透气，亲肤舒适。它的版型设计简约大方，不挑身材，适合在各种场合穿着。T 恤采用固色工艺，不易褪色，多次洗涤依然如新。穿上这款舒适棉质 T 恤，无论是日常出行、运动健身还是居家休闲，都能让您有舒适的体验
	这款旗袍采用优质丝绸面料，触感丝滑，光泽度佳，穿着舒适透气。在设计上，它融合了传统与现代元素，经典的立领与开衩设计，展现出女性的优雅，其精致的刺绣图案更是美得让人移不开眼。无论是参加重要宴会还是日常穿着，这款旗袍都能让您成为众人瞩目的焦点，完美体现您的独特品位
美妆	这款口红就是嘴巴的完美搭档，它的 01 号色，晶莹剔透，上嘴后很滋润，一点都不干。在国货口红里面，它的质感、包装、上唇的触感都是非常不错的。它的 08 号色很日常，每天都可以涂，上嘴后嘴唇水嫩，让整个人看起来有气色
	这款防水防汗的睫毛膏，采用特殊配方，即使在高温潮湿的环境下，也能保持睫毛卷翘浓密，不脱妆、不晕染。刷头设计巧妙，能够轻松捕捉每一根细小睫毛，轻松打造根根分明的自然效果。无论是化日常淡妆还是派对浓妆，它都是您的不二选择
食品	这款全麦面包，选用优质全麦粉为原料，不添加任何人工色素和防腐剂，保留了小麦的天然营养与香气。面包经过慢发酵工艺，口感松软而有嚼劲，麦香四溢，让人回味无穷。早餐搭配一杯牛奶或豆浆，能为您的一天提供充足的能量与营养
	××品牌的鲜虾饼来啦，这个很香、很好吃，你们一定要买回家。如果你特别喜欢那种海鲜味道的小零食，买它就对了。这款鲜虾饼有 20%的鲜虾量，还有 5%的虾皮，海鲜味十足。而且他们家用的是优质马铃薯淀粉，再加上柠檬粉就好吃不腥，并且是非油炸非膨化，比较健康。一口咬下去，脆脆的，真的很好吃

四、设计催付话术

催付话术即催促用户尽快付款的话术，其主要针对拍下产品但暂未付款的用户。在设计催付话术时，需要注意以下要点。

（1）强调优惠。由于很多用户都倾向于购买性价比高的产品，对产品的优惠信息较为敏感，因此在设计催付话术时，可以再次强调产品的折扣、满减、直降等信息，体现产品的价格优势，催促用户及时把握优惠机会，快速下单。例如，"这款洗面奶平常的价格是129元一支，今天我们直播间的价格是129元买一送一，这个价格只有今天这一次，错过就没有了"。

（2）解决购买疑虑。用户在做出购买决策时，可能还存在各种疑虑和担忧，如产品质量、售后服务等。在设计催付话术时，可以加入产品质量保证、售后承诺等描述，消除用户的顾虑，从而促使用户完成付款。例如，"我们提供7天无理由退换货服务，大家收到货后如果不满意或不喜欢都可以申请退货退款，大家放心下单"。

五、设计直播结束话术

合理运用直播结束话术不仅能促进产品的再次销售，还能深化与用户的情感联系，为后续直播预热。

（一）直播结束话术的类型

直播结束话术可以分为总结型话术、预告型话术和感谢型话术3类，其内容侧重点分别为总结直播内容、预告下次直播、感谢用户。

（1）总结型话术。总结型话术主要是简单回顾整场直播产品，以及再次推荐热卖产品，通过强调产品的优惠力度、产品销量和销售速度等，再次吸引用户下单，并提醒已经下单的用户尽快付款。此外，该话术中还可以强调下播时间，以便用户做好心理准备。例如，"直播还有15分钟结束，直播结束××就恢复原价了"。

（2）预告型话术。预告型话术主要是提前告知用户下一场直播的部分信息，以引发用户的期待。这类话术通常包含下次直播的产品、优惠、福利或嘉宾阵容等信息，还会包含下次直播的具体时间，以便用户准时观看直播。例如，"明晚7:00我们在同一地点准时开播，还有神秘嘉宾到场，欢迎大家准时观看"。

（3）感谢型话术。感谢型话术主要是表达对用户观看直播、关注直播账号以及点赞、评论、转发等互动行为的感谢，有助于获得用户的好感。例如，"非常感谢大家今天的观看和陪伴"。

（二）直播结束话术的设计要点

精心设计的直播结束话术能给用户留下深刻的印象。设计直播结束话术时，可以从话术内容、话术表达等方面考虑。

（1）总结简洁凝练。总结型话术需要在有限的时间内回顾整场直播，其总结内容需要简洁凝练，话术只需概括直播的亮点、收获或重要产品。

（2）预告激发期待感。预告型话术的核心在于激发用户对下一次直播的期待感。在设计此类话术时，可以设置悬念，通过透露下次直播的主题、亮点或优惠，吸引用户继续关注并参与未来的直播活动。

（3）感谢态度真诚。感谢型话术最关键的设计要点是真诚，真诚的话术能引发用户的情感认同，同时还能体现对用户的重视，进而加深与用户之间的情感联系。

表 6-14 所示为直播结束话术示例。

表 6-14　直播结束话术示例

序号	示例
1	今天我们直播间卖得最好的一款产品是××，已经卖了××单了，我自己也已经下单好几份了，还没买的朋友快冲
2	感谢所有粉丝的陪伴，我们还有 5 分钟就下播了，想下单的粉丝抓紧时间
3	谢谢大家对我们的支持，我们下一期还有神秘嘉宾做客直播间，大家记得准时观看
4	好了，还有××分钟就要下播了，最后再和大家说一下，下次直播有你们想要的××，优惠力度非常大，大家要记得来
5	感谢大家，下期直播有许多热门产品返场，大家不要错过
6	下一场直播是我们的"美妆节"直播，直播的时间是周日晚 8:00，期待和大家准时见面
7	感谢每一位来直播间捧场的朋友，期待下次再见到你们

素养小课堂

在设计直播话术时，要保证话术的真实性，立足于产品的真实情况，避免虚假宣传，自觉维护良好的直播环境。

任务实施

任务演练 1：设计抓绒外套的推销话术

【任务目标】

根据抓绒外套的卖点，结合推销话术的设计要点，设计抓绒外套的推销话术。

【任务要求】

本次任务的具体要求如表 6-15 所示。

表 6-15　任务要求

任务编号	任务名称	任务指导
（1）	提炼产品卖点	根据抓绒外套的基本信息，使用 FAB 法则提炼其卖点
（2）	写作推销话术	根据提炼的卖点，结合推销话术的设计要点设计抓绒外套的推销话术

【操作过程】

（1）查看抓绒外套的基本信息。该款抓绒外套采用双刷双摇摇粒绒，蓬松保暖；缝线处加入导电丝，穿脱无惧静电；立体高领领口，保暖防风；采用旋转拉头设计，可衔接品牌所有三合一冲锋衣；日常价为 239 元，上市价为 189 元；提供 7 天无理由退换货服务。

（2）提炼产品卖点。根据抓绒外套的产品信息，使用 FAB 法则提炼卖点，结果如表 6-16 所示。

表 6-16　抓绒外套的卖点

序号	F	A	B
1	双刷双摇摇粒绒	蓬松度高，保暖性强	提供出色的保暖效果
2	缝线处加入导电丝	抗静电	不再担心静电困扰，提升穿着体验
3	立体高领领口	保暖防风	有效阻挡冷风，保持颈部温暖
4	旋转拉头设计	可衔接品牌所有三合一冲锋衣	提供更多搭配选择，满足不同场合需求

（3）结合设计要点。根据推销话术的设计要点，除了突出产品的特点外，还可以通过强调优质的售后服务增强用户的购买信心，结合产品的上市优惠设置行为引导。

（4）写作推销话术。根据设计要点写作抓绒外套的推销话术，如表 6-17 所示。

表 6-17　抓绒外套的推销话术

项目	说明	具体话术
产品导入	简单介绍产品	你是否厌倦了厚重的外套带来的束缚感，却又担心轻薄衣物不够保暖？我们这款抓绒外套采用独家双刷双摇摇粒绒技术，比普通抓绒外套更加蓬松柔软，保暖效果倍增
产品卖点	介绍产品的优势	为有效防止静电，这款抓绒外套的缝线处巧妙融入导电丝，免去您的静电烦恼。现在购买还享受上市优惠，日常价 239 元，今天只需要 189 元，喜欢就不要犹豫了
售后服务	介绍购买保障	另外，我们提供 7 天无理由退换货服务，若您收到产品后发现不喜欢或有任何质量问题，您可以随时申请退货退款，我们的专业客服团队 24 小时在线，随时准备为您解答疑问、处理售后问题，您可以放心下单

任务演练 2：设计抓绒外套的催付话术

【任务目标】

根据抓绒外套的基本信息，结合催付话术的设计要点，设计抓绒外套的催付话术。

【任务要求】

本次任务的具体要求如表 6-18 所示。

表 6-18　任务要求

任务编号	任务名称	任务指导
（1）	确定催付话术的设计要点	根据抓绒外套的基本信息，确定合适的设计要点
（2）	设计催付话术	根据催付话术的设计要点设计抓绒外套的催付话术

【操作过程】

（1）确定催付话术的设计要点。为增强催付话术的说服力，达到催付的效果，首先需要选择合适的设计要点。由抓绒外套的基本信息可知，该款抓绒外套的日常价为 239 元，上市价为 189 元，优惠力度较大，因此可以通过强调产品的优惠力度，促使用户尽快付款。

（2）设计催付话术。明确催付话术的设计要点后，根据抓绒外套的优惠力度，以及优惠时间和优惠数量限制，设计抓绒外套的催付话术，如表 6-19 所示。

表 6-19 抓绒外套的催付话术

设计要点	说明	具体话术
强调优惠	强调优惠力度	买到这款抓绒外套的朋友们赶紧付款，今天的价格比日常价优惠 50 元，错过了就可惜了
		日常价 239 元的抓绒外套，今天在我们直播间只需要 189 元，这么划算的价格，买到的朋友不要犹豫，直接付款

技能练习

为某食品品牌的新疆大枣写作推销话术和催付话术，新疆大枣的基本信息如表 6-20 和表 6-21 所示。

表 6-20 新疆大枣产品信息

项目	具体内容	项目	具体内容
品牌	大和	产品名称	大和新疆五星一等和田大枣
规格	500g/袋	价格	原价：22.9 元/袋 直播价：一袋立减 3 元、两袋 36.9 元
包装	袋装	储存条件	阴凉、通风、干燥处密封保存
保质期	8 个月	食用方法	干吃、煲汤、泡茶、煮粥、烘焙
售后	7 天无理由退换货、运费险		

表 6-21 新疆大枣特性相关信息

项目	具体内容	项目	具体内容
果径	3.7～4.3cm	果肉	圆润饱满、肉厚核小
配料	不添加色素、香精、甜味剂、防腐剂	口感	鲜润软糯、软硬适中
种植环境	源自新疆和田，昆仑山雪水灌溉、土壤肥沃、日照充足	工艺特点	自然晾晒

任务三　写作直播宣传文案

任务描述

直播话术固然重要，但是直播开始前和直播结束后的宣传工作也很重要，这便需要创作直播宣传文案，以扩大直播活动的宣传范围。小赵根据安排填写了任务单（见表 6-22）。

表 6-22 任务单

任务名称	写作直播宣传文案
任务背景	老李安排小赵在直播开始前在官方微博账号发布直播预告文案，通过预告直播亮点，吸引用户关注直播。直播结束后，小赵需要写作直播回顾文案，以进一步扩大直播的影响力，为后续直播积累关注度。为提高写作效率，同时获取写作灵感，小赵打算借助文心一言写作文案
任务阶段	□准备阶段　■实施阶段　□收尾阶段

续表

工作任务	
任务内容	任务说明
任务演练：使用文心一言为户外运动品牌写作直播预告文案	首先要求文心一言提供写作切入点，然后提出明确的写作要求，得到生成结果后根据需要修改文案
任务总结：	

📖 知识准备

一、直播宣传文案的类型

直播宣传文案主要用于宣传直播活动。根据发布时间和使用目的的不同，将直播宣传文案分为直播预告文案和直播回顾文案，分别用于直播开始前和直播结束后。

（1）直播预告文案。直播预告文案是为即将开展的直播活动提前准备好的宣传性文案，其主要目的是在直播开始前引起用户的兴趣，吸引他们关注并参与直播。图 6-1 所示为直播预告文案。一般来说，直播预告文案包含以下 5 个要素。

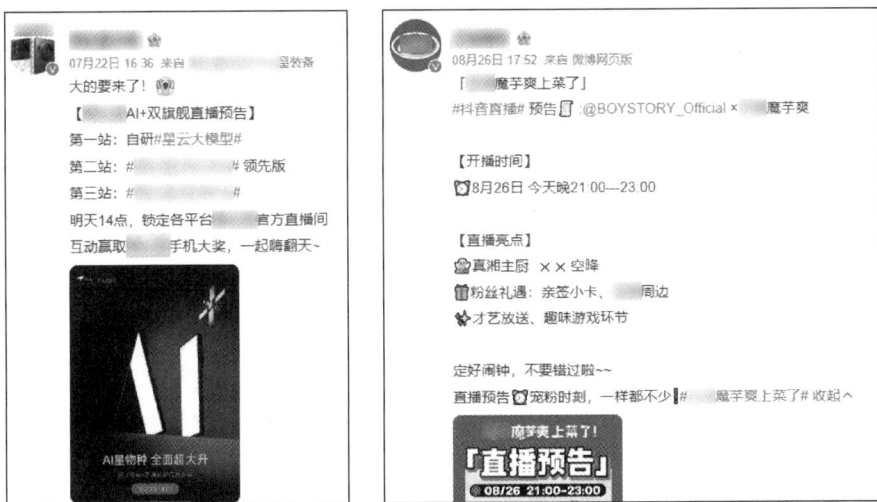

图 6-1　直播预告文案

① 时间地点。告知用户直播的具体时间、平台，方便他们准时观看。

② 亮点揭示。简要介绍直播的亮点，如嘉宾阵容、优惠活动、互动环节等。

③ 视觉吸引。使用具有吸引力的图片或视频补充文案，传达更多直播信息。

④ 引导互动。鼓励用户评论、点赞或分享直播信息，以增加直播的曝光度。

⑤ 行动号召。引导用户订阅直播或设置闹钟，以确保用户准时观看直播。

（2）直播回顾文案。直播回顾文案是在直播结束后发布的，旨在回顾总结直播内容，进一步巩固用户的记忆，并引导未观看直播的用户关注后续直播的宣传性文案。图 6-2 所示为直播回顾文案。一般来说，直播回顾文案包含以下 5 个要素。

图 6-2　直播回顾文案

① 内容概括。简要概述直播的主要内容、亮点和精彩瞬间，帮助用户快速了解直播的核心价值。

② 提供回放。告知用户如何观看直播回放，方便错过直播的用户补看。

③ 效果展示。公布直播的成果，如销售数据、用户互动情况、粉丝增长情况等。

④ 表示感谢。对参与直播的用户表达感谢，提高用户的忠诚度。

⑤ 后续预告。预告下一次直播的时间和内容，使用户持续关注。

二、直播宣传文案的写作技巧

在写作直播宣传文案时，需要注意直播预告文案的写作，因为它影响直播的曝光度和参与度。在写作时，可以合理运用以下写作技巧。

（1）突出亮点。文案应直接点明直播的亮点或独特之处，如特邀嘉宾、优惠、新颖主题等，以吸引用户的注意力。例如，"今晚 8:00，与神秘嘉宾面对面，共同探索美妆的奇妙世界！"

（2）文案简洁明了。文案应简洁明了，避免使用冗长和复杂的句子，让用户能够迅速抓住信息要点。例如，"今晚 7:00××直播间，一键解锁夏日护肤秘籍。"

（3）强调价值。清晰地传达用户参与直播能获得的好处，如知识、娱乐、优惠或礼品等。例如，"观看直播，享直播间专属 7 折优惠！"

（4）明确的行动号召。明确表达希望用户做出观看直播或分享直播的行为。例如，"点击链接，立即预约今晚的直播，与我们一起开启美丽之旅！"

在写作直播回顾文案时，也可以使用一些写作技巧，如精练地总结直播亮点，加深用户的印象；还可以使用具体的数据说明直播的效果，如观看人数、点赞数、销量等，以增强文案的说服力。

　　直播预告文案的发布时间非常重要，其只有在恰当的时机发布，才能收获较佳的传播效果。对于一些规模较大的直播活动，一般建议在开播前一周发布直播预告文案，这样预热时间更充足。一般的直播活动建议提前 1～3 天预热，避免直播预热与正式直播的间隔时间太长，导致用户遗忘直播预告内容。针对每天开展的直播活动，一般建议在直播前一天的 16:00 前发布直播预告文案，以免预告文案的曝光量不足，影响直播观看人数。

任务实施

任务演练：使用文心一言为户外运动品牌写作直播预告文案

【任务目标】

　　使用文心一言获取直播预告文案的写作切入点，再提出明确的写作要求，最终得到直播预告文案。

【任务要求】

　　本次任务的具体要求如表 6-23 所示。

表 6-23　任务要求

任务编号	任务名称	任务指导
（1）	确定写作切入点	首先提供直播预告文案写作的背景信息，然后要求文心一言提供写作切入点
（2）	提出写作要求，优化文案	按照文案生成类 AIGC 工具的使用思路，提出明确、清晰的写作要求，得到相关文案后再根据需要优化文案

【操作过程】

　　（1）确定写作切入点。进入文心一言对话页面，要求文心一言提供直播预告文案可行的写作切入点，如图 6-3 所示。

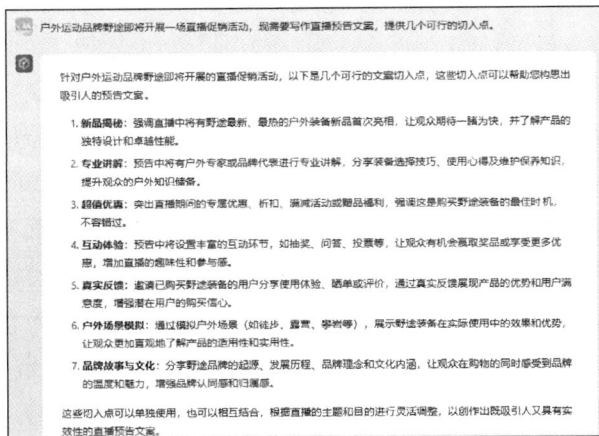

图 6-3　文心一言提供的写作切入点

（2）提出写作要求。查看生成的写作切入点，发现第 3 点更能突出直播亮点，这里将其作为写作切入点。接着设定角色为内容编辑人员，明确告知文案的写作切入点、字数要求等，同时要求文案包含时间地点、引导互动和行动号召 3 个写作要素，得到的结果如图 6-4 所示。

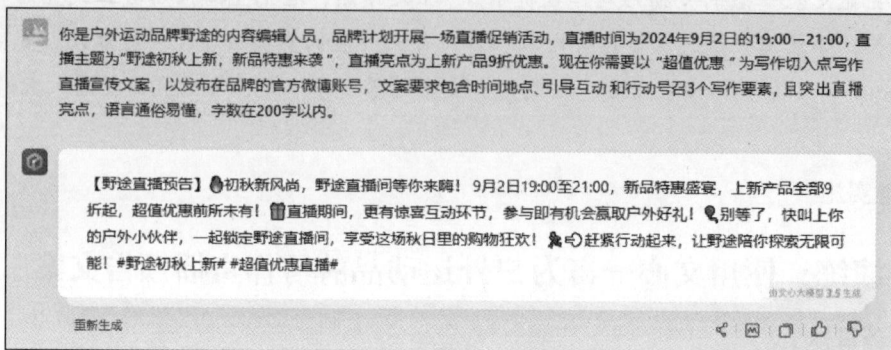

你是户外运动品牌野途的内容编辑人员，品牌计划开展一场直播促销活动，直播时间为2024年9月2日的19:00—21:00，直播主题为"野途初秋上新，新品特惠来袭"，直播亮点为上新产品9折优惠。现在你需要以"超值优惠"为写作切入点写作直播宣传文案，以发布在品牌的官方微博账号，文案要求包含时间地点、引导互动和行动号召3个写作要素，且突出直播亮点，语言通俗易懂，字数在200字以内。

【野途直播预告】🍂初秋新风尚，野途直播间等你来嗨！9月2日19:00至21:00，新品特惠盛宴，上新产品全部9折起，超值优惠前所未有！📣直播期间，更有惊喜互动环节，参与即有机会赢取户外好礼！👜别等了，快叫上你的户外小伙伴，一起锁定野途直播间，享受这场秋日里的购物狂欢！🎉赶紧行动起来，让野途陪你探索无限可能！#野途初秋上新# #超值优惠直播#

图 6-4　文案生成结果

（3）优化文案。查看生成的文案发现，"9 折起"表述有误，这里将其修改为"9 折"；"超值优惠前所未有"的表述太过绝对，这里将其修改为"超值优惠不容错过"；"购物狂欢"属于敏感词，这里修改为"购物之旅"。另外，文案中缺乏引导互动这一写作要素，将"别等了，快叫上你的户外小伙伴"修改为"还在犹豫什么？转发这条微博给你的户外小伙伴"。

👥 技能练习

使用文心一言为户外运动品牌野途写作直播回顾文案，要求简要概述直播的主要内容和亮点，还要感谢用户并预告下一场直播。野途的下一场直播时间为 2024 年 9 月 15 日，直播亮点为艺人嘉宾光临现场。

📈 综合实训

▌实训一　为粮油品牌设计整场直播脚本

实训目的：通过撰写整场直播脚本，提升整场直播脚本写作的能力。

实训要求：为促进产品销售，粮油品牌佳粮计划于 2024 年 8 月 30 日在抖音开展直播首秀活动，主要销售黄小米、黑米、三色糙米、五彩米、裙带菜、玉米面粉、长粒香米（5kg）、长粒香米家庭装（25kg）、五常大米、鲜食糯玉米、鲜食黑糯玉米、无核免剥桂圆干、新疆大枣、红枸杞、菌菇礼盒、干货礼盒、雪花粉白面、花生米、绿豆、响铃卷共 20 款产品，产品直播售价均低于日常售价。为提高用户的参与度，直播过程中还将设置 3 轮抽奖活动，直播参与人员为主播 1 人、助理 1 人、场控 1 人。请为佳粮设计整场直播脚本，要求根据用户的活跃时间段规划直播的开始时间和结束时间。

实训思路：本次实训的整场直播脚本将根据品牌的基本信息和整场直播脚本的要素设计，具体操作思路可参考图6-5。

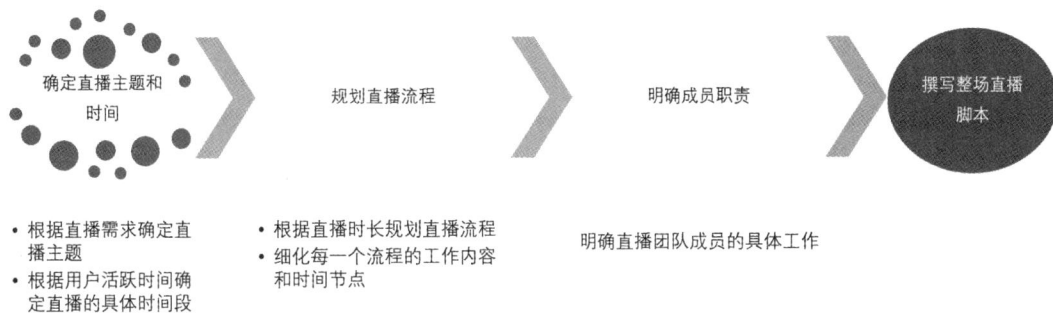

图6-5 设计整场直播脚本的思路

实训结果：本次实训完成后的部分参考效果如图6-6所示（配套资源:\效果\项目六\综合实训\实训一\粮油品牌的整场直播脚本.docx）。

脚本要素	详细说明		
直播主题	佳粮直播首秀促销		
直播人员	主播：××。助理：××。场控：××		
直播时间	2024年8月30日 19:00—21:30		

直播流程				
时间段	流程规划	人员分工		
		主播	助理	场控
19:00—19:15	直播开场	自我介绍，向进入直播间的用户问好，简单介绍今日直播的产品，介绍口令红包领取方法	演示口令红包的领取方法，回答用户的问题	向各平台分享开播链接、发布口令红包
19:16—19:20	产品介绍	讲解黄小米，全方位展示产品外观，详细介绍产品特点，强调低价，回复用户问题，引导用户下单	配合主播讲解、展示产品，与用户互动，协助主播回复用户问题	发布产品链接，回复用户的订单咨询，收集在线人数和转化数据
19:21—19:25	产品介绍	讲解黑米，全方位展示产品外观，详细介绍产品特点，强调低价，回复用户问题，引导用户下单	配合主播讲解、展示产品，与用户互动，协助主播回复用户问题	发布产品链接，回复用户的订单咨询，收集在线人数和转化数据
19:26—19:30		讲解三色糙米		
19:31—19:35		讲解五彩米		
19:36—19:40		讲解裙带菜		
19:41—19:45		讲解玉米面粉		
19:46—19:50	红包活动	发放口令红包，口令为"预祝佳粮直播首秀大卖"	提示发红包的时间节点，介绍红包活动规则	发布红包，收集中奖信息

图6-6 整场直播脚本的部分参考效果

■ 实训二　为扫地机器人设计单品直播脚本

实训目的：通过写作单品直播脚本，提升单品直播脚本写作的能力。

实训要求： 某家电品牌计划针对某款扫地机器人写作单品直播脚本。该扫地机器人的基本信息为：5500Pa 超强吸力，灰尘、碎屑、毛发轻松搞定；全新升级满天星 2 代拖布，搭配双旋盘，恒湿拖地，强效去污；超声波传感器智能感应地毯，实时拖布抬升、防打湿、防弄脏；自动洗拖布，免手洗，自动热风烘干，免晾晒；自动推荐扫拖模式、吸力大小、清洁次数，智能清洁；LDS 激光导航，360° 环视全屋；支持连接天猫精灵、小爱音箱、小度智能音箱，实现语音控制；银离子除菌模块，高效除菌；智能识别边角，边角覆盖率提高 75% 以上；提供免费上门安装服务；日常价 2399 元，促销价 1999 元。根据扫地机器人的基本信息，为其设计单品直播脚本。

实训思路： 本次实训将根据单品直播脚本的设计思路开展，具体操作思路可参考图 6-7。

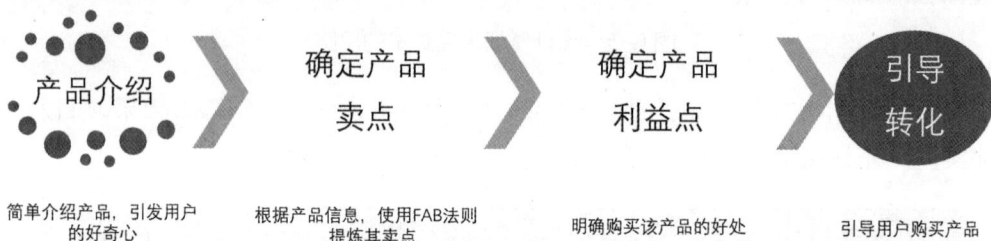

图 6-7　设计单品直播脚本的思路

实训结果： 本次实训完成后的参考效果如图 6-8 所示（配套资源:\效果\项目六\综合实训\实训二\扫地机器人的单品直播脚本.docx）。

单品直播脚本

要素	具体内容
产品介绍	接下来给大家介绍一款智能家居清洁利器——××的扫地机器人。它拥有5500Pa的超强吸力，无论是灰尘、碎屑还是毛发，都能轻松搞定，让您的家焕然一新
产品卖点	这款扫地机器人搭载了全新升级的满天星2代拖布，配合双旋盘设计，实现恒湿拖地，强效去污。更智能的是，它还具备超声波传感器，能够智能感应地毯，实时抬升拖布，防止打湿和弄脏地毯
产品利益点	想象一下，自动洗拖布，免去手洗的麻烦；自动热风烘干，免去晾晒的烦琐。它还能自动推荐扫拖模式、吸力大小、清洁次数，真正实现智能清洁，让您解放双手
引导转化	此外，这款扫地机器人还配备了LDS激光导航，能够360°环视全屋，支持连接天猫精灵、小爱音箱、小度智能音箱，语音控制清洁，让科技融入您的生活。现在，日常价2399元的扫地机器人，促销价仅需1999元，还提供免费上门安装服务。别犹豫，立刻点击购买链接，开启智能清洁新生活

图 6-8　单品直播脚本的参考效果

实训三　为行李箱设计推销话术

实训目的： 通过写作推销话术，提升直播话术写作的能力。

实训要求： 临近开学季，某家居品牌计划在下次直播中销售某款行李箱。该款行李箱的基本信息为：大容量加厚设计，最小尺寸为 20 寸，最大尺寸为 32 寸；具有折叠水杯架、手机支架设计；升级双层防爆拉链；双封闭隔层，物品可分类存放；贴壁拉杆，节省空间；顺滑轻音万向轮；拥有质量检测证书，耐磨防刮；原价 329 元，促销价 289 元。根据行李箱的基本信息设计推销话术。

实训思路：本次实训将根据推销话术的设计要点开展，具体操作思路可参考图 6-9。

图 6-9 设计推销话术的思路

实训结果：本次实训完成后的参考效果如图 6-10 所示（配套资源:\效果\项目六\综合实训\实训三\行李箱的推销话术.docx）。

> 想要一款既实用又时尚的行李箱，让您的旅行变得更加轻松愉快吗？那就来看看我们的新款行李箱吧！它不仅能装，还拥有超多贴心设计，完全能满足您对行李箱的期待！
>
> 这款行李箱采用大容量加厚设计，尺寸多样，满足各种出行需求。特色折叠水杯架与手机支架设计，让您在旅途中随时享受便捷与舒适。升级双层防爆拉链，安全牢固，让您无须担心行李安全。同时，行李箱采用双封闭隔层设计，物品分类存放，一目了然。拉杆的贴壁设计，不仅节省空间，还保证了行李箱内部的整洁有序。另外，行李箱采用高品质轻音万向轮，推拉顺滑无声，即便是崎岖路面也能轻松应对。
>
> 值得一提的是，这款行李箱还通过了严格的质量监测，耐磨防刮，经久耐用。选择这款行李箱，就是选择了品质与信任。
>
> 现在下单，还将享受优惠价格！原价 329 元，促销价仅需 289 元，即可将这款高品质行李箱带回家。

图 6-10 推销话术的参考效果

实训四 使用文心一言为美妆品牌的直播写作直播回顾文案

实训目的：通过写作直播回顾文案，提高使用文案生成类 AIGC 工具的能力和文案写作能力。

实训要求：美妆品牌美姿于 2024 年 9 月 15 日 8:00—10:00 在抖音开展了一场秋季新品发布会直播，品牌创始人亲临现场，携手品牌代言人共同揭晓本季新品。其中包括主打产品水光唇釉系列，采用特殊保湿配方，持久不脱色，可以打造自然水光唇效；焕采遮瑕气垫，轻薄透气，遮瑕力强，能够轻松打造无瑕底妆；秋日枫叶眼影盘，色彩丰富，易上色。在直播的互动环节，主播现场试用新品，展示上妆效果，用户通过弹幕投票选出最受欢迎单品。同时，还设置多轮问答环节，答对的用户可免费试用新品。另外，品牌特意推出直播福利，在直播间下单的用户可享受 9 折优惠。

实训思路：本次实训将使用文心一言写作直播回顾文案，具体操作思路可参考图 6-11。

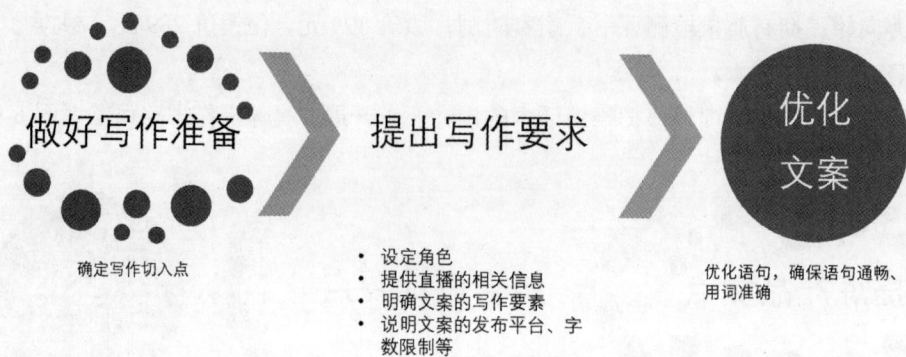

图 6-11　使用文心一言写作直播回顾文案的思路

实训结果： 本次实训完成后的参考效果如图 6-12 所示（配套资源:\效果\项目六\综合实训\实训四\美妆品牌的直播回顾文案.docx）。

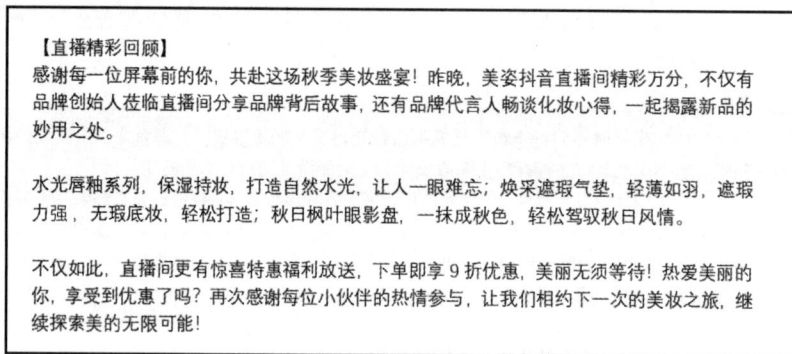

> 【直播精彩回顾】
> 感谢每一位屏幕前的你，共赴这场秋季美妆盛宴！昨晚，美姿抖音直播间精彩万分，不仅有品牌创始人莅临直播间分享品牌背后故事，还有品牌代言人畅谈化妆心得，一起揭露新品的妙用之处。
>
> 水光唇釉系列，保湿持妆，打造自然水光，让人一眼难忘；焕采遮瑕气垫，轻薄如羽，遮瑕力强，无瑕底妆，轻松打造；秋日枫叶眼影盘，一抹成秋色，轻松驾驭秋日风情。
>
> 不仅如此，直播间更有惊喜特惠福利放送，下单即享 9 折优惠，美丽无须等待！热爱美丽的你，享受到优惠了吗？再次感谢每位小伙伴的热情参与，让我们相约下一次的美妆之旅，继续探索美的无限可能！

图 6-12　直播回顾文案的参考效果

巩固提高

1. 整场直播脚本的要素有哪些？
2. 单品直播脚本的设计思路是什么？
3. 直播开场话术的设计要点有哪些？
4. 直播引关注话术的设计要点有哪些？
5. 直播推销话术的设计要点有哪些？
6. 直播催付话术的设计要点有哪些？
7. 直播结束话术的类型有哪些？
8. 直播宣传文案的类型有哪些？
9. 直播宣传文案的写作技巧有哪些？
10. 某服装品牌要在抖音开展直播促销活动，直播时间为 9 月 20 日 19:00—21:00，直播主题为"清仓促销"，直播亮点为"全场 5 折"，本次直播由知名达人莉莉担任主播，张伟担任助理，李杰担任场控，共销售 20 款产品。为提高用户活跃度，品牌计划在直播中开展抽奖活动，奖品是新款服装、免单福利和 10 元无门槛优惠券。请为该品牌写作整场直播脚本，以及发布在微博的直播预告文案。

11. 现有一款天然亚麻凉席，其基本信息为：采用天然亚麻材料，亲肤透气，即使炎炎夏日也能带来干爽睡眠体验；边缘精细缝制，搭配优雅流苏设计，增添卧室的自然风情；独特的 3 层加厚结构，既保证凉爽度又兼顾舒适性，长时间使用也不易变形。原价 399 元，夏日特惠价 199 元。根据该款亚麻凉席的基本信息，写作单品直播脚本。

12. 日用品品牌洁美新推出一款厨房湿巾，其采用加厚加大无纺布，不掉毛、不掉屑、不易烂、不漏油，具有强效去污能力，同时温和不伤手（含有椰子精华、弱酸性），特别适合用于厨房清洁，原价 14.9 元一包，活动价 9.9 元一包。根据该款厨房湿巾的基本信息，写作推销话术。

内容传播与数据分析和优化

学习目标

【知识目标】

1. 熟悉常见的内容分发渠道。
2. 知晓内容分发的注意事项。
3. 掌握内容的传播方法。

【技能目标】

1. 能够灵活运用各种内容传播方法，扩大内容的传播范围。
2. 具备分析内容数据的能力，能够提出相应的优化措施。

【素养目标】

1. 具备准确、果断的判断力。
2. 培养数据洞察力，提高数据敏感度。

项目导读

内容的传播效果与传播渠道的选择息息相关，不同传播渠道的内容要求、用户数量和用户活跃度各不相同，因此选择合适的内容传播渠道至关重要。老李深知这一点，因此，在完成了一系列内容创作工作后，他并未急于发布内容，而是计划带领小赵一同深入研究各类传播渠道的特性，再基于研究结果制订不同的传播策略，以便将不同的内容精准投放到合适的平台。同时，老李将监控不同传播渠道的内容传播效果，通过分析关键的数据指标，找出内容传播问题，提出相应的改进措施，优化内容传播效果。

任务一 内容分发与传播

任务描述

针对新品上市的一系列内容已创作完成，需要将其分别发布至合适的平台，小赵在老李的指导下填写了任务单（见表7-1），开始执行任务。

表7-1 任务单

任务名称	内容分发与传播	
任务背景	新品将于3天后正式上市，正值奥运会之际，为全方位地吸引用户的关注，促进产品销售，老李需要将创作好的产品介绍长文案、产品宣传海报、上市预告短文案，以及产品宣传创意短视频发布至合适的平台，通过多渠道触达用户	
任务阶段	□准备阶段　　□实施阶段　　■收尾阶段	
工作任务		
任务内容	**任务说明**	
任务演练：为户外运动品牌制定内容分发与传播方案	根据不同内容的特点和不同内容分发渠道的特性确定传播策略，然后制定内容分发与传播方案	
任务总结：		

知识准备

一、常见的内容分发渠道

内容分发渠道多种多样，常见的有社交媒体平台、短视频和直播平台、新闻资讯平台、问答平台和搜索引擎等。

（一）社交媒体平台

社交媒体平台主要有微信、微博和小红书，这些平台具有广泛的用户基础和较高的用户活跃度，是内容分发的重要渠道。

1. 微信

微信是基于智能移动设备而产生的即时通信软件，是一个可以及时与用户互动交流的平台，也是用户与他人保持联系、分享生活点滴以及开展宣传等的重要平台，其用户群体庞大且活跃，覆盖不同年龄、职业和社会背景。微信主要根据用户的社交关系传播内容，如微信朋友圈的内容，只有被用户添加为好友的人才能查看。另外，微信还具有强大的社交属性和互动性，用户不仅可以进行一对一的聊天，还可以参与群聊，或者进行评论、点赞等互动。

微信支持发送文字、图片、语音或视频等内容，这些内容会通过朋友圈和公众号发布。

其中，朋友圈的私密性强，适合发布短文案、图片和视频内容；公众号则主要面向关注公众号的用户，适合发布长文案。朋友圈和公众号的内容都基于社交关系进行分发，用户的参与感和归属感较强。图 7-1 所示为发布在公众号的内容。

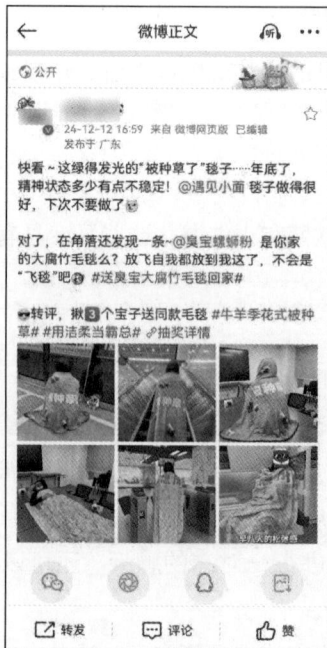

2. 微博

微博是一个通过关注机制分享简短实时信息的社交媒体平台，拥有庞大的用户数量和较高的用户活跃度，用户年轻化趋势明显。微博内容以短文案为主，通常还包含图片、视频等。同时，微博内容的实时性强，传播速度快，优质的内容能够在短时间内引发广泛的关注和讨论，甚至实现病毒式传播。针对发布的内容，用户可以通过评论、转发、点赞等方式参与互动，这种强互动性使得微博成为热点事件和公共话题的重要传播平台。另外，意见领袖在内容的传播中起着不可忽视的作用，他们通常拥有大量的粉丝和较强的影响力，能够有效扩大内容的传播范围。图 7-2 所示为短微博。

3. 小红书

小红书是一个生活方式分享平台，其用户主要为"90 后""95 后"青年群体，具有年轻化、时尚化、追求个性化等特点。小红书通过算法推荐机制，将用户可能感兴趣的内容推送给他们，用户可以点赞、评论、转发和收藏内容，互动性较强。

小红书内容采用独特的"种草"形式，通常以第一人称叙述，以个人真实的使用体验和感受为基础，向其他用户推荐产品、服务或品牌；这种内容不仅说服力强，而且较为实用，能在很大程度上影响用户的消费决策，并促进内容的传播。小红书内容主要以图文笔记或视频笔记的形式呈现，内容篇幅一般较短，多为购物心得、生活方式、美妆护肤、时尚穿搭分享等。图 7-3 所示为发布在小红书的内容。

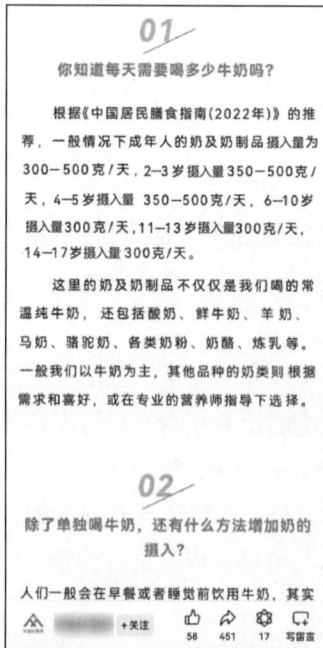

图 7-1　发布在公众号的内容　　图 7-2　短微博　　图 7-3　发布在小红书的内容

（二）短视频和直播平台

目前，抖音和快手是短视频、直播领域的主流平台，两者的用户数量较多、活跃度较高，但内容风格有所区别。

抖音是一款音乐创意短视频社交软件，定位为"年轻、潮流"。抖音聚集了大量的年轻用户，根据巨量算数的数据，抖音用户主要为 19～40 岁的女性。快手同样是重要的短视频和直播平台，QuestMobile 于 2023 年 7 月发布的《快手用户价值洞察报告——洞见成长中的百样人生》显示，31～50 岁的用户为快手的中坚力量。

抖音的内容不仅多样化，而且具有较强的创意性，涵盖音乐、舞蹈、美食、旅行、宠物等多个领域，注重内容的趣味性。快手强调内容的普惠性，其内容真实、接地气，更贴近普通人的生活与情感。抖音和快手都拥有短视频和直播两种内容表现形式，这两种内容表现形式直观性强，容易带给用户沉浸式体验，且基于平台强大的算法推荐机制，能够精准捕捉用户兴趣，将个性化的短视频或直播内容推送给目标用户，满足用户的个性化内容需求。

（三）新闻资讯平台

新闻资讯平台是指提供各类新闻报道和资讯的网络平台。常见的新闻资讯平台主要有今日头条和腾讯新闻，适合发布长文案和短新闻。

1. 今日头条

今日头条是北京抖音信息服务有限公司开发的通用信息平台，也是新闻资讯平台。今日头条的用户群体广泛，以男性用户居多。今日头条有图文、视频、问答、直播和微头条等多种内容形式，并涵盖科技、体育、健康、美食、教育等内容领域。图 7-4 所示为发布在今日头条的新闻内容。

图 7-4 今日头条平台上发布的新闻内容

在内容传播方面，今日头条借助先进的个性化推荐算法，根据用户的兴趣偏好、地理位置等数据，实现个性化的内容推送。用户可以通过点赞、评论、转发等方式进行互动，这些互动行为不仅增强了用户的参与感，也有助于优质内容的迅速传播。此外，今日头条的推荐算法还会根据用户的实时行为和反馈，不断优化推送内容，提升用户的阅读体验和满意度。

> **知识拓展**
>
> 今日头条对内容的管理十分严格，制定了专门的内容创作规范，不允许违反法律法规和相关政策、抄袭侵权、无资质发布专业领域内容、发布谣言或不实内容等行为，不鼓励宣扬不良价值观、诱导低俗、使用不文明用语、恶意营销、抽奖不规范、使用低质标题、发布低质内容、发布已过时内容等行为。

2. 腾讯新闻

腾讯新闻是腾讯公司旗下的新闻产品，拥有强大的品牌影响力和广泛的用户基础，为用户提供丰富多样的新闻资讯服务。腾讯新闻的用户群体广泛，覆盖不同年龄、性别和职业，尤其以年轻用户为主。

腾讯新闻的内容主要为国内外各个领域的重要事件和话题，侧重深度报道和解读。同时，腾讯新闻的内容质量高、专业性和权威性强，主要为用户提供有价值的新闻信息。腾讯新闻采用智能化的推荐算法，根据用户的阅读习惯和兴趣偏好推送个性化的内容。另外，腾讯新闻的内容还可以通过微信、微博等社交媒体平台进行分发，覆盖广泛的用户群体。

（四）问答平台

问答平台上的内容往往具有较强的专业性和较深的深度，致力于为用户提供有价值的信息。知乎、百度知道是常见的问答平台。

知乎是一个高质量的互联网问答社区和创作者聚集的原创内容平台，其以问答业务为基础，现已发展为综合性内容平台。知乎的用户群体以年轻人为主，特别是追求专业和深度内容的用户。百度知道是一个基于百度用户搜索行为的互动式知识问答分享平台，其用户的年龄、职业和背景更加多样化。同时，百度知道作为百度旗下的产品，其内容可以在百度搜索结果中优先展示。

知乎和百度知道的内容类型都较为丰富，包括科技、文化、娱乐、生活等多个方面。同时，两者的内容皆由问题和回答组成，内容编辑人员可以通过先提出问题，再做出回答的方式分发内容。需要注意的是，问答平台对内容的质量要求较高，优质、专业、原创性强的内容会被优先展示，更容易吸引用户的关注。图 7-5 所示为与小红书内容变现相关的知乎内容。

（五）搜索引擎

搜索引擎不仅是用户获取信息的重要途径，也是内容分发的重要渠道。常见的搜索引擎有百度和必应。

百度是国内较受欢迎的搜索引擎，其用户群体非常广泛，包括学生、专业人士、研究人员等。必应是微软旗下的搜索引擎，面向全球用户，提供国际版和国内版，可以满足不同国家和地区、不同文化背景的用户的内容需求。百度和必应的内容形式十分丰富，包括文字、图片、视频等，其内容类型也很多样，涵盖科技、文化、美食、旅游、娱乐、教育等多个领域。同时，百度和必应的内容质量和原创性较高，主要帮助用户解决实际问题、提供详尽解答。图 7-6 所示为在必应上搜索手机充电故障解决方案的结果。

图 7-5　知乎平台的内容

图 7-6　必应搜索结果

要想使内容在百度和必应上获得更多的曝光，内容编辑人员需要关注搜索引擎优化（Search Engine Optimization，SEO），通过精准选择关键词、优化内容结构与布局、提升内容的相关性与价值等，确保内容的质量和相关性较高，匹配用户的搜索需求，从而实现内容的广泛传播。

二、内容的传播方法

要想高效地传播内容，有效地触达用户，采取合适的内容传播方法至关重要。

（一）话题传播

话题传播是通过创造或参与热门话题推动内容广泛传播的方法。这种方法要求内容编辑人员具备敏锐的洞察力，能够准确捕捉或创造能引起广泛共鸣的话题。一方面，可以实时关注热门话题和事件，寻找能与内容产生关联的热门话题和事件创作内容；另一方面，可以通过策划创意活动、发布启发性观点、结合节日推出主题活动创造话题。

在创造话题时，要注意话题的新颖性、创造性和讨论价值，以激发用户的讨论欲望。在话题传播的过程中，内容编辑人员可以通过持续的内容输出和互动回应，保持话题的热度，使用户不知不觉地接受并传播内容。图 7-7 所示为苏泊尔创建的"30 岁的人生菜谱"话题，该话题以苏泊尔成立 30 周年为出发点，将人生与菜谱关联起来，十分新颖，同时通过提供物质奖励，鼓励用户分享自身的人生菜谱，引导用户关注"苏泊尔成立 30 周年"这一事件。

（二）借势传播

借势传播是指借助节气、节日、社会重点事件和热点等，将内容与之关联后进行传播的方法，由于这些对象通常具有较高的关注度，因此能够促使内容在短时间内迅速获得大量曝光。借势传播的关键在于寻找内容与所借之势之间的共通点或联系，共通点可以是价值观、情感、观点等，以便自然地将内容与所借之势相融合，避免生硬或牵强。在共通点的基础上，可以运用故事化叙述、视觉创意、互动体验等方式呈现内容，提升内容的吸引力和传播效果。图 7-8 所示为思念食品回顾其产品在 2008 年北京奥运会餐桌上呈现的场景，展示其产品与体育盛事的联系，从而找到其产品与 2024 年巴黎奥运会之间的关联点，实现借势传播。

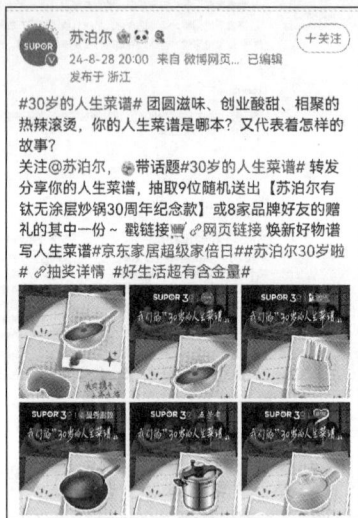

图 7-7　话题传播

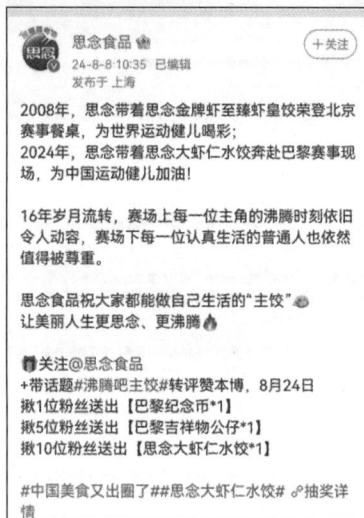

图 7-8　借势传播

（三）口碑传播

口碑传播是通过用户之间的口耳相传，将内容推荐给更多用户的方法。由于用户多基于真实体验和感受推荐内容，因此被分享的内容具有较高的可信度，很容易引起被分享用户的兴趣。要实现口碑传播，内容需要具备足够的吸引力和价值。同时，内容的创新性也很关键，新颖的观点、独特的视角能激发用户的分享欲望。

（四）情感传播

情感传播是通过触动用户的情感，激发其产生共鸣来促进内容传播的方法。内容编辑人员可以通过讲述真实感人的故事、传递积极向上的价值观，或者打造能够引发情感共鸣的话题，激发用户的情感共鸣，促使用户主动分享和传播内容。例如，某品牌通过发布一个讲述普通人奋斗历程的短视频，传递"坚持梦想就能成功"的价值观，激发用户的情感共鸣，促使用户主动分享个人感受并传播内容。

（五）AI 传播

AI 传播是利用 AI 技术传播内容的方法，可以实现更精准、高效的传播效果。在传播内容时，内容编辑人员可以利用 AI 更改内容的发布时间和渠道，通过分析历史数据预测较佳的传播时机和平台。同时，还可以利用 AI 进行个性化推荐，通过分析用户的行为数据和偏好，精准推送他们可能感兴趣的内容，从而提高传播效率。另外，还可以使用 AI 监测和分析内容的传播效果，实时调整传播策略，确保内容能够更有效地触达目标用户。

三、内容的传播技巧

在内容分发的过程中，灵活采取以下传播技巧，可以有效扩大内容的传播范围，实现内容传播目标。

（1）投放广告。在各大内容分发平台投放定向广告，可以精准地将内容展示给目标用户。常见的广告有社交媒体广告、搜索引擎广告（见图7-9）、朋友圈广告等。根据内容的传播需要，内容编辑人员可以设置广告投放的地理位置、目标用户年龄及兴趣等参数，还能选择不同的广告形式和广告投放策略（如按点击付费、按展示付费等），实现更好的传播效果。

> **知识拓展**
>
> 在按点击付费模式下，广告主仅在用户点击广告时支付费用，适用于希望提高转化率的情况；在按展示付费模式下，广告主根据广告被展示的次数（每千次）支付费用，适用于品牌曝光和知名度提升，以及新品牌或产品推广等情况。

（2）使用付费推广工具。各内容分发平台通常提供相应的推广工具，如抖音的内容可以使用 DOU+推广，小红书的内容可以使用薯条推广，这些推广工具有助于内容编辑人员精准地设置推广目标、推广时长和推广人群，实现内容的精准推送。图7-10 所示为小红书和抖音的推广设置页面。

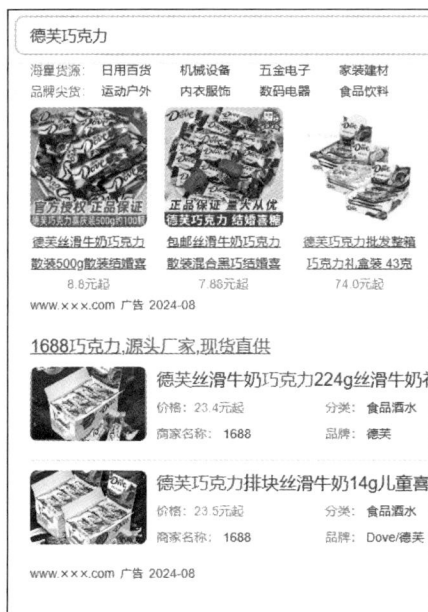

图 7-9　搜索引擎广告

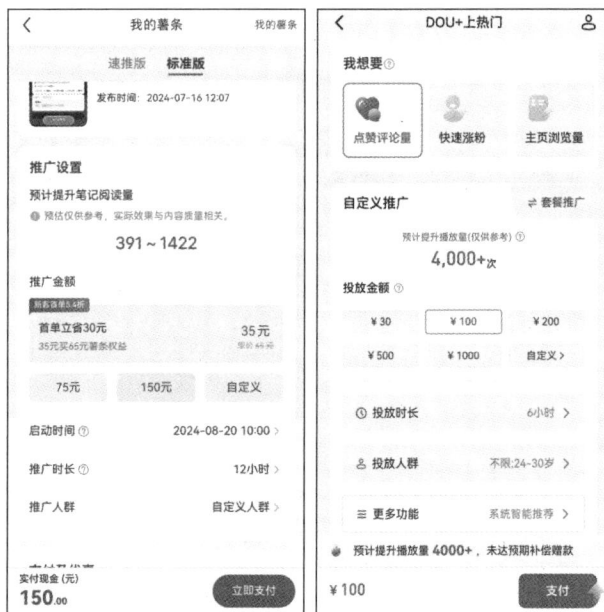

图 7-10　小红书和抖音的推广设置页面

（3）多渠道分发。将内容发布到多个平台，可以有效扩大内容的覆盖范围。由于每个渠道有其特定的内容偏好，因此内容编辑人员需要根据平台特性适当调整内容。同时，要注意不同平台之间内容的一致性，保持品牌形象的统一。

（4）合作传播。通过与其他品牌、意见领袖或媒体合作，借助双方的影响力，实现内容的快速传播。合作传播的形式多种多样，包括共创内容、互相推荐、跨界合作等。在选择合作对象时，需要考虑双方的品牌形象、用户群体等是否匹配。图 7-11 所示为卫龙与臭宝合作传播"卫龙开售猫窝"这一消息。

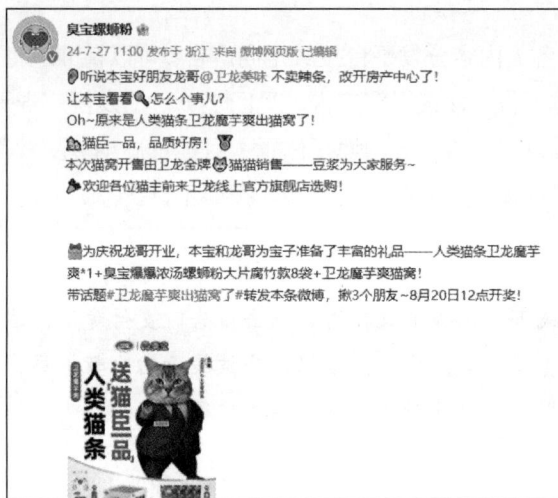

图 7-11　合作传播

（5）利益诱导传播。通过给予用户物质奖励、虚拟奖品等，鼓励用户点赞、评论、分享、转发内容，从而促进内容的传播。需要注意的是，奖励机制需要有一定的吸引力，奖品要与用户的兴趣和需求相关，如将品牌产品、优惠券等作为奖励，激发用户的参与热情。图 7-12 所示为鼓励用户转发微博抽取品牌产品的内容。

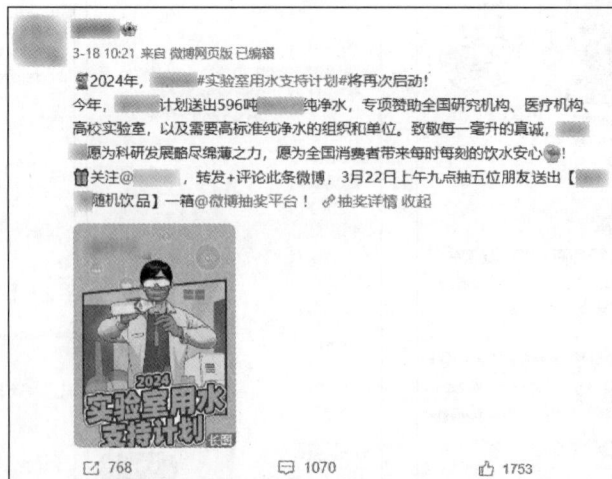

图 7-12　利益诱导传播

四、内容分发的注意事项

在分发内容时，为确保内容传播的效果，还需要注意以下事项。

（1）确保内容质量。高质量的内容不仅能够有效吸引并留住用户，还能促进用户主动传播。首先，需要了解用户的需求和兴趣点。其次，内容应具有独特性和价值，能够解决用户的实际问题。此外，内容的语言表达要清晰、准确，逻辑结构要合理，以便用户能够轻松理解。

（2）选择合适的时间。选择合适的时间分发内容，可以提高内容的曝光度和传播效果，一般而言，用户活跃度高的时间就是发布内容的良机。不同平台用户的活跃时间有所差异，内容编辑人员可以通过分析用户的行为数据，了解他们的活跃时间段，并在这些时间段内发布内容。一般而言，工作日的午休时间、下班后及周末，用户的活跃度较高。

（3）把握分发的频率。内容分发的频率也会影响内容的传播效果，分发频率过高可能导致用户产生疲劳感，分发频率过低则可能导致用户的关注度下降。内容编辑人员应该根据平台特性和内容类型确定一个合理的分发频率。例如，微博内容较短，可以每天发布多次；而微信公众号的内容篇幅较长，一天可发布一篇。

（4）遵守平台规则。不同的内容分发平台具有不同的内容规则，包括内容发布规范、内容审核标准等。在分发内容之前，需要仔细了解平台相关的内容规则，确保所发布的内容符合平台的要求，以提高内容的审核通过率和曝光度。此外，还需要遵守相关的法律法规，确保内容的合法性。

任务演练：为户外运动品牌制定内容分发与传播方案

【任务目标】

根据不同内容分发平台的特点，制定内容分发与传播方案。

【任务要求】

本次任务的具体要求如表 7-2 所示。

表 7-2　任务要求

任务编号	任务名称	任务指导
（1）	确定分发内容，选择分发平台	确定分发内容，根据不同内容的特点选择合适的分发平台
（2）	规划发布时间	根据用户的活跃时间以及内容的特点规划发布时间
（3）	确定传播策略，制定内容分发与传播方案	根据内容的特点，选择合适的传播方法或传播技巧，制定内容分发与传播方案

【操作过程】

（1）确定分发内容。根据前文可知，此次需要分发的内容如表 7-3 所示。

表 7-3　分发内容

内容类型	内容说明
产品介绍长文案	篇幅较长；图文结合；内容丰富且实用性强；介绍主推产品和次推产品
产品宣传海报	主推产品突出，其他信息少
上市预告短文案	篇幅较短；重点预告主推产品，以及上市时间和上市优惠
产品宣传创意短视频	创意性强；展示本次所有的上市产品

（2）选择分发平台。根据各分发平台的内容特点和需分发内容的特点，选择合适的分发平台。例如，产品介绍长文案的篇幅较长，内容较为丰富且具有实用性，适宜发布在微信公众号中；产品宣传海报重点突出，但传达的信息较少，不利于用户了解更多内容，可与上市预告短文案结合发布；上市预告短文案的篇幅较短，符合微博和小红书内容的特点，由于品牌在微博开设了官方账号，而且积累了一定数量的粉丝，因此可以将主推产品的产品宣传海报和上市预告短文案一同发布在微博中。另外，产品宣传创意短视频为视频形式，适合发布在短视频平台中，由于该短视频具有一定的创意性，更契合抖音的平台特质，因此将其发布在抖音中。

（3）规划发布时间。一般情况下，用户在工作日的 12:00—13:00、20:00—22:00 较为活跃，根据用户的活跃时间段以及内容本身的特点规划发布时间。首先，产品介绍长文案的篇幅较长，工作日晚上用户的活跃时间较长，适合深入阅读长文案内容，因此确定产品介绍长文案的发布时间为 20:00—22:00。其次，上市预告短文案的篇幅较短，用户一般在碎片化时间快速浏览，可以选择在工作日的 12:00—13:00 发布。最后，用户在工作日晚上也会观看娱乐性内容，可以在 20:00—22:00 发布产品宣传创意短视频。

（4）确定传播策略。首先，针对发布在微信公众号的产品介绍长文案，由于其只推送给关注微信公众号的用户，内容的传播范围比较有限，可以通过给予用户品牌新品或优惠券鼓励用户分享内容。其次，产品宣传海报和上市预告短文案主要发布在微博中，由于正值奥运会之际，借助奥运会的影响力可以有效提高内容的曝光度，因此将内容与奥运会合理结合，这里适当修改上市预告短文案，在其中融入奥运精神，如"挑战极限，超越自我——正如奥运健儿在赛场上的不懈追求，野途全新户外装备，助您探索未知，突破自我极限！"最后，由于产品宣传创意短视频是发布在抖音中的，为了精准地吸引户外运动爱好者，这里使用抖音的推广工具 DOU+，根据用户画像设置推广人群。

（5）制定内容分发与传播方案。根据以上内容，将内容分发与传播策略以方案的形式呈现，效果如图 7-13 所示。

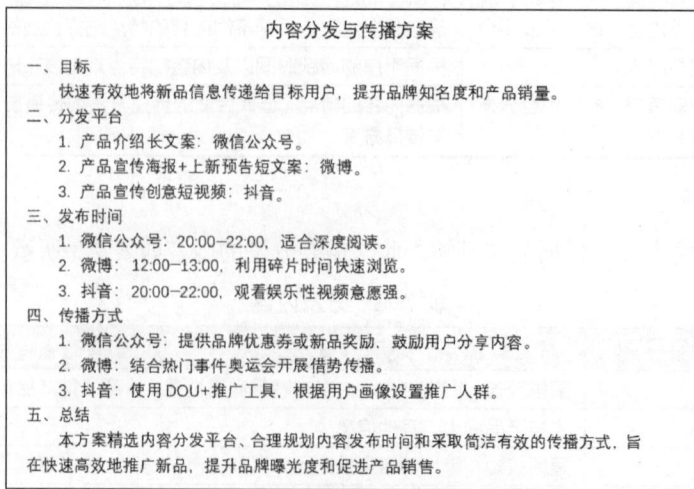

内容分发与传播方案

一、目标
快速有效地将新品信息传递给目标用户，提升品牌知名度和产品销量。

二、分发平台
1. 产品介绍长文案：微信公众号。
2. 产品宣传海报+上新预告短文案：微博。
3. 产品宣传创意短视频：抖音。

三、发布时间
1. 微信公众号：20:00-22:00，适合深度阅读。
2. 微博：12:00-13:00，利用碎片时间快速浏览。
3. 抖音：20:00-22:00，观看娱乐性视频意愿强。

四、传播方式
1. 微信公众号：提供品牌优惠券或新品奖励，鼓励用户分享内容。
2. 微博：结合热门事件奥运会开展借势传播。
3. 抖音：使用DOU+推广工具，根据用户画像设置推广人群。

五、总结
本方案精选内容分发平台、合理规划内容发布时间和采取简洁有效的传播方式，旨在快速高效地推广新品，提升品牌曝光度和促进产品销售。

图 7-13　内容分发与传播方案的参考效果

任务二 内容数据分析与优化

任务描述

内容发布一段时间后，老李打算评估这段时间发布在不同平台的内容的传播效果，小赵也要参与其中，接着小赵填写了老李下达的任务单（见表7-4），根据任务单开展工作。

表7-4 任务单

任务名称	内容数据分析与优化	
任务背景	老李让小赵收集了近3天与内容相关的微信公众号、微博、抖音数据，做好内容数据分析准备，并围绕分析结果制定优化策略，为后续的内容策划与制作工作提供参考依据	
任务阶段	□准备阶段　　■实施阶段　　□收尾阶段	
工作任务		
任务内容	任务说明	
任务演练1：分析不同渠道的内容数据	分别分析微信公众号、微博和抖音3个平台的内容数据	
任务演练2：制定内容传播的优化策略	根据内容数据的分析结果制定优化策略	
任务总结：		

知识准备

一、内容数据分析指标

内容的传播效果通常通过特定的数据指标反映出来，内容编辑人员分析以下数据指标可以评估内容的质量和传播效果，为优化内容提供数据支撑。

（1）浏览量。浏览量反映了内容的曝光度，以及内容被用户接触和阅读的广度。较高的浏览量意味着内容得到了较多的展示和关注。不同平台由于数据统计和展示逻辑不同，浏览量指标的命名方式可能存在区别。例如，文字、图片等内容，浏览量指标名称可能为阅读量、阅读数、展现量、浏览量等，而直播、短视频等内容，浏览量指标名称可能为播放量、观看次数、观看人次等。图7-14所示为某微信公众号文案的阅读日趋势数据。由图7-14可知，这31天该文案每天的阅读次数和阅读人数都较少（数值低于125），内容的传播范围较为有限，数据波动趋势明显，文案内容可能未契合用户的需求或兴趣点，内容质量不稳定。

（2）转发量。转发量即内容被用户转发到其他平台或分享给其他用户的次数。转发是内容传播的重要方式之一，高转发量意味着内容具有较强的传播力和较高的用户认可度。只有当内容受到用户的喜爱和认可时，用户才会乐于将内容转发给其他用户，从而扩大内容的传播范围。

（3）评论量。评论量是用户针对内容发表的评论数量。评论量不仅可以反映用户的参与度，还能提供用户对内容的反馈信息。分析评论内容，可以深入了解用户的真实需求和期望，为内容的改进和优化提供方向。同时，高评论量也意味着内容引发了广泛的讨论和共鸣。

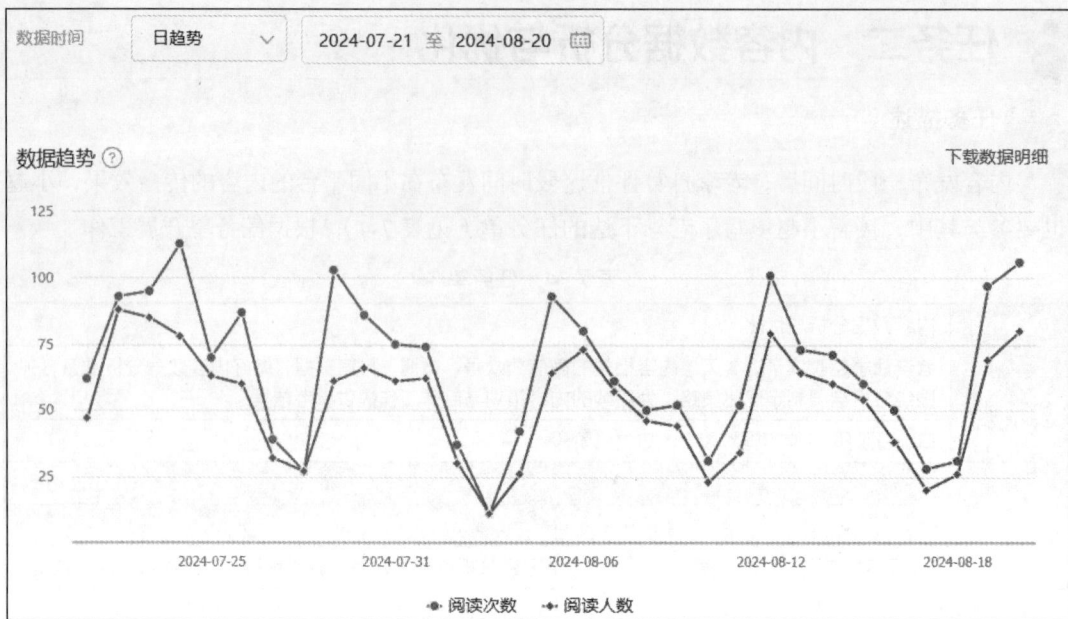

| 数据时间 | 日趋势 ▼ | 2024-07-21 至 2024-08-20 📅 |

图 7-14　阅读日趋势数据

（4）点赞量。点赞量是内容被用户点赞的次数。点赞量可以直观地反映用户对内容的喜爱程度，以及内容打动用户的程度。

（5）收藏量。收藏量是内容被用户收藏的次数，可以体现用户对内容价值的认可度。高收藏量表明内容具有实用价值，或具有启发性，这有助于内容编辑人员创作出更符合用户需求的内容。

（6）转化率。转化率是完成内容指定的行为（如购买产品、关注微信公众号等）的用户数占总浏览用户数的比例。高转化率意味着内容能够有效地引导用户进行转化，为产品或品牌带来更高的价值。转化率的计算公式为：转化率=完成特定行为的用户数÷内容的浏览量×100%。

▌二、内容数据分析方法

在分析内容数据时，内容编辑人员可以采用合适的数据分析方法，提高数据分析效率。

（一）对比分析法

对比分析法又称比较分析法，是将同一维度的两个或两个以上的数据进行对比，通过分析数据之间的差异，找出异常数据（与平均水平差距较大的数据），进一步查找原因。例如，某篇文章在周三的阅读量为 1000 次，而在周五的阅读量突然增加到 5000 次，进一步分析原因，可能是用户在周末前更活跃，或者该文案在周五得到了更多的分享和推荐。

（二）问题分析法

问题分析法又称"5W2H"分析法，即何事（What）、何因（Why）、何人（Who）、何时（When）、何地（Where）、如何做（How）、何价（How much），从这 7 个方面提出问题并回答问题，寻找解决问题的思路。例如，在分析微信公众号文案浏览量低的问题时，利用问题分析法进行分析。

（1）何事。微信公众号文案的浏览量低于预期。

（2）何因。为什么浏览量没有达到预期？

（3）何人。哪些用户群体没有注意到内容？

（4）何时。内容的发布时间是否合适？是否错过了用户最活跃的时间段？

（5）何地。内容是在哪些平台进行分发传播的？是否覆盖所有目标用户群体？

（6）如何做。如何提高内容的浏览量？

（7）何价。提高浏览量需要花费多少成本？

（三）描述统计分析法

描述统计分析法是运用各种计算方法，并借助图表、图形等工具描述数据的集中趋势、离散趋势、偏度、峰度等特征的分析方法。描述统计分析法的常用指标有平均数、标准差、中位数、众数等。

（1）平均数。平均数是一组观测值的总和除以观测数得到的商，反映这一组观测值的集中趋势。

（2）标准差。标准差反映一组观测值的变异量大小。

（3）中位数。中位数是一组观测值中间的数值。如果观测个数 n 是偶数，则中位数是第 $n/2$ 个和第 $(n/2+1)$ 个观测值的平均值；如果观测个数 n 是奇数，则中位数是第 $(n+1)/2$ 个观测值。

（4）众数。众数是一组数据中出现次数最多的数，可以作为一组数据集中趋势的估计值。

（四）回归分析法

回归分析法指利用数据统计原理，对大量统计数据进行数学处理，确定因变量与自变量的关系，并根据这个关系建立一个合理的回归方程，利用该方程预测今后自变量变化会导致因变量产生哪些变化的分析方法。回归分析法注重因果分析思维，即先根据事物发展变化的结果，寻找可能影响该结果的原因，再利用数据验证这种因果关系。

▌三、优化内容数据

深入分析内容的数据表现可以发现常见的数据问题，有利于采取相应的优化措施。

（1）浏览量低。若内容的浏览量低，可能说明内容不符合用户喜好，或者未满足用户的特定需求，或者推广力度不够等。针对这类问题，内容编辑人员需要深入了解用户的需求和兴趣点，并据此调整内容或优化内容，简洁明了地传达内容的价值。同时，还可以考虑拓展传播渠道，在多个平台进行推广。

（2）点赞/评论/转发量低。若内容的点赞/评论/转发量较低，这可能表明内容在引发用户共鸣、激发用户参与和分享方面存在不足。针对这一问题，内容编辑人员可以在内容中设置讨论话题或提问，引导用户分享观点。同时，还可以通过积极回复用户的评论，树立亲和的形象，建立积极的互动关系，提高用户的参与度。

（3）转化率低。转化率低可能意味着内容的行动号召不够明确或不够吸引人。要提高转化率，可以在内容中表明产品或服务的价值和优势，引导用户产生进一步了解或购买的意愿。同时，还可以优化转化流程，或者提供详细的操作步骤和流程，减小转化阻碍。

任务实施

任务演练 1：分析不同渠道的内容数据

【任务目标】

分析微信公众号、微博和抖音 3 个平台近 30 天发布的内容数据，提高数据分析能力，评估内容的传播效果。

【任务要求】

本次任务的具体要求如表 7-5 所示。

表 7-5 任务要求

任务编号	任务名称	任务指导
（1）	分析微信公众号的内容数据	分别分析全部图文数据和单篇图文数据
（2）	分析微博的内容数据	分别分析博文概览数据和单条博文数据
（3）	分析抖音的内容数据	分别分析作品概览数据和单个作品的数据

【操作过程】

1. 分析微信公众号的内容数据

微信公众号的内容数据主要包括全部图文数据和单篇图文数据，分析工作将围绕这两类数据展开。

（1）分析全部图文的阅读数据。在计算机端登录微信公众平台，进入微信公众平台首页，在左侧列表中选择"数据"/"内容分析"选项，打开内容分析页面，查看内容数据。图 7-15 所示为野途在 2024 年 8 月 11 日至 9 月 10 日的全部图文的阅读数据。由图可知，其间内容阅读数据的变化趋势较为明显。其中，8 月 16 日、8 月 17 日及 8 月 18 日的阅读次数和阅读人数相对较多，特别是 8 月 18 日达到了最高值。阅读数据与内容质量密切相关，这可能表明这 3 天的内容质量较高，尤其是 8 月 18 日发布的内容，质量更高，吸引力更强。而其他时间的阅读次数和阅读人数相对较少，这可能表明内容的创新性不足，难以引起用户的注意，需要改进和优化内容。

（2）分析全部图文的分享数据。在"数据指标"栏中单击"分享"选项卡，查看全部图文的分享数据，如图 7-16 所示。由图可知，其分享数据在 8 月 16 日、8 月 17 日和 8 月 18 日表现较佳，与阅读数据相似，再次说明这 3 天的内容质量较高，充分激发了用户的分享意愿，内容得到较为广泛的传播。同时，其他时间的分享数据表现不佳，说明内容质量可能不高，内容的传播范围较为有限。

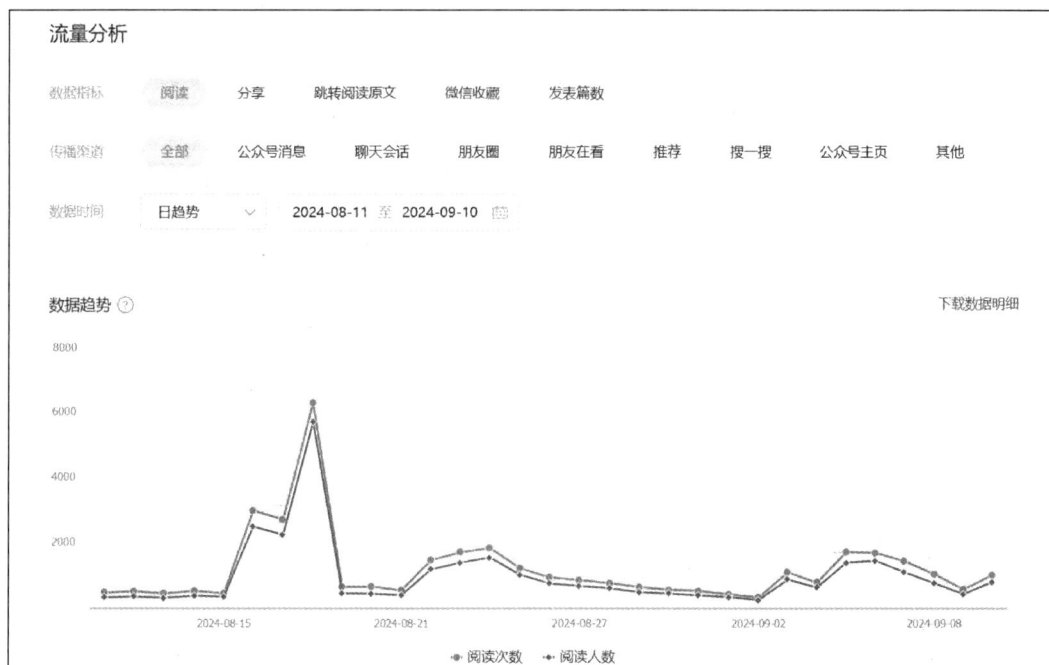

图 7-15　全部图文的阅读数据

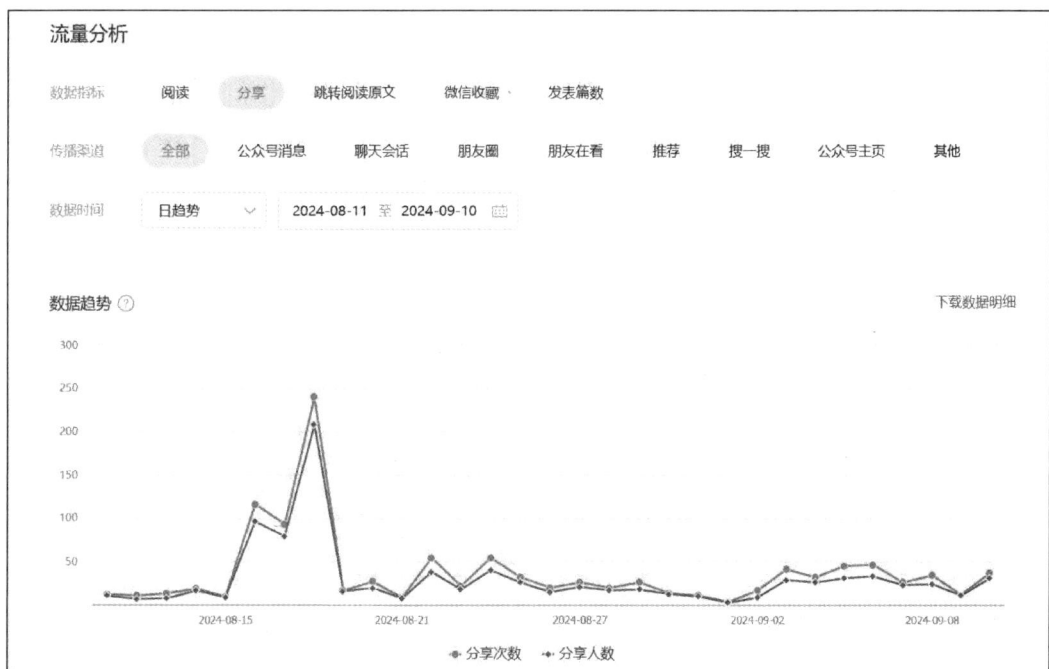

图 7-16　全部图文的分享数据

（3）分析单篇图文的数据。滑动鼠标滚轮，在页面末尾列表中单击已发布图文对应的"详情"超链接，在打开的页面中查看单篇图文的数据。图 7-17 所示为单篇图文的概览数据、转化详情数据和推荐详情数据。由图 7-17（a）可知，该篇图文的数据表现一般，其中，阅读次数和分享次数均较少，说明图文的传播范围有限，同时平均停留时长较短，完读率较低，说明该篇图文可能未能满足用户需求。由图 7-17（b）可知，该篇图文的送达转化率较低，仅为 0.08%（该公众号合格指标为 3%），同时首次分享转化率较低，仅为 5.72%，说明图文的传播效果较差。但分享产生的阅读率较高，为 47.37%，说明分享出去的图文对接受分享的用户更具吸引力。由图 7-17（c）可知，该篇图文被系统推荐的情况一般，同时阅读率和读后关注率均较低，说明内容的质量有待提升。

（a）单篇图文概览数据

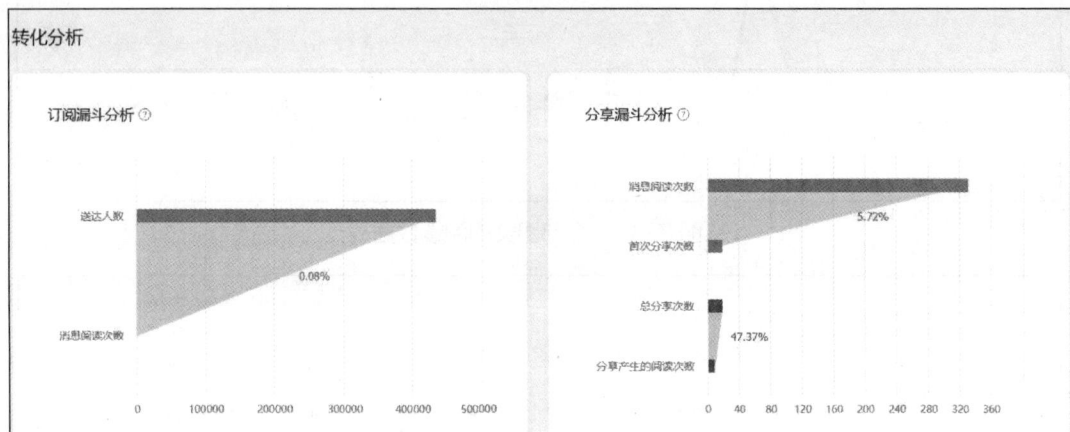

（b）单篇图文转化详情数据

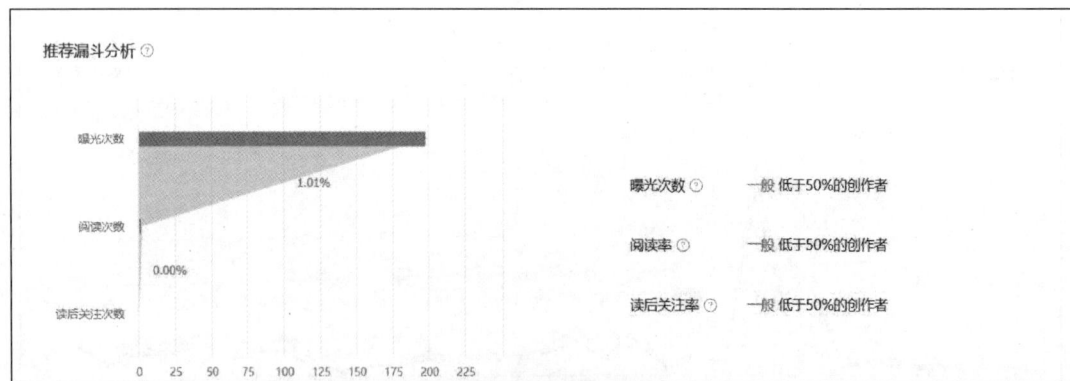

（c）单篇图文推荐详情数据

图 7-17　单篇图文的数据

> **知识拓展**
>
> 送达转化率=消息阅读次数÷送达人数×100%，反映的是图文的打开效果。首次分享转化率=首次分享次数÷消息阅读次数×100%，反映的是图文受喜爱的程度。

2. 分析微博的内容数据

微博的内容数据主要包括概览数据、博文数据、文章数据和视频数据。由于野途在微博发布的是短微博，因此小赵只收集了博文相关数据，包括博文概览数据和单条博文数据。

（1）分析博文概览数据。打开微博 App，进入微博首页，选择"我"选项，选择"创作中心"选项，在打开页面的"服务工具"栏中选择"数据助手"选项，打开"数据助手"页面，查看全部微博的内容数据，如图 7-18 所示。由图 7-18 左图可知，全部微博的阅读总数较高，但阅读数的整体趋势波动明显，说明内容质量不稳定，内容的传播效果差距较大。由图 7-18 右图可知，全部微博的赞总数较多，说明用户对博文内容比较认可；但评论总数较少，说明用户的参与意愿和互动积极性较弱，博文的话题性也较低；转发总数少，说明用户的传播意愿弱，内容的传播范围有限。

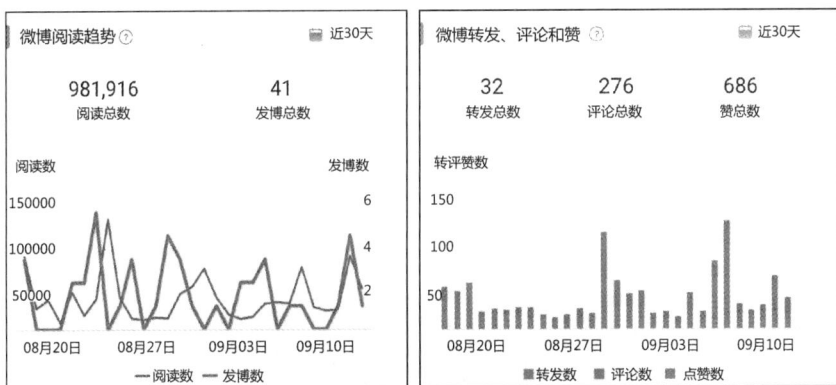

图 7-18　全部微博的内容数据

（2）分析单条博文数据。在"数据助手"页面顶部单击"单条微博"选项卡，单击已发布的微博内容，查看该条微博的内容数据，如图 7-19 所示。由图 7-19 左图可知，近 30 天，该条微博的阅读总数和阅读总人数都较少，日均阅读量也处于较低水平，可能是内容未能满足用户需求的缘故。由图 7-19 右图可知，该条微博的转发总数、评论总数和赞总数少，说明用户的传播意愿、互动积极性较弱。同时，该条微博的转评赞数总体呈波动式下降趋势，说明随着时间的推移，内容的吸引力在下降，传播效果也逐渐变差。

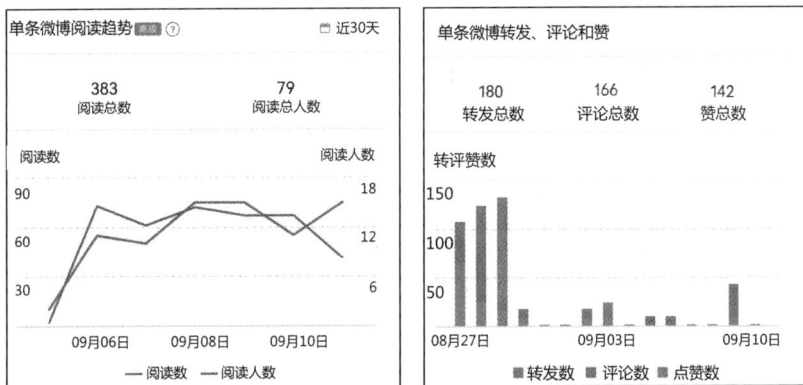

图 7-19　单条微博的内容数据

3. 分析抖音的内容数据

抖音的内容数据主要包括作品概览数据和单个作品的数据。作品概览数据反映统计时间段内短视频的总体数据情况，包括投稿概览、投稿表现、投稿类型和投稿分布，这里只针对投稿概览进行分析，以了解用户对内容的喜好程度，评估近 30 天的投稿效果。分析单个作品的数据可以了解单条短视频具体存在的问题，以便做出相应优化。

（1）分析作品概览数据。打开抖音 App，进入抖音首页，选择"我"选项，点击页面左上角的"更多"按钮 ≡，在打开的列表中选择"抖音创作者中心"选项，点击"7 日账号数据"对应的"详情"超链接，在打开的"数据中心"页面中查看概览数据。图 7-20 所示为小赵收集的作品概览数据。由图可知，近 30 天，野途抖音账号周期内投稿量为 27 条，几乎每天发布一条短视频，内容发布频率较稳定，有利于培养用户的观看习惯。条均 5s 完播率为 15.59%，结合投稿量来看，每条短视频的 5s 完播率较低，说明视频前几秒的内容不具备足够的吸引力。条均 2s 跳出率为 57.63%，数值较高，进一步说明短视频的开头不够吸引人。条均播放时长为 7.09s，相对较高，说明用户对短视频内容有一定的兴趣，但完播率较低，则说明短视频时长过长。播放量中位数相对较高，说明整体来看短视频的内容比较受欢迎。条均点赞数、条均评论量、条均分享量适中，说明短视频的内容质量有待提高，而且短视频的传播范围比较有限。

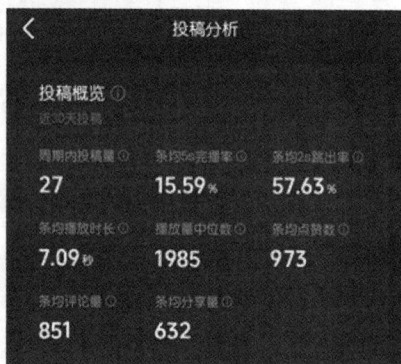

图 7-20　作品概览数据

> **知识拓展**
>
> 条均 5s 完播率=短视频播放超过 5s 的播放量÷总播放量×100%，一般在 70%左右较好；条均 2s 跳出率=短视频播放后 2s 内跳出的播放量÷总播放量×100%，一般在 15%以下较好。播放量中位数是统计时间段内短视频播放量的中间值，可以反映短视频在抖音上受欢迎的程度（短视频发布后，抖音会将短视频推荐给 200～500 人，如果播放量、点赞量等达到官方初步标准，再继续推送给更多的人）。

（2）分析单个作品的数据。在"数据中心"页面顶部选择"作品分析"选项卡，点击已发布的短视频，在打开的页面中查看该条短视频的具体数据，如图 7-21 所示。由图 7-21 左图可知，该条短视频的播放量适中，完播率较低，2s 跳出率较高，这可能是因为短视频开头缺乏亮点、节奏过慢、信息传达不明确等。同时，该条短视频的分享量较低，说明用户的传播意愿弱，内容的传播范围有限。另外，新增播放量在 17:00—20:00 这一时间段呈波动式上升趋势，且在 20:00 这一时间点增长最多，而后快速下降，可能说明内容在这个时间段发布能取得较好的传播效果。由图 7-21 右图可知，该条短视频的平均播放时长较短，5s 完播率较低，再次说明内容的开头吸引力不足。总体来看，该条短视频可能存在开头不够吸引人、内容质量不高、内容发布时间选择有误等问题。总体来看，该条短视频的传播效果并不理想。

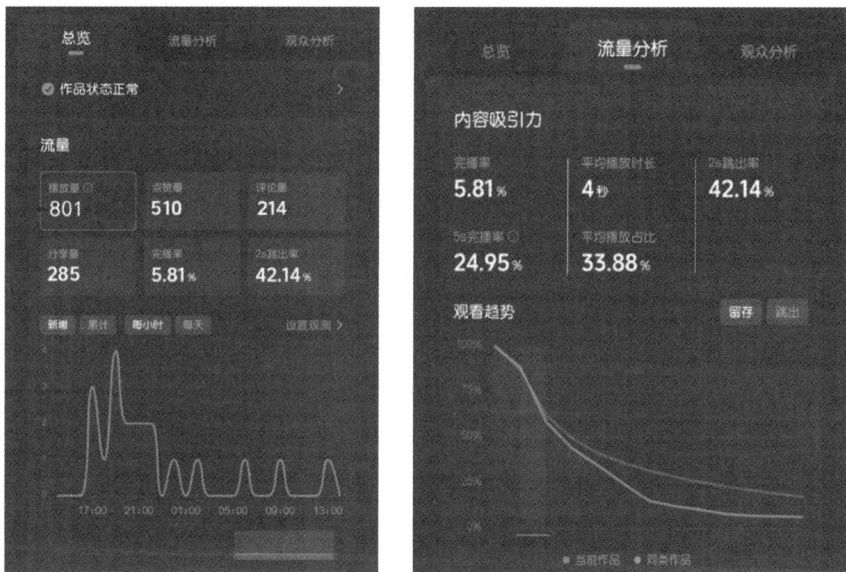

图 7-21 单个作品的数据

技能练习

在自己的微博账号和抖音账号中，分别选择一条数据表现良好和较差的内容，采用问题分析法分析其内容数据。

任务演练 2：制定内容传播的优化策略

【任务目标】

根据任务演练 1 内容数据的分析结果，制定相应的内容传播优化策略。

【任务要求】

本次任务的具体要求如表 7-6 所示。

表 7-6 任务要求

任务编号	任务名称	任务指导
（1）	总结传播问题	总结微信公众号、微博和抖音 3 个平台内容的传播效果
（2）	确定优化角度	采取合适的传播方法和技巧
（3）	制定优化策略	根据确定的优化角度制定优化策略

【操作过程】

（1）总结传播问题。根据微信公众号单篇图文数据的分析结果可知，其内容的质量还有待提升，而且图文的传播范围有限。根据单条博文数据的分析结果可知，单条博文内容未满足用户需求，而且未能调动用户的传播和互动积极性。根据抖音单个作品数据的分析结果可知，短视频的传播效果并不理想。总体来看，这3个平台内容的传播效果均较差。

（2）确定优化角度。由于内容已经发布，要进一步扩大内容的传播范围，可以根据微信公众号、微博和抖音3个平台的特性，灵活运用一些内容传播方法和技巧，以提升内容的传播效果。

（3）制定优化策略。针对微信公众号、微博和抖音3个平台的特性，结合内容传播方法和技巧，制定内容传播优化策略，如表7-7所示。

表7-7　内容传播优化策略

平台	策略
微信公众号	互推合作：与其他相关领域的高质量公众号进行内容互推，互相导流，从而扩大内容的覆盖范围。 分享至社群：将内容分享至已有的社群（如微信群）中，引导社群成员阅读并分享。 多渠道分发：将内容分享至其他分发渠道，如微博，扩大内容的传播范围
微博	评论区互动：在微博内容的评论区中积极回复用户评论，与用户建立良好的互动关系，引导他们分享微博内容。 合作传播：与内容相关的意见领袖进行合作，让他们帮助转发推广，借助他们的影响力促进内容的传播。 热门话题关联：及时关注微博热门话题和趋势，通过再次编辑将微博内容与相关话题关联，提高曝光率
抖音	多渠道分发：将短视频分享到其他分发渠道，如微信、微博等，利用多渠道传播增加短视频的曝光机会。 评论区互动：积极回复评论区的留言，引导他们分享短视频。 挑战赛/合拍：根据视频内容发起挑战赛或邀请其他用户合拍，增强用户参与感，促进内容的病毒式传播。 DOU+推广：根据DOU+投放的数据分析结果，调整投放策略，促进内容的精准传播

📈 综合实训 ●●●●

▌实训一　为日用品品牌选择合适的内容分发平台

实训目的： 通过选择合适的内容分发平台，提升内容分发的决策能力。

实训要求： 悠享家是一家主打舒适家居生活的日用品品牌。为扩大市场份额，特别是吸引追求生活品质的用户，悠享家根据目标用户的兴趣偏好和需求，创作了一系列不同类型的视频，以全面直观地展示产品，考虑到用户的观看体验，视频时长多在0.5~1分钟。近期，悠享家打算发布一条时长为45秒，内容为产品展示的创意短视频。请为该短视频选择合适的内容分发平台，要求所选择的平台与内容的特点相契合。

实训思路： 本次实训将根据内容分发平台的特点开展，具体操作思路可参图7-22。

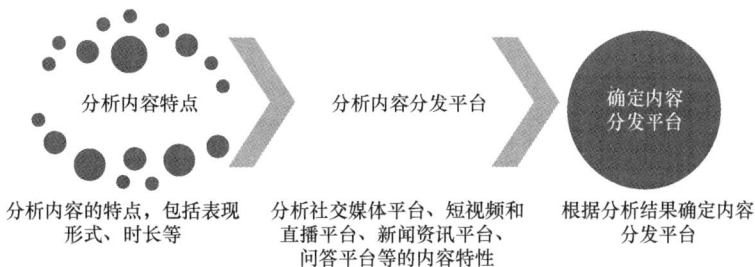

图 7-22　选择内容分发平台的思路

实训结果：本次实训完成后确定短视频的分发平台为抖音。

实训二　分析内容数据并优化

实训目的：通过分析并优化内容数据，提升数据分析与优化能力。

实训要求：首先收集该条短视频的内容数据（配套资源:\素材\项目七\综合实训\实训二\“日用品品牌的内容数据”文件夹），然后制定相应的内容数据优化方案。

实训思路：本次实训将分析短视频的内容数据，再采取合适的措施优化内容数据，操作思路可参考图 7-23。

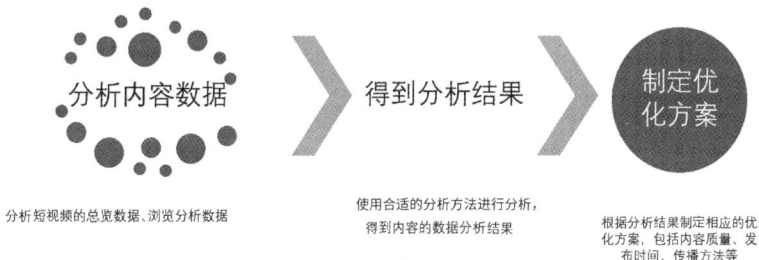

图 7-23　分析内容数据并制定优化方案的思路

实训结果：本次实训完成后的参考效果如图 7-24 所示（配套资源:\效果\项目七\综合实训\实训二\内容数据优化方案.docx）。

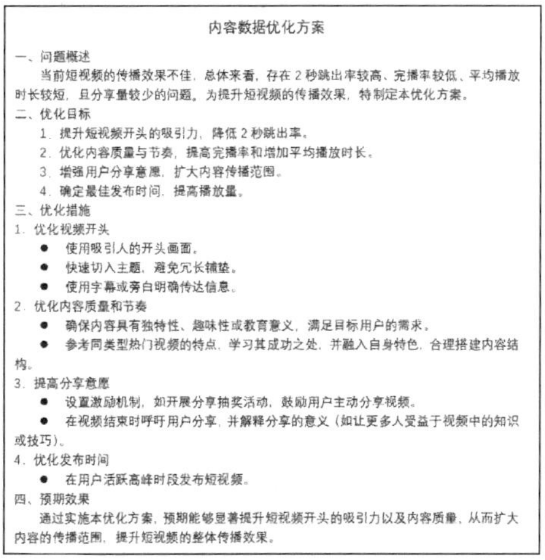

内容数据优化方案

一、问题概述

当前短视频的传播效果不佳，总体来看，存在 2 秒跳出率较高、完播率较低、平均播放时长较短，且分享量较少的问题。为提升短视频的传播效果，特制定本优化方案。

二、优化目标

1. 提升短视频开头的吸引力，降低 2 秒跳出率。
2. 优化内容质量与节奏，提高完播率和增加平均播放时长。
3. 增强用户分享意愿，扩大内容传播范围。
4. 确定最佳发布时间，提高播放量。

三、优化措施

1. 优化视频开头

- 使用吸引人的开头画面。
- 快速切入主题，避免冗长铺垫。
- 使用字幕或旁白明确传达信息。

2. 优化内容质量和节奏

- 确保内容具有独特性、趣味性或教育意义，满足目标用户的需求。
- 参考同类型热门视频的特点，学习其成功之处，并融入自身特色，合理搭建内容结构。

3. 提高分享意愿

- 设置激励机制，如开展分享抽奖活动，鼓励用户主动分享视频。
- 在视频结束时呼吁用户分享，并解释分享的意义（如让更多人受益于视频中的知识或技巧）。

4. 优化发布时间

- 在用户活跃高峰时段发布短视频。

四、预期效果

通过实施本优化方案，预期能够显著提升短视频开头的吸引力以及内容质量，从而扩大内容的传播范围，提升短视频的整体传播效果。

图 7-24　内容数据优化方案的参考效果

巩固提高

1. 常见的内容分发渠道有哪些？

2. 内容分发的注意事项有哪些？

3. 内容的传播方法有哪些？

4. 内容的传播技巧有哪些？

5. 内容数据分析指标有哪些？

6. 内容数据分析方法有哪些？

7. 在微博的创作中心查看自身微博账号的内容数据，并进行分析。

8. 图 7-25 所示为某条抖音短视频的内容数据，请结合相关指标评估该短视频的传播效果。

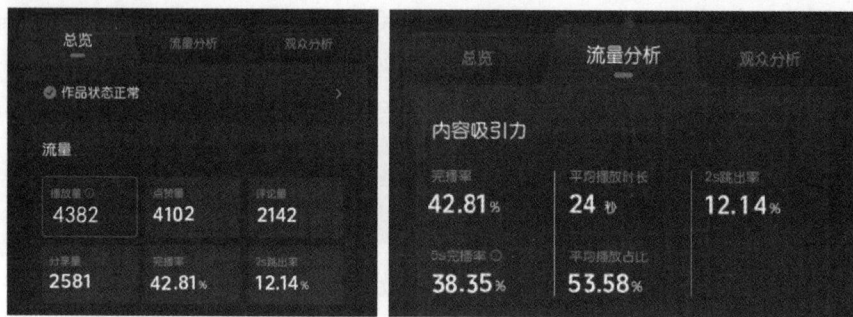

图 7-25　某条抖音短视频的内容数据